웨슬리의 행복론

웨슬리의 금언과 해설

존 웨슬리 (1703. 6. 17~1791. 3. 2)

웨슬리의 행복론

웨슬리의 금언과 해설

김진두 역저

kmc

　오래 전부터 나는 존 웨슬리의 금언들을 모아서 책 한 권을 내고 싶었다. 처음에는 이렇게 많은 수의 금언을 생각하지 못했는데, 웨슬리 전집을 통독하며 찾고 고르다 보니 572개의 금언을 찾아내게 되었고, 각 금언들을 내용과 성격에 따라서 60개의 주제로 분류하고 각 주제에 해설을 붙였다. 웨슬리의 글 중에 이렇게 금쪽같이 귀중하고 아름다운 말들이 많은 줄 미처 몰랐다. 처음 의도는 웨슬리의 짧은 금언을 뽑아내려는 것이었는데, 많은 분량의 웨슬리의 저작을 읽다 보니 그의 영성과 사상과 삶을 배울 수 있는 좋은 말들이 많이 발견되어 금언 형태와 조금 성격이 다른 짧은 간증과 역사적 증언, 신학적 해설도 넣게 되었다.

　이 책에 실린 금언들은 웨슬리가 생각하고 말하고 일하고 살았던 사실을 그대로 보여주고 들려주고 느끼게 해준다. 이 책에서 우리는 실제적인 웨슬리(real Wesley), 즉 살아 있는 웨슬리를 지금 여기에서 만날 수 있다. 존 웨슬리는 전도자요 목회자였지만, 동시에 그는 학자요 저작가요 영성가였다. 이 책을 읽다 보면 그의 영성이 얼마나 깊고 풍부하고 다양한지 발견하고 놀라게 된다. 이 한 권의 책이 웨슬리의 모든 것을 담았다고 할 수는 없지만 웨슬리의 영성과 삶을 들여다볼 수 있는 좋은 말들을 넉넉히 품고 있다고 말할 수 있다. 이 책은 웨슬리의 모든 생각과 삶에 관한 요약 중의 요약이라고 할 수 있다. 이 책이 모든 한국교회가 가슴에 꼭 품고 싶은, 꼭 필요하고 아름다운 선물이 되기를 바란다.

　이 책의 목적은 웨슬리가 남긴 한 말씀 한 말씀을 묵상하면서 그분의 생각과 영성과 삶을 배우고 따라서 생활하는 데에 있다. 나는 이 책을 목회자와 평신도의 경건의 독서와 영성생활을 도우려는 목적으로 지었다. 이 책이 많은 사람들의 기도와 묵상을 위하여 실제로 유익한 자료가 되기를 바란다. 그러므로 한꺼번에 읽는 것보다는 매일 한두 가지 금언, 또는 그 이상을 조금씩 읽으면서 생각하고 기도하며 마음에 새기는 방법이 훨씬 좋으리라 생각한다.

이 책에는 존 웨슬리의 어머니 수산나 웨슬리의 묵상록에서 가져온 여러 개의 말들이 포함되었고 메도디스트 역사가들의 증언도 몇 개 들어 있다. 또한 어떤 문장들은 우리말로 번역하기가 너무 어려워서 통째로 과감한 의역을 하여 독자들이 쉽게 이해하도록 만들었다. 그리고 이 책에서 '웨슬리'라는 호칭은 메도디즘의 창시자 존 웨슬리를 부르는 것이며, 그의 어머니 수산나 웨슬리와 그의 동생 찰스 웨슬리는 개인의 이름과 가족의 성을 모두 다 호칭하였다.

이 책에 자주 나타나는 '종교(religion)'라는 용어는 특별한 경우에는 다른 종교를 포함하기도 하지만 보통은 기독교를 지칭하는 것이다. 당시 유럽에서는 종교라는 말이 보통 기독교를 지칭하는 말로 사용되었고 웨슬리도 복수로 사용할 때를 제외하고는 기독교를 의미하는 용어로 사용하였다. 웨슬리는 철학과 역사를 비롯한 인문학적인 관계 속에서 기독교를 해설하는 상황에서, 그리고 세속사회와 세계의 인류와 연관 지어서 기독교를 말할 때에 종교라는 용어를 사용하였다.

브리스톨대학교에서 공부할 때에 레이몬드 조지 교수께서 웨슬리의 원 저작을 충분히 읽으라고 끊임없이 강조하였는데, 이번에 웨슬리의 일기와 편지와 설교와 에세이와 논문을 통독하면서 그분의 말씀이 다시 고맙게 느껴졌다. 이 책을 지으면서 웨슬리야말로 하나님이 만드신 하나님의 큰 사람, 경건한 사람, 기도의 사람, 위대한 전도자, 열정적인 설교가, 부지런한 독서가, 거룩한 영성가, 해박하고 심오한 신학자, 사랑의 사도, 박애주의자, 풍부한 저작가라는 사실을 발견하고 이전보다 더 존경하는 마음을 갖게 되었다. 그는 영성과 지성에서 항상 더 많이 배우고 성장하려고 노력하였으며, 더 많이 실천하고 더 많이 일하려고 항상 힘쓰는 열심가(enthusiast)였다. 그는 성경좀벌레(bible moth)라는 별명을 얻을 만큼 성경을 많이 읽었고, 성경 전체를 언제나 자유롭게 인용하고 해설하는 '한 책의 사람(homo unius libri)'이었다. 그의 마음과 생각과 설교와 모든 글이 성경 말씀으로 가득차 있었다. 그뿐만 아니라 그는 다독가요 독서광이었다. 신학뿐만 아니라 철학, 역사, 문학, 과학, 천문학, 경제학, 음악 등 당대 모든 학문에 깊고 넓은 지식을 갖고 있었다. 그래서 "웨슬리의 지식세계는 바다같이 넓고 깊다."라는 말이 생겼다. 그래서 그는 이렇게 좋은 말을 많이 남겼다는 생각이 든다. 그렇지만 그가 이렇게 보배로운 금언들을 많이 남길 수 있었던 가장 큰 이유는 그가 이론적인 지식에만 머무르는 사람이 아니라 항상 지식을 실험하고 실천하는 행동가였기 때문이라고 생각한다. 그는 가능한 한 많은 사람을 만났고, 가능한 한 많은 곳을 여행하였고, 가능한 한 많은 일을 하였기 때문에 더 많은 대화를 하였고, 더 많은 것을 느끼고, 더 많은 사건을 체험하였고, 더 많은 일을 경험하였다.

　　나는 이 책의 제목을 정하지 못해 많이 고민하다가 용기를 내어 마침내 '웨슬리의 행복론'이라고 결정지었다. 이 책의 내용은 행복으로 시작해서 행복으로 맺는다. 또한 이 책에 실린 웨슬리의 모든 말 속에 들어 있는 사상을 꿰

뚫는 주제가 행복이기 때문이다. 실로 웨슬리의 모든 신학의 주제는 행복이며, 그의 구원론은 행복론이다. 나는 '모든 사람이 구원받을 수 있다(All can be saved).'라는 웨슬리의 구원론의 명제를 '모든 사람이 행복할 수 있다(All can be happy).'라는 말로 바꾸어 생각해 보았다. 그렇게 한 근거는 웨슬리가 구원과 행복은 사실상 동의어라고 생각했으며, 구원은 하나님 안에서 참되고 영원한 행복을 얻는 것이며, 따라서 만인의 구원(salvation for all)은 만인의 행복(happiness for all)이라고 이해하였기 때문이다. 기독교는 이 세상에서나 저 세상에서나 참되고 온전하고 영원한 행복을 주는 참된 종교라고 웨슬리는 믿었는데, 이와 같은 가르침은 고대부터 현대에 이르기까지 모든 인간이 추구하는 궁극의 목적이라고 생각한다.

나는 이 책을 고난과 고독 가운데서 매일 한 줄 두 줄 써냈다. 밤에도 새벽에도,·그리고 집에서도 병원에서도 이 책을 쓰면서 크나큰 하늘의 위로를 얻었고 많이 행복했다. 이 책을 집필하는 동안 도와주신 친구들과 후배들과 제자들이 많은데, 그들의 사랑을 오래오래 기억하고 감사할 것이다. 특별히 매주 한 번씩 만나 함께 공부하고 교제하는 '목요모임' 목사님들께 감사한다. 그들과의 교제는 크나큰 위로와 힘이 되었다. 특별히 집필 초기부터 나의 손발이 되어준 한원식 목사에게 감사한다. 그의 헌신적 도움이 없었다면 이 책은 출생하지 못했을지 모른다. 그리고 여러 가지 조언을 해주며 원고 교정을 정성껏 도와준 원영만 목사, 이성재 목사, 김정민 목사, 김선국 목사, 전완 목사, 그리고 노현정 목사에게 감사한다. 또한 깊고 맑은 상상력으로 이 책의 주제에 맞는 그림을 그려준 영등포중앙교회의 김선 집사에게 그지없이 고맙다. 웨슬리의 행복론은 행복의 항구를 찾아 항해하여 마침내 그 항구에 안전하게 도달하는 것인데, 그것은 결코 고독한 항해가 아니라 동료 순례자들과 함께 하는 항해이다. 평생 나의 영적 후원자요 재정적 후원자이신 누님 김예순 권사님께 감사하고 오랫동안 인내와 사랑으로 지켜 준 아내 성경순 사모에게 감사한다. 추천사를 써주신 신경하 감독, 조종남 박사, 이후정 총장, 유기성 목사, 안정균 목사께 깊이 감사한다. 그리고 지금까지 나의 책 일곱 권을 계속해서 출판해 준 '도서출판kmc'에 감사한다. 나는 이 책의 초고를 마친후 새로운 책 '웨슬리의 예화집'을 쓰기 시작했다. 하나님께서 나에게 계속 좋은 책을 쓸 수 있는 건강과 힘을 주시기를 기도한다.

웨슬리는 어거스틴과 같은 행복론자였다. 그래서 그는 인간의 의미에 대하여 생각할 때마다 '행복의 항구를 찾아 항해하는 인간(homo navigator)'을 그렸다. 종교의 목적은 모든 인류를 참된 행복에로 안내하는 것이라고 웨슬리는 생각하였다. 실로 그의 모든 말과 글에 담긴 메시지는 하늘 가는 그 길(the way), 즉 구원에 이르는 그 길, 그리고 참되고 영원한 행복에 이르는 그 길(the way)을 해설하고 안내하는 것으로 보인다. 부디 많은 사람이 이 책을 읽음으로써 행복의 항구를 발견하고 거기에 안착하는 데 조금이라도 도움 얻기를 바란다.

주후 2020년 5월

靑山 김 진 두

이 책은 감리교의 창시자 존 웨슬리의 일기, 편지, 설교, 에세이, 논문, 그리고 초기 회의록에서 금언 572개를 골라서 60개의 주제로 분류하고 해설을 붙여 만든 것입니다. 이 책의 바람직한 사용 방법을 안내해 드립니다.

1. 개인이 매일 읽고 묵상하기

2. 가족이 함께 읽고 서로의 느낌을 이야기하기

3. 속회나 선교회나 각종 기도 모임에서 읽고 공부하기

4. 교회의 주보나 정기 간행지에 한두 개 또는 몇 개씩 싣기

5. 사경회, 웨슬리 회심주간, 당회, 구역회, 지방회, 연회 등에서 낭독하기

6. 주제별로 나누어 읽기

7. 웨슬리 연구를 위한 교재로 사용하기

8. 즉흥적으로 읽는 것보다 미리 읽고 소감을 가져와 나누기

C O N T E N T S

행복 I

모든 사람이
행복할 수 있다

1 기독교는 행복이다. 성서적 구원은 그리스도 안에서 참되고 영원한 행복을 얻는 것이다. (설교, 영적인 예배)

2 세상에서 그리스도인이면서 불행하다는 것은 불가능하다. 왜냐하면 기독교는 행복이기 때문이다. 기독교와 행복은 어떤 경우에도 본질적으로 분리될 수 없다. (설교, 사랑에 관하여)

3 모든 그리스도인은 행복해야 한다. 어느 누구든지 행복하지 않다면 그 사람은 그리스도인이 아니다. 기독교가 행복의 종교라면 모든 그리스도인은 행복해야 한다. 만일 기독교와 행복이 동일한 것이라면 어느 누구라도 둘 다 소유하든지 둘 다 소유하지 못하든지 해야만 한다. 둘 중에 하나만 소유하는 것은 불가능하기 때문이다. 행복과 기독교는 절대 불가분의 관계이기 때문에 누구든지 그리스도인이면서 행복하지 않다면 그것은 말도 안 된다. (설교, 영적인 예배)

4   참된 행복은 하나님 안에 있다. 하나님이 모든 참되고 영원한 행복의 유일한 원천이기 때문이다. 그러므로 모든 피조물이 추구해야 할 최선의 목적은 하나님 안에서의 행복이다. (설교, 사랑에 관하여)

5   참 하나님에 대한 지식과 사랑 없이 행복한 사람은 세상에 아무도 없다. 그리고 참 하나님에 대한 행복한 지식은 기독교를 통해서만 얻을 수 있다. (설교, 영적인 예배)

6   행복은 하나뿐이다. 그것은 인간을 지으신 창조주와 연합하는 것이다. 인간이 추구할 한 가지 목표는 시간 속에서나 영원에서나 창조주 하나님을 영화롭게 하고 즐거워하는 것이다. (설교, 영적인 예배)

7   이 세상은 어느 한 사람에게도 온전한 행복을 주지 못했으며, 앞으로도 그럴 것이다. 그러나 하나님은 온전한 행복을 주실 수 있다. (편지, 1783. 7. 5)

8   돈을 사랑하거나 목적으로 삼지 말고, 하나님을 목적으로 삼아 힘을 다해 그를 사랑하라. 하나님 안에서 진정한 행복을 찾아라! 하나님은 모든 참되고 영원한 행복의 원천이다. (설교, 부의 위험)

9   온 마음을 하나님께 드리라. 하나님 안에서만 행복을 찾으라. 부서지고 흩어지는 먼지가 되지 않도록 조심하라. 이 세상은 영원한 거처가 아니다. 헐벗은 거지처럼 이 세상 것들에 구걸하지 말라. 이 세상을 악용하지 말고 선용하라. 그리고 하나님과 함께 기뻐하라. (설교, 부에 대하여)

10 인간 창조의 목적은 이 한 가지뿐이다. 이 땅 위에 있는 동안 하나님 안에서 행복하게 살며, 또 영원한 나라에서 영광 가운데 계시는 하나님과 함께 거하는 것이다. (설교, 인간이란 무엇인가?)

___ 해설

모든 인간은 행복하기를 갈망한다. 모든 인간은 행복을 찾아가는 순례자이다. 그리고 참된 종교의 목적은 인간이 참된 행복을 바르고 안전하게 찾을 수 있도록 돕는 것이다. 웨슬리는 어거스틴의 '행복론'을 잘 알았던 것 같다. 그는 어거스틴과 같이 모든 인간은 참되고 영원한 행복의 항구를 찾아 '항해하는 인간(homo navigator)'이라고 생각했다. 그는 인간의 근본적인 소원이 참된 행복을 찾는 것이라는 사실을 잘 알았고 이것을 기독교의 구원이라고 보았다. 웨슬리는 참된 행복을 가르치고 전하는 행복론자(eudaimonist)요 행복의 신학자요 행복의 교사였다. 그의 모든 신학은 행복론(eudaimonism)이며, 그의 설교와 에세이는 행복론 해설이라고 할 수 있다.

웨슬리는 "기독교는 행복이다(Christianity is happiness)."라고 믿었으며, 일평생 그렇게 가르쳤다. 그는 기독교와 행복은 동일하기 때문에 기독교를 믿는 것은 곧 행복을 얻는 것이며, 기독교를 믿는다고 하면서도 행복을 얻지 못하는 것은 불가능하다고 주장하였다. 기독교가 행복이라는 사상은 웨슬리의 모든 신학을 관통하는 주제이다. 기독교의 목적은 인류에게 진정한 행복으로 가는 그 길, 즉 하늘나라로 가는 그 길(the way to heaven)을 가리켜 주는 것이라고 믿었다. 기독교는 진정한 행복과 거짓된 행복을 분명하게 식별할 수 있는 지혜를 주는 참된 종교이다. 그렇기 때문에 기독교 신앙은 세상의 모든 거짓된 행복을 버리고 진정한 행복을 얻는 것이며, 모든 그리스도인은 행복하여야 하며, 그리스도인이라고 하면서 불행하다는 것은 말도 안 되는 일이라고 웨슬리는 주장하였다. 또한 그는 구원과 행복이 동일하기 때문에 구원받은 사람은 진정한 행복을 찾은 사람이며, 행복한 사람이 된 것이라고 주장하면서 세상에 불행한 그리스도인은 없다고 말했다. 그리고 웨슬리는 만일 어떤 사람이 구원을 받았다고 하면서 불행하다면 그는 아직 구원을 받지 못했다고 할 수 있으며, 잘못된 신앙을 가졌거나 거짓된 행복을 따르는 사람일 수도 있다고 생각했다.

웨슬리는 기독교 신앙이란 이 세상에서 참된 행복(true happiness)을 배우고 실천하고 전하는 것이라고 생각했다. 그가 복음을 설교하고 복음을 전한다는 것은 곧 참된 행복을 가르치고 전파한다는 것이었다. 웨슬리의 행복론은 어디까지나 성서적 행복론이요 기독교 행복론이다. 그래서 그는 인간 창조 목적이 창조주 하나님을 알고 사랑하고 배우고 섬기고 영화롭게 하고 즐거워하는 것이라고 말하였다. 웨슬리에 의하면 신앙이란 거짓된 행복을 피하고 버리는 것이며, 동시에 참된 행복을 찾고 배우며 살아가는 것이다. 그리스도인이란 예수 그리스도를 통하여 참된 행복을 알고 찾아가고 배우고 전파하는 사람이다. 이것이 웨슬리 영성의 본질이다. 웨슬리에게 믿음은 사랑을, 사랑은 선행을, 선행은 성결을, 성결은 행복을 낳는 것이다. 신자는 믿음을 통하여 참된 행복을 발견하고 누리면서 마침내 영원한 행복(bliss)의 나라, 하늘나라에 도달하는 것이다. 아무리 정통 교리라고 해도, 또한 아무리 열심 있는 신앙이라고 해도, 참된 행복을 낳지 못하면 그것은 참된 종교가 아니고 잘못된 것일 수밖에 없다. 실로 참된 행복을 낳는 신앙만이 정통 신앙이다.

웨슬리는 하나님만이 모든 참되고 영원한 행복의 원천이며, 행복은 예수 그리스도를 통해서 얻을 수 있는 하나님의 선물이라고 믿었다. 하나님을 모른다는 것은 참된 행복을 모르는 것이며, 그리스도를 믿지 못하는 것은 아직 참되고 영원한 행복을 소유하지 못한 것이라고 여겼다. 웨슬리의 행복론은 그리스도 안의 행복을 말하는 것이므로 복음적인 행복론이라고도 할 수 있다. 그리고 웨슬리는 그리스도를 통하여 얻는 행복은 죽은 후에도 천국에서 하나님의 영광에 참여하는 영원한 행복이라고 생각했다. 그러므로 그는 하나님 밖에서 행복을 찾는 것은 깨어진 물통에서 물을 얻으려는 것같이 허망한 것이라고 역설하였다.

웨슬리는 기독교의 목적이 모든 인류가 진정으로 행복한 인생을 살아가도록 돕는 것이라고 믿었다. 본래 구원과 행복을 동의어로 생각한 웨슬리는 하나님의 사랑을 믿으면 모든 사람이 구원받을 수 있으며(All can be saved), 동시에 하나님의 사랑을 안다면 모든 사람이 행복할 수 있다(All can be happy)고 확신했다. 그러므로 웨슬리의 만인 구원론(salvation for all)은 만인 행복론(happiness for all)이라고 할 수 있다. 그는 실로 모든 사람이 행복하기를 바라는 하나님의 사랑을 전하며 인류에게 참된 행복을 가르친 영원한 행복의 교사이다.

행복 II

삶을 좋아하고
행복해야

11 인간의 존재 목적은 오직 하나이다. 그것은 그리스도를 모심으로 죄와 죄의 권세와 죄의 뿌리에서 구출되고 하나님의 형상으로 회복되어서, 영원하신 창조주 하나님을 알고 사랑하고 섬기고 즐거워하는 것이다. (설교, 인간이란 무엇인가?)

12 기독교 신앙이란 하나님과 이웃을 사랑하는 것이다. 바로 이것만이 인간이 누릴 수 있는 참되고 확실한 행복이다. 그러므로 신앙이란 결코 후회 없는 참되고 영원한 행복을 찾아가는 길이다. (설교, 중대한 질문)

13 세상의 환호와 영광은 당신을 행복하게 만들지 못한다. 왜냐하면 그 누구도 모든 사람에게 박수갈채를 받을 수는 없기 때문이다. 분명히 어떤 사람은 당신을 비난할 것이다. 칭찬받기를 좋아하는 사람은 많은 사람의 칭찬보다 몇몇의 비난 때문에 더 심한 고통을 느끼고 불

행해질 수 있다. 그러므로 사람들의 칭찬과 명예에서 행복을 찾는 사람은 불행을 더 많이 겪을지도 모른다. (설교, 중대한 질문)

14 만일 네가 하나님 안에서 행복을 추구한다면 결코 실망하지 않으리라. 그러나 만일 네가 다른 것에서 행복을 찾으려 한다면 기필코 실망하리라. 모든 피조물은 깨어진 물통과 같기 때문이다. (편지, 1791. 1. 29)

15 우리가 그리스도를 통하여 구원을 받는 것은 우리의 영혼이 본래의 건강하고 거룩한 하늘나라 성품을 회복하는 것이며, 우리의 말과 행동에서 행복한 성품을 이루는 것이다. 창조주 하나님을 네 모든 행복의 원천으로 삼으라. (편지, 1789. 7. 5)

16 그리스도인은 누구나 이 세상에 사는 동안 삶을 좋아하고 행복해야 한다. (Every believer ought to enjoy life and be happy.) (편지, 1742. 6. 13)

17 서로를 행복하게 만드는 확실한 방법은 하나님 안에서 서로를 환대하고 서로의 손을 든든하게 잡아 주는 것이다. (편지, 1781. 7. 4)

18 나는 할 수 있는 한 많이 저축하였으며, 할 수 있는 한 많이 주었기에 만족하고 행복하다. 이렇게 하는 것이 메도디스트의 거룩한 삶과 죽음이다. (일기, 1790. 7. 16)

19 우리를 향하신 하나님의 요구는 줄지 않으나, 그것을 행할 때마다 우리의 행복은 늘어만 간다. (설교, 중대한 질문)

20   세상에서 제일 좋은 것은 하나님이 우리와 함께 계심이다. (The best of all is, God is with us!) (1791년 3월 1일 임종 침대에서 남긴 말)

_____ 해설

"거룩함이 행복이다(Holiness is happiness)." 이 말은 웨슬리 영성의 가장 간결한 요약이며, 그의 모든 사상을 관통하는 주제이다. 그는 이 한 마디 안에 자신의 신학과 영성을 담았다. 그는 거룩함이 행복으로 가는 통로라고 믿었다. 그래서 그는 일평생 거룩함과 행복을 함께 추구하였다. 그는 일평생 거룩한 삶(holy living), 즉 마음의 거룩함과 삶의 거룩함(holiness of heart and life)이 곧 행복이라고 온 힘을 다해 가르쳤다. 또 그는 거룩한 성품(holy temper)이 행복한 성품(happy temper)이라고 가르쳤다. 그러므로 웨슬리는 행복하려면 거룩한 성품을 소유해야 하며, 거룩하지 않은 성품은 불행한 성품이고, 불행한 성품은 불행한 삶을 낳을 수밖에 없다고 결론지었다. 웨슬리는 "거룩함이 없으면 행복도 없다. 따라서 악인은 불행하다."라고 거듭 주장하였다. 그는 세상에서 어떤 경우에도 악인이 행복할 수 없으며, 하나님의 목적과 뜻에 맞는 거룩한 삶이 곧 행복한 삶이라고 가르쳤다.

웨슬리는 하나님 밖에서 행복을 찾으려는 것은 곧 깨어진 배를 타고 항해하는 것처럼 위험하고, 결코 안전한 항구를 찾지 못하고 바다를 떠도는 항해와 같다고 말했다. 또한 하나님을 떠나서 행복하기를 바라는 사람을 봄이 다 지나도록 꽃피지 않는 사과나무에 비유했다. 그리고 어떤 상황에서든지 하나님 안에서 행복을 찾으려는 사람은 행복을 찾을 것이고 결코 실망하지 않을 것이라고 확신했다. 웨슬리는 창조세계와 그 안에서의 삶은 하나님이 인간에게 맡긴 책임인 동시에 하나님의 선물이므로 '하나님을 사랑하고 즐거워하는 것'만이 최선의 삶을 사는 것이며, 그러므로 "모든 그리스도인은 이 세상에서 삶을 좋아하고 행복해야 한다."고 줄기차게 가르쳤다.

웨슬리는 경건주의자요 전도자였지만 엄숙하거나 딱딱한 사람이 아니었고 언제나 유쾌하고 명랑한 사람이었다. 그는 모든 사람에게 하나님의 진리와 사랑을 전하면서 진정한 행복에 이르는 길을 안내하는 행복의 교사로 살았다. 그는 복음적 낭만주의자(evangelical romantist)였다. 그는 여행전도자로서 말을 타고 영국 전역을 다니면서, 가는 곳마다 아름다운 자연경치를 감상하고 즐거워하였다. 특히 그는 말을 타고 달리면서 노래 부르기를 좋아하였다. 그는 특별히 그 시대에 인생의 가치를 알지 못하고 행복을 포기한 가난한 사람들에게 그리스도의 사랑을 믿고 세상에서 "삶을 좋아하고 행복하시오."라고 친절하게 가르쳐 주었다.

웨슬리는 일평생 수많은 사람을 만나서 가르치고 대화하였고 그들과 교제하는 것을 좋아했으며, 그들과 나누는 우정을 즐거워하며 행복해했다. 그는, 행복이란 좋은 인간관계에서 얻는 선물이라고 여겼으며, 가족과 친구와 이웃 사이에 서로 환대하고 손을 굳게 잡아 주며 행복한 관계를 맺고 살아가는 사람이 행복한 사람이라고 생각했다. 오늘날 갈수록 더 많은 사람들이 가족뿐만 아니라 친구들을 비롯하여 다양한 관계 속에서 맺은 우정에 의존하여 살아가고 있다. 그러므로 인간관계가 좋지 않은 사람은 행복할 수가 없으며, 진실한 친구가 없는 사람이 행복하기란 쉽지 않다. 순수한 마음으로 우정을 나누는 친구와 이웃이 많은 사람은 행복하다. 웨슬리는 일평생 셀 수 없이 많은 사람들과 깊은 마음으로 따뜻하고 넉넉하고 아름다운 우정을 만들고 그들과의 교제를 즐거워했다. 이처럼 웨슬리의 행복론은 하나님 중심이면서 동시에 자연적이고 소박한 보통사람의 행복을 충분히 담고 있다. 그는 하나님의 창조세계와 인생을 하나님의 선물이라고 여기며, 세상에서 삶을 좋아하고 행복하게 사는 길로 친절하게 안내하는 행복의 사도였다.

웨슬리는 임종 침대에서 몇 마디 유언을 하였는데, 그중에서 세상에 가장 잘 알려진 "세상에서 제일 좋은 것은 하나님이 우리와 함께 계심이다."라는 말은 그의 행복론의 결론이라고 할 수 있다. 즉 그것은 하나님과 함께 제일 좋은 삶을 살았다고 말하는 행복의 고백이요 감사요 간증이었다.

평안

잃어버린 평안을
다시 찾아서

21 하나님이 주시는 평안은 모든 이해를 초월하며, 이것을 경험해 보
지 못한 사람은 상상도 못하는 하늘의 선물이다. 그것은 땅과 지옥
의 권세가 빼앗아갈 수 없는 것이며, 바다의 거친 파도와 폭풍이 부
딪혀도 흔들리지 않는 평안이다. 이러한 평안이 언제 어디서나 하
나님의 자녀들의 마음과 영혼을 지켜 준다. (설교, 신생의 표적)

22 당신의 손에 일이 가득할지라도 당신의 마음이 평안하다면 당신은
결코 그 일 때문에 상하지 않을 것이다. (편지, 1783. 1. 5)

23 나는 77세를 사는 동안 숱한 고난을 겪었지만, 하나님의 은혜로 내
마음과 영혼이 밑으로 가라앉아 우울하게 지낸 적이 없다. 마치 수
만 개의 머리카락이 내 머리에 있어도 조금도 무겁지 않은 것처럼
수만 가지 어려움도 나에게는 무겁지 않다. (일기, 1780. 3. 7)

24 그의 권좌에 앉으셔서 모든 일을 온전하게 다스리시는 하나님을 바라보기 때문에, 세상에서 아무리 어려운 일이 일어나도 나는 걱정하지 않는다. (편지, 1755. 8. 31)

25 모든 일에서 당신이 먼저 추구할 것은 믿음으로 즐거움과 평안을 얻는 것이다. 이것이 당신에게 가장 소중한 자산이다. (편지, 1780. 9. 18)

26 나는 일상의 괴로운 일들은 하나님께 맡겨 버리고, 근심 걱정을 하지 않는다. 그래서 나는 언제나 잠을 잘 잔다. 나는 잠을 잘 자는 사람(good sleeper)이다. (일기, 1788. 6. 28)

27 세속적 권력과 명예와 쾌락은 우리의 영혼이 참 평안을 얻는 데 아무 소용이 없으며, 오히려 영혼의 짐만 더 무겁게 할 뿐이다. 참되고 영원한 평안을 얻는 길은 십자가와 부활의 은혜밖에 없다. (텔포드, 「웨슬리의 어록」, 127)

28 방황하는 이들이여, 어서 돌아오라. 헛된 꿈에서 속히 깨어나라. 하나님은 하나님을 향하여 살도록 사람을 창조하셨다. 그러므로 사람이 하나님 안에서 쉼을 얻기 전에는 진정으로 쉬지 못한다. (설교, 잠자는 자여 일어나라)

29 세상의 어떤 시련도 당신 안에 있는 하나님의 평화를 빼앗아가지 못하게 하시오. (편지, 1780. 1. 14)

30 하나님의 평안을 얻는다면 세상에서 어떤 환란을 당하더라도 이길 수 있을 것이다. (편지, 1791. 10. 18)

31 아무리 값진 보물이라고 해도 그것이 하나님이 평화를 얻는 데에 아무런 유익이 없거나 두리어 해로운 것이라면 어떻게 하겠는가? (설교, 의복에 관하여)

32 내 마음이 온전한 평화를 누릴 때, 나는 더 많은 일을 더 잘 해낼 수 있다. (편지, 1777. 12. 10)

33 참된 신앙은 인간에게 평안을 준다. 그 평안은 하나님이 주시는 선물이기 때문에 이성을 초월하며, 세상이 줄 수도 없고 빼앗을 수도 없다. 또한 세상의 모든 것을 다 가진 사람이라고 할지라도 하나님이 주시는 평안을 알지 못한다. (설교, 하나님 나라로 가는 길)

34 참된 신앙은 세상의 모든 불안과 두려움을 몰아내는 평안이다. 그 평안은 악마의 공포, 죽음의 공포, 지옥의 공포까지도 몰아낸다. 삼위일체 하나님의 평화가 우리의 영혼 속에 가득한 것이 참된 행복이요 천국이다. (설교, 하나님 나라로 가는 길)

35 바다에 험한 파도가 일어날 때에도 바다 밑은 고요한 것처럼, 세상의 수많은 환란 속에서도 우리의 영혼은 하나님 안에서 평온할 수 있다. (논문, 그리스도인의 완전에 대한 평이한 해설)

36 그리스도인은 도둑을 막는 것처럼 근심 걱정이 마음속에 들어오지 못하도록 막아야 한다. 그것들이 우리의 마음과 삶을 파멸시키기 때문이다. (설교, 산상설교 9번)

37 첫 날부터 끝 날까지 하나님의 은혜 안에서 모든 사람과 더불어 평화롭게 살면서 나의 길을 걸어가리라. (편지, 1775. 2. 18)

인간은 근원적으로 불안한 존재이다. 그래서 인간은 모든 좋은 것을 다 가지고도 불안하고, 세상 일이 잘 되어도 불안하다. 이것은 존재의 불안이다. 또한 인간은 죄를 짓고 양심의 가책을 느끼고 잘못된 욕심과 잘못된 인간관계 때문에 불안하고, 가진 것에 대한 상실의 염려로 불안을 느끼며, 결국에는 허무와 죽음에 몰려서 불안하다. 인간이 이와 같은 죄와 고난과 죽음에 대한 불안과 두려움을 극복하고 참된 평안을 얻기 위하여 하나님을 믿고 의지하는 것은 참으로 좋은 일이다. 이 세상이 주는 평안은 조건적이고 일시적이지만 하늘이 주는 평안은 세상의 조건과 이성을 넘어서 오는 초월적인 평안이요 참된 평안이다. 참된 평안은 하늘로부터 온다. 그러므로 자신의 불안을 인정하고 겸손히 구할 때에 하나님은 평안을 주신다.

웨슬리는 참된 평안을 얻는 길과 방법을 가르친 영성의 교사이다. 웨슬리는 고난 많은 인생을 살았지만 하나님이 주시는 평안을 누리며 살았고, 믿음으로 얻은 평안 가운데 큰 일을 많이 할 수 있었다. 그는 무슨 일을 하든지 먼저 자신의 부족함을 느끼고 하나님의 도움을 구하며 마음의 평안을 지켰다. 그리고 자신이 불안하고 두려울 때에는 하나님께 구하여 잃어버린 평안을 다시 찾았다. 이처럼 누구든지 하나님께 겸손하게 요청하면 잃어버린 평안을 다시 찾을 수 있다. 그러나 인간은 그와 같은 평안을 소유하기도 하지만 마음이 약해지거나 환경이 나쁘게 변함에 따라서 쉽게 잃어버리기도 한다는 사실을 그는 알았다. 그리고 또 다시 불안이 엄습하고 두려워질 때에 하나님의 평안을 구하면 얻을 수 있다는 사실도 깨닫게 되었다.

웨슬리는 규칙적인 경건의 생활을 통하여 평안을 얻었다. 그는 규칙적으로 기도하고 성경을 읽었다. 거룩한 독서를 하며 늘 찬송을 불렀다. 평생 한 주간에 두세 번 성찬을 받았다. 매주 수요일과 금요일에는 금식하였다. 이렇게 할 때마다 그는 위로부터 오는, 환경을 초월하는 평안을 얻었다. 그는 간혹 괴로운 일을 당해서 잠시 평안을 잃어버리기도 했지만, 규칙적인 경건의 실천으로 속히 평안을 되찾았다. 그래서 그는 아무리 힘든 일을 당해도 바르고 온전하게 행하시는 하나님께 모든 일을 맡기고 잠을 잘 자는 사람(good sleeper)이라고 고백하였다. 웨슬리는 마음의 평안이 있을 때에 무슨 일이든 잘했고 많은 일을 할 수 있었다고 말하면서 무엇을 하든 평안과 기쁨을 먼저 구하고, 특히 시련이나 환란을 당할 때에 모든 불안과 두려움을 몰아내는 평안을 먼저 구하라고 가르쳤다. 그리고 혹시 평안을 잃었더라도 다시 얻기를 구하라고 강조하였다.

웨슬리가 자신에게 가장 이상적인 여성이라고 여기며 사랑했던 젊고 매혹적인 과부 그레이스 머레이를 자기가 키운 제자에게 빼앗겼던 일이 있었다. 비통에 빠진 웨슬리는 너무나 가슴이 아파 땅바닥에 주저앉아 펑펑 울었다. 그러나 그는 딱 15분 동안만 울고 벌떡 일어났다. 그러고 나서 말을 타고 약속된 설교 장소를 향하여 수십 리 길을 달렸다. 웨슬리는 아무리 슬퍼도 15분 동안만 슬퍼하고, 아무리 괴로워도 15분 동안만 괴로워하는 규칙을 지켰다. 이처럼 그는 규칙적인 경건의 실천을 통하여 얻은 평안으로 갖가지 고난을 이겼으며, 머뭇거림 없이 많은 일들을 할 수 있었다. 웨슬리는 규칙적인 기도로 마치 바다에 험한 파도가 일어나도 바다 밑이 고요한 것처럼 마음의 평안을 지켰다. 이 평안은 자연인이 알지 못하는 하나님의 선물이다. 하늘로부터 오는 평안은 인간의 이성과 수단으로는 소유할 수 없는 것이기 때문이다.

웨슬리는 인간의 불안과 염려의 근본 원인이 하나님과 멀어진 탓이라고 생각했다. 웨슬리는 "하나님이 인간을 하나님 자신을 향하여 살도록 창조하셨기 때문에 하나님 안에서 쉬기 전에는 참으로 쉬지 못한다."는 어거스틴의 말을 여러 번 인용하면서 궁극적으로 인간을 구원하는 것은 하나님이 주시는 평안뿐이라고 확신하였다.

웨슬리는 많은 사람에게 핍박을 받았고 배신을 당하였다. 가장 아끼며 사랑을 쏟았던 제자들에게 배신을 당하기도 하였다. 그러나 그는 가능한 한 빨리 그들을 용서하고, 그들과 화해하고, 그런 사람들과도 가능한 한 협력하려고 노력하였다. 웨슬리는 복음적인 평화주의자였다. 그는 실로 자신 안에 평화를 만들고, 사람 사이에 평화를 만드는 평화의 사도였다.

사랑 I

사랑 없이는
살지도 죽지도 말라

38 진정한 종교는 사랑의 종교이다. 그것은 하나님과 온 인류에 대한
사랑이다. 마음을 다하고 힘을 다하고 생명을 다하여 하나님을 사
랑하고 하나님이 창조하신 모든 이웃을 내 몸처럼 사랑하는 것이다.
진정한 종교는 이와 같은 사랑 안에서 모든 악을 피하고 모든 사람
에게 모든 가능한 선을 행하는 것이다. (논문, 이성적이고 종교적인 사
람들에게 보내는 진지한 호소)

39 '사랑으로 역사하는 믿음(faith working by love)'은 하나님이 인간
에게 요구하는 전부이다. 사랑은 하나님의 모든 말씀의 목적이다.
기독교의 기초는 믿음이며, 그 목적은 사랑이다. 즉 하나님을 사랑
하고 이웃을 사랑하는 믿음이 천국에 들어가는 믿음이요, 진정한 기
독교로 가는 길이다. (논문, 그리스도인의 완전에 대한 평이한 해설)

40 아무리 지식과 능력이 많고 믿음이 크고 큰 일을 성취한다고 해도, 하나님이 인류에 대한 사랑으로 역사하는 믿음이 없다면 그것은 그리스도인의 믿음이 아니다. 그리스도인은 온유와 겸손으로, 죄를 몰아내는 사랑으로, 사랑으로 역사하는 믿음으로 그리스도를 통하여 예비된 나라에 넉넉히 들어가게 될 것이다. (설교, 사랑에 관하여)

41 정통의 믿음이란 하나님과 이웃을 사랑하는 에너지로 가득찬 믿음이다. (논문, 이성적이고 종교적인 사람들에게 보내는 진지한 호소)

42 아무리 진리를 말한다 해도, 사랑 안에서 말하지 않으면 그 사람에게 잘못이 있다. (편지, 1777. 9. 9)

43 사랑 없이 진리를 주장하는 것은 잘못된 의견을 주장하는 것만큼이나 위험하다. (표준설교집, 서문)

44 나는 때때로 너무 엄격하면서 자비롭지 못한 것을 회개한다. (편지, 1787. 10. 20)

45 사랑 없이 사는 것과 사랑 없이 죽는 것은 현세에서도 허무하고 영원한 미래를 위해서도 아무런 안전보장이 없다. (편지, 1775. 8. 10)

46 사랑이 없는 것은 인간에게 아무런 행복도 주지 못한다. 참된 행복은 한순간에 시작하고 끝나버리는 가벼운 쾌락이 아니라, 영원토록 지속되는 후회 없는 사랑이요, 영혼의 기쁨이다. (설교, 사랑에 관하여)

47 사랑 외에 그 무엇이 사랑을 낳을 수 있겠는가? (설교, 조지 휫필드의 죽음에 관하여)

사랑 없이 사는 것과 사랑 없이 죽는 것이 세상에서 가장 허무한 것이라고 웨슬리는 말했다. 인생에서 가장 좋은 것은 사랑받는 것과 사랑하는 것이기 때문이다. 그 누구라도 사랑 없이 사는 사람은 다른 모든 것이 아무리 풍족하여도 불행하다. 사랑의 의미와 사랑의 기쁨이 없다면 인생은 너무 무미건조해서 살 수 없을 것이다. 인간은 세상을 다 가진다 해도 사랑을 모르면 불행할 수밖에 없다. 왜냐하면 인간은 사랑을 먹고 살도록 만들어졌기 때문이다.

웨슬리는 기독교 정통의 신앙이란 '사랑의 힘으로 가득찬 신앙(faith filled with the energy of love)'이라고 역설하였다. 아무리 정통의 신앙과 교리라 할지라도, 하나님을 사랑하고 이웃을 사랑하는 힘이 없는 것은 거짓이고 또 잘못된 것일 수밖에 없다. 그는 기독교의 본질이 '힘을 다하여 하나님을 사랑하고 자기 몸처럼 이웃을 사랑하라(마 22:37~40)'는 계명에 가장 분명하게 드러나 있다고 생각했다. 그래서 웨슬리의 후손들은 이 성구를 런던에 세운 웨슬리 기념예배당(Wesley Chapel) 강단 바로 앞에 새겨놓았는데, 이것은 그들이 이 성구를 자기들의 영적 아버지의 영성을 가리키는 가장 상징적인 것으로 여겼기 때문이다. 하나님을 사랑하고 사람을 사랑하는 것이 참된 종교의 본질이며 목적이라고 웨슬리는 믿었다.

웨슬리에 의하면 진실한 믿음은 하나님과 이웃을 정성을 다하여 사랑하는 것이며, 또한 믿음이 성장하는 것은 하나님과 이웃에 대한 사랑이 성장하는 것이다. 웨슬리는 성서적 정통 신앙은 '사랑으로 역사하는 믿음(faith working by love)' 이외에 다른 아무것도 아니라고 모든 설교와 논문에서 밝혔고 매년 총회에서도 그렇게 선언하였다. 그에게서 믿음과 사랑은 언제나 함께 있는 것이며, 이 둘은 결코 분리될 수 없다. 믿음은 사랑을 위해서 필요하고, 사랑은 행복을 위해서 필요하다. 웨슬리는 '믿음은 사랑의 시녀(maid)'라고 말하였으며, 또한 믿음은 사랑을 낳는 기초이면서 동력이라고 설명하였다. 웨슬리는 시종일관 믿음은 사랑의 수단이고 사랑은 믿음의 목적이라고 확신하였고 이 진리를 강조하였다. 그는 인간에게 가장 불행하고 허무한 것은 사랑 없이 사는 것과 사랑 없이 죽는 것이므로 사랑 없이는 아무것도 하지 말고 살지도 말고 죽지도 말라고 가르쳤다.

실로 웨슬리는 사랑의 신학자이다. 믿음은 하나님의 사랑을 알고 예수 그리스도의 사랑을 배우는 것이다. 그렇게 인간은 믿음을 통하여 가족과 친구와 이웃을 더 사랑할 수 있는 사랑의 에너지를 공급받는 것이다. 사랑의 에너지로 가득 채워지는 삶이 행복한 삶이나. 사랑은 인생의 완성을 향해 나아가는 통로이다. 신자는 '사랑으로 역사하는 믿음'으로 구원을 얻으며, 동시에 구원의 완성을 향하여 나가는 것임을 웨슬리는 일평생 실천하고 가르쳤다.

사랑 II

끝까지 사랑을
버리지 말라

48 사랑이 가장 큰 은사요 모든 일에서 가장 좋은 길(the more excellent way)이다. 환상이나 계시, 표적이나 예언 등 무엇이든지 사랑에 비하면 모두 다 아주 작은 것이다. 하늘들 중의 하늘은 사랑이며, 땅에서나 하늘에서나 사랑이 최고이다. 종교에서 사랑보다 더 높은 것은 없다. 그대가 사도 바울이 (고린도전서 13장에서) 제시한 사랑 외에 더 큰 것을 찾고 있다면 그것은 중심에서 아주 멀리 이탈하는 것이며, 표적을 아주 멀리 벗어난 곳에 겨냥하는 것이다. 우리가 아브라함의 품에 안기기 전에는 이러한 사랑보다 더 높이 오를 수 없다. (논문, 그리스도인의 완전에 대한 평이한 해설)

49 나에게 강한 힘이 있다면 그것은 다른 사람의 잘못을 용서하는 데 있다. (일기, 1752. 11. 29)

50 모든 지식을 가진 사람이라도 사랑이 없어 냉정하고, 교만하여 남을 멸시하고, 성미가 급하고 참을성이 없어 미움과 분노를 쏟아낸다면 모든 지식과 함께 멸망하고 말 것이다. (설교. 사랑에 관하여)

51 나는 내가 사랑하는 사람들과 쉽게 갈라서지 못한다. (편지, 1777. 10. 22)

52 한 냥의 사랑이 천 근의 지식보다 훨씬 더 가치가 있다. (편지, 1768. 11. 7)

53 하나님의 사랑은 모든 고통과 질병을 치료하는 명약이며 건강 장수의 비결이다. 하나님의 사랑으로 충만한 마음, 그리고 모든 일을 하나님의 사랑으로 하는 것은 건강과 장수를 위한 가장 효과적인 방편이다. (원시의학. 서문)

54 지식 없이 죽어도 아브라함의 품에 안길 수 있지만, 사랑 없이 죽는다면 어떻게 되겠는가? (표준설교집, 서문)

55 나는 진리를 밝혀 주는 빛보다 진리를 실천하는 열이 부족함을 느낀다. 어둠을 비추는 빛은 소중하지만 따뜻하게 해주는 열과 같은 사랑이 없는 빛은 가치가 떨어진다. (편지, 1775. 6. 9)

56 우리가 해야 할 가장 좋은 일은 사랑하고 순종하는 것이다. 우리의 지식이란 우리가 영원에 닿을 때에 비로소 그 가치를 알 수 있다. (편지, 1771. 7. 20)

57 무슨 일에서나 그리스도 예수를 생각하고 결코 사랑을 버리지 말라. 땅에서나 하늘에서나 사랑보다 더 좋은 것이 없고, 사랑보다 더 큰 것이 없다. (편지, 1775. 1. 17)

58 당신은 인생의 모든 면에서 항상 '제일 좋은 길(the more excellent way)'을 선택하라. '제일 좋은 길'이란 하나님과 이웃을 더 사랑하되 온전히 사랑하는 길이다. 사랑 없이는 아무것도 하지 말아야 한다. 사업, 시간 사용, 인간관계, 학업, 결혼, 식사, 의복, 재능 사용, 우정, 여가 사용, 대화, 돈 사용, 그리고 신앙생활 등 모든 면에서 제일 좋은 길을 걸어야 한다. (설교, 제일 좋은 길)

_____ 해설

기독교는 사랑의 종교이다. 사랑이 세상에서 가장 좋은 길이요 가장 높고 큰 선물이다. 아무리 큰 것이라고 해도 사랑에 비하면 지극히 작은 것이기 때문에 사랑이 인생의 최고선이요 유일한 목적이라고 웨슬리는 생각하였다. 그는 사랑 없이 진리를 말하는 것, 사랑 없이 엄격한 것, 사랑 없이 돈을 버는 것, 사랑 없이 설교를 하는 것, 사랑 없이 사업을 하는 것, 사랑 없이 결혼을 하는 것 등 사랑 없이 하는 모든 것이 허무하며, 심지어 신앙까지도 사랑이 목적이 아니라면 헛될 뿐이라고 말했다. 사랑이 제일 좋은 것이므로 사람이 무엇을 하든지 사랑의 길을 가면 마침내 행복의 열매를 맺을 것이며, 사랑의 길을 가지 않으면 불행을 맞을 것이라고 말했다.

웨슬리는 사랑은 인간의 모든 고통과 질병을 치료하는 명약이요 건강 장수의 비결이기 때문에 건강과 행복을 위해서라면 모든 일에서 미움을 버리고 사랑을 증진하라고 말하였다. 그는 이 세상에서 우리가 다른 것들을 잃어버린다 할지라도 결코 사랑만은 잃어버리지 말아야 하며, 동시에 끝까지 하나님을 사랑하고 끝까지 이웃을 사랑하면 불행을 이기게 되는데, 그것은 사랑이 행복에 이르는 제일 좋은 길(the more excellent way)이기 때문이라고 말하였다. 그리고 누구라도 사랑을 포기하는 것은 인생의 모든 것을 포기하는 것이 되며 돌이킬 수 없는 불행에 떨어질 수 있다고 말했다.

기도와 금식과 성경연구를 많이 하여 지식이 많고 선행을 많이 하여도 사랑 없이 한다면 그것들은 마침내 거짓이 되고 허망하게 될 것이라고 말하면서 무엇에든지 사랑이 최고의 가치이며 목적이라는 사실을 강조하였다. 웨슬리는 실로 사랑의 신학자이다. 개신교 역사에서 웨슬리만큼 사랑의 신학을 명쾌하고도 감동적으로 해설하는 신학자는 없을 것이다. 웨슬리의 말대로 땅에서나 하늘에서나 사랑이 최고이고 제일 좋은 것이다. 사랑 없이 말하는 것, 사랑 없이 돈이 많은 것, 사랑 없이 아름다운 것, 사랑 없이 커지고 높아지는 것은 허망할 뿐이고 불행으로 치닫는 것이다.

소망

위를 바라보고
포기하지 말라

59 우리는 자신의 죄악과 연약함을 알아야 하지만, 그 다음에는 결코 낙망하지 말아야 한다. 자신에 대한 참된 지식은 연약한 죄인을 사랑하시고 구원하시는 주님께로 나아가게 만들기 때문이다. (편지, 1778. 4. 2)

60 자신이 행한 사랑의 수고가 즉시 열매 맺지 않는다는 이유로 그 수고가 모두 다 사라졌다고 생각하거나 포기하지 말아야 한다. (일기, 1742. 6. 13)

61 선한 일을 하다가 낙심하지 말라. 아주 미미한 징조가 나타나면 그 다음엔 불길이 솟아나고 이어서 너는 주님의 영광을 볼 것이다. (편지, 1776. 8. 10)

62 세상 일이 힘들고 괴로워 낙심될 때에는 위를 바라보라. 하늘은 아

무두 막지 못한다. 너의 도움은 위로부터 온다. 그러므로 하나님께 소망을 두고 더 좋은 날을 위하여 예비하라! (편지, 1778. 10. 26)

_____ 해설

　믿음은 소망을 낳고 동시에 소망을 이루는 원동력이라고 웨슬리는 말했다. 그는 세상이 동서남북을 가로막아도 하늘만큼은 막지 못하며, 구원은 위로부터 오는 것을 믿고 하나님이 계신 위를 바라보고 소망을 버리지 말라고 사람들을 격려하였다.

　웨슬리는 소망의 사람이었다. 웨슬리의 생애를 살펴보면 교회사에 그만큼 고난을 많이 겪은 사람이 없을 것이라는 생각이 든다. 그는 가난과 빚더미에 허덕였고 몇 번에 걸쳐 사랑에 실패하고 수많은 배신을 당하였다. 그는 자기가 속한 영국 국교회에서 쫓겨났고 온갖 모욕과 박해, 심지어는 살해 위협을 당하면서도 한 번도 소망을 포기한 적이 없었고 하나님의 일을 접으려는 생각조차 한 적이 없었다.

　웨슬리는 당시 부패하고 쇠퇴한 교회와 사회를 개혁하고 민족을 구하려는 거룩한 소망을 품었다. 그는 영국 국교회로부터 박해가 극심해졌을 때에 "나는 온 세계를 나의 교구로 바라본다."라고 말하면서 영국을 뛰어넘어 전 세계의 인류에게 복음을 전하리라는 위대한 선교의 소망을 외쳤다. 또 그는 폭도와 도적과 노상강도의 공격을 많이 받았지만 그들을 좋은 사람으로 변화시키려는 소망을 포기하지 않았고 마침내 그들을 복음으로 변화시켰다. 그래서 초기 메도디스트 전도자들의 삶과 활동을 기록한 문서에는 웨슬리와 메도디스트 설교자들이 무기를 든 폭도 앞에서 설교하는 모습이나 노상강도가 웨슬리 앞에서 무릎을 꿇고 회개하는 모습을 그린 놀라운 삽화들이 발견된다. 그는 인구의 대다수를 차지하는 가난한 보통사람들이 인간의 존엄한 가치를 회복하고 민주사회의 중심이 되기를 바라는 소망을 가지고 부흥운동을 일켜 그들을 기독교 교양과 신앙으로 훈련해 그들이 건강한 시민사회를 이루고 사회의 주력이 되기를 바랐다. 마침내 웨슬리의 소망은 이루어져 반세기 만에 사회 각층에서 메도디스트 지도자들이 나왔고 한 세기 만에 나라에 영향력 있는 지도자들이 나왔다. 민족을 개혁하고 온 세계에 성서적 성결을 전파하려는 그의 소망은 영국에서 이루어졌고 이어서 전 세계로 퍼졌다. 웨슬리는 낙심하는 사람들에게 "위를 바라보고 소망을 버리지 말라."고 끊임없이 격려하였다.

세상 일이 힘들고 괴로워 낙심될 때에는 위를 바라보라.
하늘은 아무도 막지 못한다. 너의 도움은 위로부터 온다.

건강

건강을 지키는 것은
우리의 몫

63 나의 건강 비결을 다음과 같이 소개한다. 첫째로 신선한 공기와 깨
    끗한 물을 마시는 것, 둘째로 부드러운 음식으로 소식하는 것, 셋
    째로 매일 적절한 운동을 하는 것, 넷째로 일찍 자고 일찍 일어나는
    것, 다섯째로 잠을 잘 자는 것, 여섯째로 규칙적으로 설교하는 것,
    일곱째로 남의 잘못을 오래 기억하지 않고 하나님의 사랑으로 용서
    하며 평화롭게 사는 것, 여덟째로 규칙적으로 기도하는 생활이다.
    (일기, 1788. 6. 28; 김진두, 「존 웨슬리의 생애」, 386)

64 나는 이제 80대에 들어섰으나 25세 때보다 별다른 신체적 허약함이
    나 고통을 느끼지 않는다. 이러한 건강의 비결은 다음과 같은 것들
    이다. 첫째, 하나님이 사명을 실천하라고 건강을 허락하심을 깨닫
    고 감사하는 것. 둘째, 매년 7~8,000㎞를 복음과 사랑을 전하며 여
    행한 것. 셋째, 밤이든 낮이든 원하는 때에 잠을 잘 자는 것. 넷째,
    규칙적으로 매일 아침 4시에 기상하는 것. 다섯째, 특별히 매일 새

벽 5시에 설교하는 것. (일기, 1782. 6. 26)

65 나는 66년 동안 매일 아침 4시에 일어났고 56년간 매일 아침 5시에 설교했다. 일찍 자고 일찍 일어나는 것은 나의 거룩한 습관이며 건강의 비결이다. (일기, 1788. 6. 28)

66 건강을 해치지 않으면서 오늘 할 수 있는 만큼 일하라. 그리고 내일도 그렇게 할 수 있기를 구하라. (텔포드, 「웨슬리의 어록」, 32)

67 나는 네가 운동을 더 많이 한다니 기쁘다. 규칙적인 운동은 몸의 건강과 영혼의 건강에 모두 다 크게 유익하다. (편지, 1771. 1. 24)

68 하나님이 우리를 선하게 사용하시도록 몸의 건강과 마음의 건강을 지키자. 건강을 지키는 것은 우리의 몫이다. (편지, 1775. 3. 15)

69 건강을 해치지 않고 모든 감각적 쾌락을 즐기는 것은 불가능하다. 하나님도 그렇게는 돕지 못하신다. (에세이, 독신에 대한 생각)

70 나는 현재 80대의 한가운데 있으나, 날마다 하나님과 동행하니 하나님이 복을 주시어 고단하거나 우울하지 않다. 지금 나는 다섯 살이나 스무 살 때만큼이나 상쾌하다. (일기, 1782. 6. 28)

_____ 해설

'건강을 지키는 것은 우리의 몫'이라고 웨슬리는 열심히 가르쳤다. 왜냐하면 몸과 마음을 건강하게 지키는 것은 경건생활의 기본이면서 동시에 경건생활의 열매이기 때문이다. 그는 일찍이 집을 떠나서 유학생활을 하는 동안, 그리고 옥스퍼드대학생 시절에 무거운 학업을 감당하느라 건강이 상해서 코피를 자주 흘렸다. 그는 당시에 고단한 생활로 인해 몸이 깡마르고 몹시 허약해졌다고 말하면서 건강을 해치면서 무리하게 생활한 것을 반성하였다. 그래서 그는 청소년 시절에 어머니의 조언을 따라서 그 당시 유명했던 체이니 박사의 「건강과 장수」라는 책을 자세히 읽고 건강 규칙을 만들어서 매일 정확하게 지켰다. 그의 건강 규칙에는 고기와 야채를 균형 있게 먹고 부드러운 음식으로 소식하는 것, 깨끗한 물을 자주 마시고 매일 아침 저녁으로 적절한 운동을 하는 것이 기본이었다. 그는 건강한 생활을 위해서는 규칙적이고 절제하는 생활이 필수이며, 유익한 음식 섭취와 적절한 신체 운동이 무엇보다 필수적이라고 생각했다.

웨슬리의 일기를 보면, 험난한 전도 여행으로 과로하고 약해져서 자주 감기와 몸살을 앓았다. 갑자기 고열이 나서 위험한 고비를 여러 번 넘기기도 하였다. 50세 되던 해에는 심한 열병에 걸려 죽는 줄 알고 자신의 묘비문을 미리 써놓기도 하였다. 52세 되던 해에는 아일랜드에서 전도 여행 중에 열병을 앓아 거의 죽다 살아났다. 이때 신자들이 웨슬리가 누워 있는 침대에 둘러앉아서 히스기야 왕처럼 웨슬리의 수명을 15년만 연장해 달라고 간절히 기도하였는데, 기도하는 중에 즉시로 고열이 멎고 몸이 깨끗이 회복되었던 일이 있었다. 61세에 그는 통풍으로 고생을 하다가 외과수술을 받기도 하였으며, 87세부터 당뇨병을 앓았다.

그는 자신의 여행일지에 몇 번씩이나 건강을 주신 하나님께 감사하면서 자신의 건강비결을 조목조목 정리하여 소개하였다. 그리고 메도디스트 설교자들에게 건강을 지키는 모범과 규칙으로 삼도록 권면하였다. 자기보다도 더 허약했던 동생 찰스를 만날 때마다 건강을 위해서 매일 걸으라고 강권하였으며, 건강의 규칙을 철저히 지켜서 형보다 더 오래 살아야 한다고 말해 주었고, 만날 수 없을 때는 편지를 써서라도 조언하였다.

웨슬리가 고백한 건강 비결 중에는 우리도 꼭 명심해야 할 것들이 있다. 두 가지로 나누면 첫째는 자연적인 방법이다. 깨끗한 물과 맑은 공기를 적절하게 마시는 것, 부드러운 음식으로 소식하며 육식도 하되 채식을 더 많이 하는 것, 규칙적으로 걷는 것, 적당한 신체 운동을 하는 것, 즐겁고 보람 있는 여행을 하는 것, 일찍 자고 일찍 일어나는 것, 특별히 언제 어디서나 잠을 잘 자는 것(good sleeping)이다. 두 번째는 영적인 방법이다. 그는 기도가 가장 오래되고 영원한 의약이라고 강조하면서 시간을 정하여 규칙적으로 성경을 읽고 기도하는 경건생활을 강조하였다. 그리고 모든 불행을 치료하는 명약인 하나님의 사랑으로 마음을 가득 채우는 것, 다른 사람의 잘못을 오래 기억하지 않고 속히 용서하는 것, 모든 무거운 짐을 전능하신 하나님께 맡기고 평화롭게 사는 것, 매일 아침 4시에 기상하고 5시에 설교하는 것이 건강의 비결이라고 말하였다.

웨슬리는 건강을 상하면서까지 돈을 벌어 부자가 되려고 하는 어리석음에 대하여 자주 경고하였다. 그는 죽기 열흘 전에 마지막으로 설교하였고 88세까지 건강하게 장수하였다. 그는 일생 사는 동안 건강 규칙을 빈틈없이 지켰고 시간을 영원을 대하듯 소중히 여기면서 누구보다도 부지런하고 성실하게 살았다. 그는 건강하였기 때문에 하나님의 일을 더 많이, 더 오래도록 하면서 행복하였다. 그는 건강을 지키는 것은 어디까지나 우리의 몫이라는 것과 하나님은 정신과 몸이 건강한 사람을 더 유익하게 사용하신다는 사실을 끊임없이 강조하였다.

시간이 영원의
한 토막이라면

71 시간이란 무엇인가? 인간은 본래부터 시간이 무엇인지 분명히 모른
다. 그러므로 시간에 대해 정의할 수도 없다. 시간은 혹시 양끝이 잘
려나간 영원의 한 토막이 아닐까? 시간은 우주가 시작할 때에 시작
되었으며, 우주가 계속되는 동안 계속될 것이며, 그리고 소멸해 버
리는 영원의 흐름의 일부가 아닐까? (설교, 영원에 대하여)

72 "당신은 영원부터 하나님이십니다."라는 말은 과거의 영원을 의미
하고, "영원부터 영원까지"라는 말은 미래의 영원을 의미한다. 우리
는 과거의 영원이 시작 없는 지속을 의미하고 미래의 영원은 끝이
없는 영원을 의미한다고 생각할 뿐이다. …… 그러나 하루살이 같
은 피조물이 어떻게 영원이 무엇인지 알 수 있겠는가? 창조주만이
영원한 시간과 무한한 공간 속에 존재한다. 그런데 주님은 자비하
신 분이셔서 많은 피조물들, 즉 천사들과 하늘의 무리들에게 영원
의 속성을 나누어 주셨는데, 흙집에 살고 있는 지구의 거민들에게

도 나누어 주셨다. 그들의 몸은 썩지만 그들의 영혼은 결코 죽지 않는다. 하나님은 그들의 영혼을 '자신의 영원의 형상'으로 만드셨다. (설교, 영원에 대하여)

73 우리는 과거의 영원과 미래의 영원으로 구분하는 것 외에 또 다른 영원에 대한 구분을 생각해야 한다. 즉 '불행한 영원이냐 행복한 영원이냐'라는 구분인데, 여기에 참으로 중대한 의미가 있다. 누가 영원한 행복보다 일 년 혹은 천 년의 행복을 더 좋아하겠는가? 더욱이 행복한 영원을 거부하고 불행한 영원을 선택하는 것이 얼마나 어리석은 일인가? (설교, 영원에 대하여)

74 그럼에도 불구하고 영원보다 순간적인 것을 더 좋아하는 이런 말도 안 되는 어리석음과 정신없는 짓은 세상 모든 자연인이 앓는 질병이다. 이것은 인간의 본성이다. 즉 눈이 한 번에 우주의 일부만 보는 것처럼 정신도 한 번에 시간의 일부만 보기 때문에 그 너머에 멀리 있는 공간과 영원은 인식하지 못하고 없는 것처럼 여긴다. 그러나 하나님은, 그의 무한한 은혜로 이 질병을 치료하는 약을 진심으로 구하는 모든 사람에게 값없이 선물로 주신다. (설교, 영원에 대하여)

75 영원한 기쁨이냐, 영원한 고통이냐? 영원한 행복이냐, 영원한 불행이냐? 이 질문은 이성을 가진 모든 인간의 뇌리에 맴도는 생각일 것이다. 우리는 행복한 영원과 불행한 영원, 이 두 개의 문들 가운데 한 가지 문턱에 서 있다. 나와 당신은 아무도 빼앗을 수 없는 좋은 편을 선택해야 한다. (설교, 영원에 대하여)

76 시간을 아껴라. 황금 같은 순간을 붙잡으라. 그것이 날아가 버리기 전에. (편지, 1784. 9. 26)

웨슬리의 행복론
043

77 시간을 아껴라! 그렇게 하는 것이 하나님을 사랑하고 동시에 당신의 삶과 영혼을 구하는 것이다. (아담 클라크, 「웨슬리 가족에 대한 추억」, 319)

78 모든 일에 시간 약속을 잘 지키고 철저하게 준비하라. 우리가 어디를 갈 때에는 편안히 출발만 하면 되게 하라. 얼마의 시간이 남든지 그것은 우리의 여유이다. (텔포드, 「존 웨슬리의 생애」, 355)

79 시간을 지켜라. 모든 일과 말씀을 정한 시간에 정확하게 시작하고 마치라. (총회 회의록; 설교자 규칙)

80 나는 어느 정도의 피로에는 신경 쓰지 않는다. 왜냐하면 때때로 건강을 해치지 않는 정도의 수고와 피로는 유익하기 때문이다. 그러나 나는 시간을 낭비하는 것은 싫어한다. (편지, 1776. 2. 17)

81 나는 아무리 일이 많고 힘들어도 일 자체에는 신경을 쓰지 않는다. 다만 나에게 필요한 것은 하나님의 은혜와 시간이다. (편지, 1779. 10. 23)

82 두 배로 부지런하자! 우리가 약속한 시간에 모든 일을 기쁘게 마치자. 이렇게 부지런히 일하면서 우리는 영원 속으로 발돋움하는 것이다. (편지, 1776. 12. 6)

83 그대 앞에 놓인 선행의 기회를 놓치지 말라. 황금 같은 순간이 지나가기 전에 저 흘러가는 광음 속에서 그대의 영원을 붙잡으라. (설교, 너의 보물을 하늘에 쌓아라)

84 세상에서 아무리 값비싼 것이라 해도 그것이 영원한 나라에서 얼마의 가치가 될지를 생각하라. (편지, 1770. 12. 14)

_____ 해설

　　시간은 오는 것이요 지나가는 것이며 종말을 향하여 달려가는 것이다. 시간은 다가오는 것이고 흘러가는 것이다. 한 번 지나간 시간은 다시 돌아오지 않는다. 또 우리는 다가오는 시간을 막거나 늦출 수 없으며, 지나간 시간을 다시 오게 할 수도 없다. 시간에는 시작이 있고 또한 종말이 있다. 시간은 모든 존재하는 것을 붕괴시키고 허무로 만들어 버린다. 그래서 실존주의 철학자들은 그 파괴성 때문에 시간을 무자비한 폭군에 비유하기도 한다. 이와 같은 시간의 성질만을 생각하면, 시간 앞에 인간 존재의 무의미함과 허무성은 이루 다 표현할 길이 없다.

　　웨슬리도 이러한 시간의 성질을 여러 곳에서 말하고 있다. 그렇지만 그는 시간이란 양끝이 잘려나간 영원의 한 토막이요, 영원의 흐름의 일부분일 것이라고 생각했다. 웨슬리의 생각을 더 구체적으로 말해 본다면, 시간은 너무 짧아서 영원의 한 토막밖에 안 되지만 동시에 시간은 영원의 한 부분이므로 영원의 성질과 가치를 지니고 있다는 뜻이다. 즉 우리는 시간이 영원에 비해 짧고, 흘러가 버리고, 영원하지는 않지만, 시간이 영원에서 왔고 영원의 부분이기 때문에 시간에서 영원을 볼 수 있으며, 시간 속에서 영원을 포착할 수 있다는 말이다. 시간은 분명히 영원의 의미와 가치를 지니고 있어서 결코 무의미하고 허무한 것으로만 여겨서는 안 된다는 말이다. 웨슬리는 이렇게 간결하지만 본질적인 시간의 의미와 시간과 영원의 상관관계에 대하여 설명하였다.

　　웨슬리와 같이 '시간이 영원의 한 토막'이라고 생각하는 한 삶의 무의미와 허무주의가 들어올 자리가 없다. 이것은 신학자 폴 틸리히가 말하는 '영원한 현재(eternal now)'와 같은 의미를 표현한 것이라고 할 수 있다. 그러므로 인간에게 시간은 선물, 자산, 기회, 그리고 축복이다. 왜냐하면 시간은 헤아릴 수 없이 중대한 가치를 지녔고, 인간은 시간 안에서 영원을 경험하고 영원을 살기 때문이다. 이와 같은 마음과 태도를 가지고 시간을 대하는 것이 신앙이다. 즉 영원을 대하듯 시간을 대해야 한다는 의미이다. 신앙은 시간을 대하는 태도를 결정하는 것이다. 웨슬리는 시간을 하나님이 주시는 영원한 선물이라고 여기는 신앙으로 살아갈 때에 인생은 한없이 귀중하고 놀랍고 신비한 것이 된다고 생각하였다. 그에게서 시간은 영원한 삶을 만드는 기회이며 축복이기 때문에 인생은 "영원한 행복이 되고 행복한 영원이 될 수 있다."고 믿었다.

그래서 웨슬리는 무엇보다 시간을 아끼는 것이 중요하다고 가르쳤다. 시간은 돈이나 황금보다 더 소중하고 아름다운 것이기 때문이다. 따라서 시간을 낭비하거나 허무하게 보내지 말아야 하며, 시간이 무의미하게 날아가 버리지 않도록 소중히 사용해야 한다고 말했다. 웨슬리는 시간을 거룩하게 사용하는 것이 하나님을 섬기는 삶이며 신앙이라고 가르쳤다. 그래서 그는 하루의 시간표를 만들었다. 그는 시간표에 기상시간, 취침시간, 기도하고 성경을 읽는 시간, 독서하는 시간, 선을 행하는 시간, 가난한 사람들을 방문하는 시간, 신자들을 만나고 전도하는 시간 등 모든 일정을 세세하게 담았다. 그리고 일평생 시간표를 정확하게 지키는 생활을 하였다. 웨슬리는 시간 약속과 규칙을 엄격하고 정확하게 지키는 생활을 하였다. 그래서 사람들은 그를 메도디스트(methodist)라고 불렀다. 이는 시간을 정확히 지키고 규칙을 정확히 지키며 사는 사람이란 뜻이다.

웨슬리는 시간을 아끼며 선용하는 것이 경건이며 거룩한 삶이라고 가르쳤다. 그렇게 사는 것이 시간 속에서 영원한 생명을 사는 것이라고 생각하였다. 존 칼빈은 이것을 '천국에 대한 묵상(meditation on the heavenly life)'이라고 일컬었다. 웨슬리는 그런 용어를 쓰지 않고 다만 "순간에서 영원의 가치를 보아야 하며, 순간을 위해서 살지 말고 영원을 위해서 살라."는 말로 시간의 현재적이고 동시에 영원한 의미를 말했다. 시간은 하나님이 주시는 거룩한 선물이요 영원을 만드는 재료가 된다. 영원을 대하듯 시간을 소중하게 여기며, 시간 속에서 영원을 보고 경험하며 영원을 만드는 삶을 살아야 한다는 것이 시간에 대한 웨슬리의 신학적 해설이다.

오늘

오늘을 살라
(vive hodie!)

85 오늘을 살라! (vive hodie!) (편지, 1760. 9. 21)

86 내일을 염려하다가 오늘을 망가뜨리지 말라. 만일 당신이 이 한 가지
    를 지킨다면 매일 행복한 삶을 살 수 있을 것이다. (편지, 1778. 2. 26)

87 내일을 위해서 주님을 신뢰하라! 어린아이가 부모를 의지하는 것처
    럼 주님을 의지하여라. (편지, 1760. 9. 21; 1770. 1. 1)

88 지나간 것에 집착하지 말고, 앞으로 올 것에 대하여 걱정하지 말라.
    오늘이 구원의 날이다. (편지, 1787. 4. 21)

89 오늘은 하나님이 당신에게 내린 가장 소중한 선물이다. 오늘보다 더
    중요한 것이 또 어디 있겠는가? 자주 위를 바라보아라. 하나님이 오
    늘 하루 종일 당신을 축복하신다. (편지, 1778. 2. 26)

90 실패든지 성공이든지 어제 일어난 일에 의존하여 살아서는 안 된다. 하나님은 당신에게 오늘 여사하시기 때문이다. (편지, 1760. 11. 11)

91 지금 당신의 손에 주어진 일을 하라. 그러면 하나님이 그밖에 다른 일들을 하실 것이다. (편지, 1785. 12. 4)

92 세상의 재물이나 돈을 어떻게 더 늘릴까? 매일의 의식주와 필수품을 어떻게 채울까? 먼 미래의 일들을 어떻게 처리할까? 이런 것들로 염려하거나 스스로 괴롭히지 말라. 이런 미래는 당신에게 영원히 오지 않을지도 모르고 그때에는 당신이 이미 영원한 세계에 가 있을지도 모른다. 그렇게 되면 당신의 이런 염려가 다 무슨 소용이 있단 말인가? (설교, 산상설교 9번)

93 당신은 매일매일 '오늘 하루'를 위해서 창조된 존재라고 생각하라. (설교, 산상설교 9번)

94 내일의 필요를 위해서 걱정하지 말고 하나님이 오늘을 위해서 당신에게 주신 것들에 만족하고 감사하라. 그리고 다른 것들은 모두 하나님께 맡기라. (설교, 산상설교 9번)

95 당신이 하루를 더 살면 하나님이 그 하루를 위해서 필요한 것들을 공급하실 것이다. (설교, 산상설교 9번)

96 오늘 밤 12시에 세상에 종말이 올지라도 나는 이미 정해진 계획을 따라서 글로스터와 틱스베리에 가서 설교하고, 교인들을 심방하고, 또 친구 집에 가서 함께 식사를 하며 가족기도회를 가질 것이다. 그리고 밤 10시에는 잠자리에 들면서 나의 하늘 아버지께 내 영혼을

맡기고 편히 누워 쉴 것이다. 그리고 그 다음 날엔 하나님 나라의 영광 가운데서 깨어날 것이다. (구전으로 전해진 웨슬리의 일화)

_____ 해설

웨슬리는 오늘의 영성을 가진 사람이었다. 그는 어제에 매이지 않고 내일에 불안해하지 않으면서 오늘의 신앙을 가지고 살았다. 그는 성공했든 실패했든 과거에 의존하지 않았다. 어제 성공했다고 교만하지 않았다. 겸손함으로 오늘을 성실하게 살았다. 그는 미래가 어둡고 무거워도 염려하지 않고 어린아이가 부모를 의지하듯이 주님을 신뢰하며 오늘 주어진 일에 정성을 쏟았고 오늘을 행복하게 살았다. 그는 어제 아무리 아픈 일을 당했다 해도 또한 내일 아무리 어려운 일이 닥친다 해도 하나님이 오늘 새롭게 역사하시고 복을 주신다는 믿음을 품고서 오늘을 평안하고 기쁘게, 그리고 담대하고 성실하게 살았다. 그렇게 하였기 때문에 그는 그 많은 고난을 겪으면서도 큰 일을 많이 이루고 행복하게 살 수 있었다.

'오늘의 영성'은 웨슬리의 행복한 삶의 비결이었다. 그것은 고통이나 슬픔을 치유하고 평안을 누리는 비결이요, 과거에 매이지 않고 미래의 염려에 끌리지 않으면서 살아가는 행복의 비결이었다. 어제의 괴로움과 상처를 오늘도 아파하거나 내일 일을 염려하고 두려워하여 오늘을 불행하게 사는 어리석은 인생을 살지 말라고 웨슬리는 가르쳤다. 어제는 이미 지나갔고 다시 오지 않을 것이며, 어제 일을 되돌릴 수도 없으므로 더 이상 괴로워하지 말아야 하며, 내일은 아직 오지 않았고 내일은 내가 세상에 없을 수도 있으므로 미리 염려하지 말고 오늘을 살아야 한다고 웨슬리는 말했다. 그의 말대로 오늘 행복하게 사는 것이 어제의 상처와 실패를 고칠 수 있고 내일 더 좋은 인생을 만들 수 있는 제일 좋은 비결이다. 오늘만이 나의 날이며, 오늘이 가장 소중하고 오늘의 삶이 어제의 모자람을 보충하고 좋은 내일을 만들 수 있어 오늘의 가치는 이루 말할 수 없이 크다. 그래서 웨슬리는 오늘이 가장 좋은 선물이며, 오늘이 구원의 날이요 축복의 날이라고 강조하였다.

금언 96번은 메도디스트 설교자들이 자주 인용하는 이야기이다. 한번은 어떤 여신도가 웨슬리에게 "만약 당신이 오늘 밤 12시에 죽는다면 나머지 시간을 어떻게 보내시겠습니까?"라고 물었다. 이때 웨슬리는 주저 없이 "그렇게 된다고 할지라도 나는 이미 계획대로 설교하고 심방하고 친구를 만나고 기도회를 인도하고, 나의 규칙대로 밤 10시에 잠자리에 들고 내 영혼을 하늘 아버지께 부탁하고 그 다음엔 아버지의 나라에서 깨어날 것이다.”라고 대답했다는 것이다. 이것은 오늘의 신앙을 가지고 살았던 웨슬리의 모습을 보여주는 감동적인 이야기이다. 그는 내일 세상에 종말이 온다고 할지라도 그 순간까지도 흔들림 없이 하나님이 나에게 맡기신 일을 하며 오늘을 살 것이라고 고백하였다.

어제의 상한 기분으로 오늘을 살지 말아야 하며, 내일의 걱정으로 오늘을 살지 말아야 한다. 어제의 실패를 오늘도 괴로워하면 오늘도 실패할 것이며, 어제 미움을 받았다고 오늘도 미움을 받을 것처럼 산다면 결코 사랑을 받지 못할 것이다. 오늘을 기쁘고 성실하게, 행복하게 사는 사람이 좋은 내일을 만들 수 있다. 어제도 내일도 하나님께 맡기고 오늘 주신 것들에 감사하면서 하루하루 오늘 내 손에 주어진 일들을 하는 것이 행복을 만드는 삶의 태도이다. 지금도 웨슬리는 인류에게 “오늘을 살라(vive hodie).”라고 말하면서 ‘오늘의 영성’을 가르치고 있다.

지나간 것에 집착하지 말고, 앞으로 올 것에 대하여
걱정하지 말라. 오늘이 구원의 날이다.

말

깊이 생각하고
부드럽게 말하라

97 사람의 모든 어리석음과 파탄은 진지한 생각 없이 말을 많이 하는 데 있다. 그것은 마치 목표를 보지 않고 아무데로나 화살을 쏘는 것처럼 미련하고 위험한 행동이다. (찰스 월러스, 「수산나 웨슬리의 묵상집」, 284)

98 자신의 생각을 큰소리로 거칠게 말하는 것은 분노와 다툼을 일으키는 불과 같으니 너는 조리 있게 생각하고 친절하게 말해야 한다. 많이 생각하고 적게 말하라. 깊이 생각하고 부드럽게 말하라. (Think much and speak little. Think deeply and speak gently.) (찰스 월러스, 「수산나 웨슬리의 묵상집」, 284~285)

99 살아 있는 사람들뿐만 아니라 죽은 사람들일지라도 비난하지 말라. 본인들이 없는 데서 누구도 비난하지 말고 어떤 경우에도 다른 사람을 비난하여 그들의 명예를 손상시켜서는 안 된다. 주님만이 그들의

심판자이시며 또 보호자이시다. 다른 사람들이 당신을 선대하기를 바라는 대로 그들을 먼저 선대하라. (찰스 월러스, 「수산나 웨슬리의 묵상집」 218) 메도디스트는 뒤에서 다른 사람을 험담하거나 비방하지 않으며 선한 말만 한다. 이것이 메도디스트를 식별하는 표준이다. (설교, 험담의 치료)

100 어떤 경우에도 지나치게 예민한 비판과 가혹한 언어는 결코 사용하지 말라. 그것이 너에게 다시 돌아올지도 모르니까. (편지, 1777. 9. 9)

101 너 자신이 직접 보지 못했다면 누구의 험담도 믿지 말라. 모든 일에 빈틈없는 신뢰를 쌓아야 한다. 그리고 재판관이신 하나님은 죄인의 편이심을 기억하라. 누구에 대한 험담도 하지 말라. 남을 험담하면 네 입에 궤양이 생길 것이요, 너도 험담을 듣게 되리라. (총회 회의록; 설교자 규칙)

___ 해설

　　18세기 영국 사회는 보통사람들의 언어가 타락하고 언어 폭력이 극심했다. 웨슬리는 민족의 언어를 치료하고 대화를 개혁하여 민족의 일상생활의 성화를 추구하였다. 그는 신자들이 신도회의 작은 공동체 안에서 '사랑 안에서 진리를 말하는 대화'를 연습하게 함으로써 언어의 성화를 구체적으로 추구하였다. 웨슬리는 언어의 타락과 폭력이 극심하던 당시 영국 사회를 치료하는 일과 민족의 일상생활의 성화를 부흥운동의 실천적인 과제로 삼았다.

　　수산나 웨슬리는 어린 자녀들에게 올바른 언어를 사용하는 교육을 철저히 시켰다. 그녀는 진지하게 생각하고 분별하여 말을 하면 많은 불행을 예방하고 인간관계에서나 모든 일에서 훨씬 더 좋은 결실을 맺을 것이라고 자녀들에게 가르쳤다. 또 그녀는 깊이 생각하지 않고 지혜롭게 말하지 않는 것은 마치 목표를 보지 않고 아무데로나 화살을 쏘는 것같이 아주 어리석고 위험한 행동이라고 가르쳤다. 수사나 웨슬리는 자녀들에게 "많이 생각하고 적게 말하라. 깊이 생각하고 부드럽게 말하라."고 가르쳤다. 말의 실수로 인해서 고통을 당하고 불행하게 되지 않기 위한 어머니의 실천적 가르침이었다.

웨슬리는 어떤 경우에도 분노와 증오가 섞인 말을 피하고 극단적인 말을 하지 말 것을 강조하였다. 왜냐하면 말이란 엎질러진 물과 같고 멀리 쏜 화살과 같아서 후회해도 다시 돌이킬 수 없고 그 파괴력이 크기 때문이다. 그는 다른 사람의 작은 실수를 지나치게 비판하고 가혹한 말로 비난하는 것은 자신의 인격에 파탄을 일으키고 다른 사람에게 상처를 줄 뿐만 아니라 내게서 나간 말은 반드시 나에게로 돌아오는 불행이 될 수 있다고 하였다.

웨슬리는 신도회의 모든 모임(Christian Conference)에서 바르게 말하고 은혜롭게 말하는 법을 배우고, 다른 사람의 말을 진지하게 듣고 서로에게 유익이 되고 축복이 되는 대화의 기술을 배워야 한다고 가르쳤다. 이와 같은 대화는 거룩한 성품과 행복한 삶을 형성하는 데 필수적이라고 강조하였다. 또한 그리스도인의 선하고 덕스러운 대화는 사회도덕의 개혁과 민족의 성화를 이루는 가장 기본적인 실천이라고 가르쳤다.

초기 메도디스트 시대에는 "메도디스트와 5분간만 대화를 하면 당신도 메도디스트가 될 것이다."라는 말이 생겼다. 그만큼 메도디스트들의 말은 진실하고 다른 사람들에게 사랑과 행복을 주는 것이라는 역사적 증언이라고 할 수 있다. 웨슬리는 선한 언어가 사람을 변화시키고 민족을 구원한다고 믿었고, 진리와 사랑의 언어는 성화의 수단이며, 사랑 안에서 진실한 대화는 효과적인 복음전도의 통로라고 가르쳤다.

초기 메도디스트들은 모든 종류의 모임에서 '사랑 안에서 진리를 말하는' 언어 훈련을 통하여 일상생활의 성화를 이루었으며, 그러한 훈련은 곧 메도디스트 영성 훈련의 중요한 덕목이었다.

돈

너의 돈을 하나님 나라로 옮겨놓아라

102 할 수 있는 대로 많이 벌라(Gain all as you can). 무슨 일을 하든지 게으르지 말고 전력을 다하라. 더 잘하기 위하여 모든 경험과 지혜를 사용하고 독서하며 연구하고 실천하여 많이 벌어야 한다. 당신들은 모든 힘을 다하여 돈을 많이 벌어야 한다. (설교, 돈의 사용)

103 할 수 있는 대로 많이 저축하라(Save all as you can). 당신과 당신의 가족에게 필요한 만큼만 당신의 돈을 사용하되, 결코 돈을 쌓기만 하는 수전노가 되지 말라. 그것은 가장 가난하고 악한 것이다. 또한 육체의 욕망과 쾌락을 위하여 돈을 낭비하지 말라. 술, 담배, 도박, 미식주의, 사치스러운 의복과 장신구를 위하여 돈을 쓰지 말고, 명예욕이나 권력을 위해서도 쓰지 말고, 자녀들의 과도한 소비를 금하고 선행을 위하여 많이 저축하라. (설교, 돈의 사용)

104 할 수 있는 대로 많이 주라(Give all as you can). 당신의 돈을 하나님께 드리고 이웃에게 주라. 당신과 당신의 가족을 위해 필요한 만큼 적절히 공급하고, 그 다음에 믿음의 식구를 위하여, 그리고 기회가 있는 대로 모든 사람을 위해 너그러이 주라. 이것이 당신의 돈을 거룩하게 사용하는 것이며, 땅과 하늘에서 참된 행복과 영원한 생명을 보장하는 유일한 방법이다. (설교, 돈의 사용)

105 돈을 많이 벌려는 사람은 정직하고 올바른 방법으로만 벌어야 한다. 결코 자신이나 다른 사람의 건강을 상하게 하지 말아야 하며, 사람과 자연, 그 누구에게도 피해를 주지 말고 심지어 흙과 공기와 물을 더럽히지 않으면서 벌어야 한다. (설교, 돈의 사용)

106 나는 돈을 선하게 사용하는 네 가지 규칙을 정했다. 첫째, 나는 지금 이 돈의 소유자로서가 아니라 청지기 신분에 맞게 사용하는가? 둘째, 성경에 이렇게 사용하는 것을 인정하는 말씀이 있는가? 셋째, 이렇게 사용하는 것이 하나님께 바치는 희생 제물이 되는가? 넷째, 이렇게 사용함으로 의인이 부활하는 날에 영원한 상급을 받을 수 있는가? (설교, 돈의 사용)

107 돈을 잘못 사용하면 온갖 악과 불행이 발생한다. 그러나 선하게 사용된다면 돈은 하나님의 훌륭한 선물이며 선행과 행복을 위한 편리한 수단이다. 하나님의 자녀들의 손에 있는 돈은 가난한 사람들에게 양식과 의복과 거처를 제공하고, 고아들에게는 부모의 역할을 하고, 과부들에게는 남편의 역할을 해주고, 질병에서 건강을 얻게 하고, 고난당하는 자에게는 위로와 구원을 주는 수단이다. (설교, 돈의 사용)

108 나는 돈이 결코 나에게 오래 머무르게 하지 않는다. 만일 그랬다면 그 돈이 나를 파괴하였을 것이다. 나는 가능한 한 돈을 내 손에서 속히 떠나보낸다. 돈이 내 마음속으로 들어가 집을 짓지 못하도록. (편지, 1746. 10. 6)

109 그동안 나는 많은 종류의 책을 써냈고, 책들이 잘 팔려서 부자들 중의 부자가 되었다. 그러나 나는 부자가 되려고 하지도 않았고, 이 땅에 재물을 쌓지도 않는다. 나는 매년 마지막 날까지 모자라거나 남기는 것 없이 회계장부를 영으로 마쳤다. 나는 하나님이 나를 부르실 때에 내 뒤에 아무것도 남기는 것 없이 다 주고 갈 것이다. (설교, 부의 위험)

110 당신이 돈을 내놓아야 하늘의 상을 받는다. 당신이 다른 사람들 모르게 땅 위에 쌓아서 감춘 돈이나 죽은 뒤에 남기는 돈은 무가치하다. 하늘의 상이나 이자도 없다. 심지어 그 돈에 대하여 당신은 심판을 받을 것이다. 그러나 가난한 사람들에게 준 돈은 하늘나라 은행에 저축하는 것이다. 거기에는 영광스런 이자가 붙으며, 당신에게 영원한 기쁨을 준다. (설교, 더 좋은 길)

111 당신이 세상을 떠난 뒤에 아무것도 당신의 소유로 남겨 두지 말아야 한다. 돈을 남겨 두고 떠나는 것은 돌이키지 못할 영원한 수치가 된다. 죽기 전에 당신의 모든 재물을 세상 나라에서 하나님 나라로 옮겨 놓아야 한다. (설교, 부의 위험)

112 종교란 필수적으로 근면과 절약하는 생활을 낳으며, 이러한 생활은 부를 생산하지 않을 수 없다. 그러나 나는 어디서든 부가 증가하는 만큼 종교의 본질, 즉 그리스도 안에 있는 마음이 감소하는 것을 걱

정한다. 돈과 재물이 증가하는 것과 비례하여 교만과 육체의 욕망과 세속에 대한 애착이 증가하여, 종교의 형식만 남고 그 정신은 속히 사라진다. 이와 같은 진정한 종교의 쇠퇴를 막을 길이 무엇인가? 돈이 우리를 지옥의 밑바닥으로 떨어뜨리지 않게 하는 방도가 무엇인가? 그것을 예방할 방법은 하늘 아래 한 가지밖에는 없다. 한 가지 방법이란 많이 벌고 많이 저축한 사람이 가능한 한 많이 주는 것뿐이다. 그렇게 하면 그들은 은혜 안에 성장하며, 더 많은 보물과 상급을 하늘에 쌓게 될 것이다. (에세이, 메도디즘에 관한 생각)

113 나는 내가 할 수 있는 대로 많이 벌고, 할 수 있는 대로 많이 저축하고, 할 수 있는 대로 많이 준다. 이것이 돈에 대한 나의 마음가짐이고 나의 삶이다. (일기, 1790. 7. 16)

114 나는 지금 천국 문 앞에 와 있다. 나에게 억만금이 있다 한들 무슨 소용이 있겠는가? 세상의 금과 은이 나를 따라오겠는가? 아니면 내가 세상 금은을 따라가겠는가? 영국 국왕이 나에게 나라의 절반을 준다 해도 나는 사양하리라. 다만 나는 하나님 품에 안기는 순간까지 금과 은이 나에게 달라붙어 떨어지지 않는 사고가 없기를 바라며, 또 주께서 나를 부르실 때에 저주의 돈이 나의 장막에 숨어 있다가 내가 떠난 뒤에 발견되는 일이 없기를 바랄 뿐이다. (논문, 이성적이고 종교적인 사람들에게 보내는 진지한 호소)

115 돈을 사랑하는 사람은 '황금을 찾는 지긋지긋한 배고픔'에 걸려 더욱 불행해진다. 돈이 증가하면 돈 사랑도 증가한다. 돈 사랑은 마치 알코올중독자가 날마다 술을 마시다가 병들어 죽는 것과 같다. (설교, 부의 증가의 위험)

116 돈을 은행이나 옷장 속에 쌓아 두기만 하고 선한 일에 사용하지 않는 것은 돈을 바다 가운데 던져 버리는 것이나 땅속에 묻어 두는 것과 같다. 그렇게 하는 사람이 가장 가난하고 악한 사람이다. (설교, 돈의 사용)

_____ 해설

웨슬리는 돈에 관심이 많았다. 그는 돈을 사랑하지 않았고 돈에 대한 욕심도 없었지만, 사람들이 돈을 어떻게 대하느냐에 따라서 인생이 만들어진다고 가르쳤다. 즉 인생의 성공과 실패 그리고 행복과 불행이 돈에 대한 태도와 돈의 사용에 따라서 결정된다고 생각했다. 그래서 그는 사람들에게 돈에 대한 가치관과 돈 사용 방법을 가르치는 데 관심이 많았다. 그는 사람들이 돈을 잘못 벌고 잘못 사용함으로 불행해지며, 동시에 돈을 바르게 벌고 바르게 사용함으로 행복해지는 실천적인 방법을 가르치는 일에 관심이 많았다. 실제로 그는 돈과 재물에 대한 설교를 많이 하였다. 때로는 돈에 대한 설교를 집중적으로 반복해서 하였다. 그는 돈에 대하여 참으로 유익하고 감동적인 금언을 많이 남겼는데, 역사적으로 이 분야에서는 웨슬리를 앞설 사람은 없다고 본다. 돈은 인격의 시금석이라고 한다. 즉 돈을 벌고 쓰는 태도를 보면 그 사람의 인격과 인생을 알 수 있다는 말이다. 세상 사람들이 짓는 죄의 대부분이 돈과 관련이 있다. 웨슬리는 돈의 사용이 신앙과 직결된다고 보았다. 그래서 초기 메도디스트 신앙에서 돈은 대단히 중요한 의미를 갖는다.

이때 존 웨슬리는 돈과 부에 관한 설교를 많이 하였다. 웨슬리의 설교 중에서 가장 대중적으로 인기 있고 유명한 것은 당연히 '돈의 사용(the use of money)'이라는 제목의 설교였다. 이 설교는 웨슬리 생전에만 얇은 소책자로 일백 번 이상 출판되어 불티나게 팔렸을 정도로 가장 많은 사람들에게 읽히고 설교자들에게 인용되었다. 기독교 신자가 아닌 일반 대중도 이 설교를 잘 알고 있었고 많은 사람들이 이 설교에서 감동을 받고 그들 개인의 돈 사용과 가정생활과 기업경영에 적용하였다.

웨슬리가 이 설교에서 제시한 그리스도인의 경제생활 세 가지 원칙은 당시의 영국과 미국 사회에 건전한 재물관과 경제윤리와 경제생활을 가르치는 가장 유익한

교훈으로 오랫동안 기여하였다. 수많은 경제가들과 정치가들이 연설에서 웨슬리이
이 설교를 인용하고 실제로 경제정책에 적용하였다. 이것은 또한 자본주의 폐단을
극복하는 기독교의 실천적 경제윤리 헌장같이 정착되었다. 그래서 후대 사람들은
돈 사용의 세 가지 규칙을 웨슬리의 복음적 경제학이라고 불렀다.

그는 돈을 사용할 때에는 자신과 가족의 필수품을 구입하는 데에 최우선으로 사
용하고, 가능한 한 많은 것을 절약하고 저축하라고 하였다. 자신의 건강과 생활필수
품을 위한 소비까지 금하면서 절약하거나, 돈을 쌓기만 하는 사람은 악한 사람이라
고 하였다. 또한 가난한 이웃을 위해서 나누어 주지 않으면서 돈을 쌓아 두기만 하
고 사용하지 않는 것은 돈을 바다에 던지거나 땅속에 묻어 두는 것과 같이 악한 일
이라고 비판하였다. 그는 할 수 있는 대로 하나님과 이웃을 위하여 많이 주는 것이
돈으로 하나님 나라를 이루는 가장 바람직한 길이라고 하였다. 또한 그는 이것을 거
룩한 부자와 행복한 부자가 되는 길이라고 가르쳤다.

웨슬리가 자신의 경제원칙 두 번째로 언급한 'save all as you can'에서 'save'
라는 단어에는 '저축하다'라는 의미뿐만 아니라 '구원하다'라는 의미도 있다. 그러므
로 웨슬리가 돈을 save 하라고 권면하는 것은 단지 은행에 돈을 쌓아 두기만 하라
는 것이 아니다. 이 말에는 돈을 잘못 쓰거나 헛되게 쓰지 말고 바르고 가치 있게 사
용함으로써 돈을 구하라는 의미가 담겨 있다.

웨슬리는 결코 돈을 목적으로 삼지 말고 수단으로 삼으라고 설교하였다. 돈은 악
하게 사용하면 죄와 불행이 되지만 선하게 사용하면 하나님의 선물이 되어 선행의
통로가 되고 행복의 방편이 된다는 것과, 돈을 선하게 사용하는 것은 부자들에게는
크나큰 행복과 상급이 되고 가난한 자에게는 위로와 구원의 도구가 된다는 진리를
설교에서 즐겨 인용하였다. 웨슬리는 평생 자신이 쓴 책들을 출판하여 약 400억 원
을 버는 부자가 되었다. 그럼에도 불구하고 자기 생활의 필수적인 것을 위해서 최소
한의 돈만 사용하고 나머지 전액을 하나님과 이웃에게 다 주었다. 그래서 그는 "나
는 할 수 있는 대로 많이 주었기에 행복하다."라고 고백했다. "나는 세상에서 부자
가 되었다. 그러나 동시에 나는 거룩한 부자가 되었다."라고도 말했다. 웨슬리는 거
룩한 가난을 실천하면서 거룩한 부자로 평생을 살았다.

웨슬리는, 매년 크리스마스에는 그의 회계장부를 '0'으로 맞추는 규칙을 만들어
평생 정확히 지켰다. 남는 것도 없고 모자라는 것도 없이 회계장부를 '0'이 되게 하
였는데, 이것은 그가 빚을 지지 않고 또한 돈을 쌓아 두지도 않고 돈 때문에 고통을

당하거나 돈 욕심이 드는 걸 피하는 가장 확실한 방법이었다. 또 그는 자기가 죽으면 아무 돈도 남기지 않을 것이므로 유산을 정리할 필요가 없다고 공언하기도 했다. 신자들에게도 돈을 남기고 죽는 것은 수치요 불행이라고 말했고, 모든 것을 하나님과 이웃을 위해서 사용하고 천국으로 갈 것을 가르쳤다. 그는 돈이 신앙의 진실성을 증명하는 시금석이며, 돈의 사용은 하나님 사랑과 이웃 사랑의 구체적인 증거라고 말했다. 그래서 그는 사람들에게 세상에서 가진 돈을 죽기 전에 먼저 하늘나라 은행으로 옮겨 놓아야 한다고 가르쳤다.

웨슬리는 임종이 가까이 왔을 때, 돈을 많이 쌓아 놓은 부자라느니 부동산을 감춰 두었다느니 하는 근거 없는 오해와 비난의 소리를 들었다. 이때마다 웨슬리는 돈을 의인화하여 아래와 같은 멋진 유머로 받아쳤다. "나는 천국 문 앞에 와 있습니다. 세상의 금과 은이 나를 따라오지도 못하고, 나 또한 세상의 금과 은을 따라가지도 않을 것입니다. …… 천국 가는 순간까지 금과 은이 나에게 달라붙어 떨어지지 않는 사고가 없기를 바라며, 돈이 내 집 어딘가에 숨어 있다가 내가 죽은 뒤에 발견되는 사고가 없기를 바랍니다." 웨슬리의 이 같은 유머는 아주 적절하였고 듣는 사람들을 많이 웃겼고 즐겁게 하였다.

청지기

주인의
뜻대로

117 당신은 당신을 매장하는 데 드는 비용 이상의 돈을 죽은 뒤에 남길
것인가? 당신이 죽은 뒤에 남긴 재물 때문에 당신이 더 나아질 것이
무엇인가? 당신이 백만 파운드를 남기든 만 켤레의 부츠를 남기든
그것이 당신의 영혼에 무슨 소용이 있겠는가? 부디 당신이 죽은 뒤
에 아무것도 남기지 말고 죽기 전에 당신의 재물을 하나님의 나라로
보내야 한다. 당신이 모든 재물을 주님께 빌려 드리면 주님께서 당
신에게 되돌려 주실 것이다. 당신의 재물이 영원히 안전한 곳에 정
착하기 전에 당신이 주님의 부름을 받지 않도록 해야 한다. (설교, 재
물 축적의 위험에 대하여)

118 이 모든 불행보다 더 큰 불행이 당신들에게 가까이 오고 있으니, 그
것은 당신들이 곧 죽는다는 사실이다. 당신들은 본래 질료인 진흙
으로 돌아갈 것이다. 세월이 흐르고 흘러 그때가 속히 오고야 만다.
그때에 당신들의 재물이나 그 무엇이 당신들을 죽음에서 구해 줄 수

있겠는가? (설교, 산상설교 8번)

119 재물은 영원한 것이 아니기에 어느 때라도 날개 돋친 듯이 날아가
버리고 만다. 재물이 이미 숨이 끊어진 진흙덩이(죽은 자)를 다시 살
릴 수 있으며, 질병과 죽음을 피하게 할 수 있는가? 당신이 애지중
지하던 것 하나라도 저 바다를 건널 때에 가지고 갈 수 있는가? 인
생은 빈손으로 와서 빈손으로 간다.

그대의 땅과 집, 그리고 아름다운 아내와도
이별해야만 하는 것은 자연의 숙명이요,
그대가 아끼던 삼나무도 그대의 무덤을 기다릴 뿐,
새로 지은 궁정에도 슬픔이 닥치고
금빛 찬란한 지붕에도 검은 구름이 드리우네.
(설교, 산상설교 8번)

120 우리는 이 세상에서 하나님의 청지기이다. 우리가 가진 모든 것은
우리가 땅 위에 사는 동안만 하나님께로부터 받은 것이며, 어느 한
가지에 대해서도 우리가 주인이 아니라 하나님이 주인이다. 그러므
로 우리는 잠시 동안 위탁받은 관리인이기 때문에 우리가 원하는 대
로 사용할 권리가 없고, 오직 주인의 기쁘신 뜻에 따라서 사용해야
한다. (설교, 선한 청지기)

121 인간은 자신의 몸과 영혼, 재물과 능력, 건강과 시간, 그리고 자신
의 모든 소유의 주인이 아니라 다만 청지기(관리자)이다. 그의 몸이
흙으로 돌아갈 때에 아주 짧은 청지기직은 끝나고 주인에게 회계 보
고를 할 것인데, 그때에 영원한 기쁨 또는 영원한 고통이 결정된다.
(설교, 선한 청지기)

122 당신이 ~~보물을 하늘나라~~ 은행(heavenly bank)에 ~~저축하라.~~ 그곳은 이 세상보다 훨씬 안전한 창고이며, 그날에 하나님이 당신에게 다시 찾아 주실 것이다. 가난한 사람에게 주는 것은 하나님께 드리는 것이며, 그날에 당신이 다시 돌려받을 것이다. (설교, 산상설교 8번)

123 당신이 거저 받은 것을 거저 줌으로써 선한 일에 부자가 되라. 넓은 마음으로 모든 사람의 필요에 따라 나눠 주라. 그렇게 하여 당신이 받은 복을 가난한 사람들과 나누고 그들이 하나님을 찬송하게 하라. (설교, 산상설교 8번)

124 경건한 유대인은 수입의 10분의 1조를, 바리새인은 10분의 2조를 하나님께 드린다. 그러나 진정한 그리스도인은 10분의 5조와 10분의 8조, 또는 그 이상도 하나님께 드리고 이웃에게 준다. (설교, 부의 위험)

___ 해설

인간은 이 세상에 사는 동안 하나님의 청지기(steward)이다. 웨슬리는 이 사실을 네 가지 이유로 설명한다. 첫째, 하나님은 창조주이며 인간은 피조물이기 때문이다. 처음부터 세상에 존재하는 모든 것의 진정한 주인은 창조주 하나님이시다. 인간은 창조주의 소유물을 잠시 동안 맡아서 관리하는 관리인이요 청지기에 불과하다. 그러므로 인간은 맡은 소유물들을 사용할 때에 그 주인의 뜻을 살펴서 그 주인의 뜻대로 사용해야 한다. 만약 그렇지 않을 때에는 응당 책임을 지고 주인의 심판을 받게 된다. 둘째, 인간은 죽기 때문이다. 죽는 순간에 인간의 소유권은 완전히 끝나고 다른 데로 이동한다. 그리고 사실상 영원한 소유권은 창조주에게만 있다. 셋째, 재물은 세상의 변화에 따라서 그 소유자인 인간을 떠나가 버린다. 웨슬리의 말대로 돈은 날개 돋친 듯이 날아가 버리고 세상의 재물은 나에게 붙어 있다가도 언제라도 나를 배신하고 떠나버릴 뿐 아니라 고통과 슬픔만 남기고 가버리기를 잘한다. 넷째, 세상은 다른 사람의 재물을 탐내고 도적질하고 빼앗는다. 그러므로 어떤 사람이라도 그가 가진 모든 소유물에 대한 진정하고도 영원한 소유권은 창조주에게 있고 인간에게 있지 않다는 것을 간과해서는 안 된다.

사람은 세상에 사는 동안 많은 것들을 소유한다. 생명, 신체, 재물(집, 땅, 돈, 물건 등), 지식, 능력, 재능, 기술, 명예, 지위, 권력 등 모든 것이 사람의 소유이다. 그런데 사람이 이런 것들을 소유하는 시간이 얼마나 짧은지 생각해 본다면 이 모든 것의 진정한 소유주는 사람이 아니라 창조주 하나님이라는 사실을 인정하게 된다. 한 사람이 재물을 소유하는 기간은 길어야 수십 년이다. 세월이 지나고 세대가 바뀌면 현재의 소유주들은 제각기 사라지고 그에 따라 소유권도 이동한다. 그러므로 인간은 영원히 소유할 것처럼 생각하거나 행동하지 말아야 한다. 사람이 소유한 모든 것의 영원한 주인은 창조주이며, 사람은 그것들을 짧은 기간 동안 맡아 관리하고 사용하는 청지기일 뿐이다.

사람이 소유한 것들은 창조주가 내려 주신 선물이고 위탁물이다. 사람은 다만 그것들을 창조주에게 빌린 것이라고 할 수도 있다. 그러므로 사람은 자신이 가진 모든 것, 즉 몸과 건강과 힘과 재능과 재물 등을 진정한 주인인 창조주의 목적과 뜻에 맞추어 관리하고 사용하는 것이 정당하다. 그렇게 하지 않는 것은 잘못하는 것이다. 모든 사람은 그들의 삶이 끝나면 본래 주인인 창조주 앞에 이 모든 것을 어떻게 관리하고 사용했는가에 대하여 정확히 보고하고 엄격한 심판을 받게 된다. 그러므로 사람은 온 우주의 영원한 주권을 가진 창조주 앞에 겸손해야 하며 무엇을 소유하고 사용할 때에는 창조주의 뜻이 무엇인지를 자세히 살펴야 한다.

웨슬리가 옥스퍼드대학의 교수 생활을 시작할 즈음에 길거리에서 구걸하는 어린 소녀와 마주친 일이 있었다. 웨슬리는 그 소녀를 돕고 싶었지만 자기 방에 놓고 사용할 가구를 구입하는 데 너무 많은 돈을 썼기 때문에 그 소녀를 도울 여유가 없어서 죄책감을 느꼈다. 이후 웨슬리는 자신의 돈과 시간 사용의 방법을 반성하였으며, 자기를 위해서 과도하게 돈을 지출하여 다른 사람을 돕지 못하는 일을 저지르지 않기로 굳게 결심하였다. 그 후 자신의 필수품을 위한 비용 외에는 가능한 많이 하나님과 이웃을 위해서 사용하는 규칙을 만들어서 지키게 되었다.

선행 없는
기독교는 없다

125 신자의 선행(善行; good works)에는 두 종류가 있다. 첫째는 이웃의 영혼을 위한 선행이다. 이것은 무지한 자를 가르치고 죄인을 바른 길로 인도하고 잠든 영혼을 깨워 일으키고 복음을 전하여 생명을 구원하는 일이다. 둘째는 이웃의 몸을 위한 선행이다. 이것은 배고픈 자를 먹이고 목마른 자를 마시게 하고 벗은 자를 입히고 갇힌 자를 돌아보고 병든 자와 고난당하는 자를 돌보는 것이다. (에세이, 메도디스트의 특징)

126 그리스도인이 아니라는 것 때문에, 또는 종교나 교파가 다르다는 것 때문에, 그리고 생활방식과 도덕이 다르다는 것 때문에 어느 누구도 비난하거나 멸시하지 말고, 그들에게 그리스도인의 삶의 좋은 것들을 보여 주라. (편지, 1783. 1. 10)

127 기회 있는 대로 모든 사람에게 선을 행하고 자비를 보이라. 이것보다 더 좋은 삶은 없을 것이다. (에세이, 메노디스트라 불리는 사람들에 대한 평이한 해설)

128 선행은 우리의 죄를 없애지 못하며 하나님의 엄위한 심판을 감당하지 못한다. 그러나 선행은 그리스도 안에서 하나님이 기쁘게 받으시는 진실한 신앙의 열매이며, 살아 있는 신앙의 증거이다. 그것은 마치 그 열매를 보아서 그 나무를 아는 것과 같다. (웨슬리의 24개 교리)

129 나는 선을 행할 기회를 얻을 때마다 아무도 나의 두 손을 붙들어 매지 못하게 한다. (레이놀즈, 「존 웨슬리의 일화집」, 25)

130 너에게 잘못한 사람들에게 선을 행하라. 이것이 주님이 걸어가신 길이다. 이것은 너와 네 원수를 모두 구원하는 길이다. 만일 그 반대로 행한다면 너와 네 원수가 함께 파멸하리라. (찰스 월러스, 「수산나 웨슬리의 묵상집」, 325)

131 선행을 동반하지 않는 믿음은 죽은 것이라 생명이 없고 악마적이다. 왜냐하면 악마도 예수가 하나님의 아들이라는 것과 모든 기적을 행하는 것을 안다. 악마는 이런 것을 알면서도 참된 신앙과 사랑이 없기 때문에 저주 아래에 있다. (에세이, 메도디스트의 원리)

132 세상의 모든 쾌락은 속히 시들어가도 선을 행하는 기쁨은 커져간다. 선을 행하라는 계명을 지키는 곳에 위대한 상급이 있다. 시간이 있는 한, 모든 사람에게 선을 행하라. 모든 힘을 다하여 모든 종류의 선을 행하라. 우리가 더 많은 선을 행할수록 더 많이 행복할 것이다. 배고픈 사람에게 더 많은 빵을 주고, 헐벗은 사람에게 더 많이 입혀

주고, 나그네를 더 많이 구제하고, 병든 사람과 갇힌 사람을 더 많이 돌보고, 여러 가지 악에 눌려 고통을 겪는 사람에게 더 많은 친절을 베풀수록, 우리는 현재에 더 많은 위로를 받을 것이며, 미래에는 더 많은 상급을 받을 것이다. (설교, 타락한 인간에 대한 하나님의 사랑)

133 남을 도울 때에는 보답을 바라지 말고 감사의 말을 들으려고 하지 말라. (에세이, 메도디스트라 불리는 사람들에 대한 평이한 해설)

134 우리가 선을 행할 때에는 하나님의 칭찬만을 목표로 삼아야 한다. 사람들의 칭찬을 바라고 선을 행하면 사람으로부터 상을 받을 수 있지만 하나님의 상은 받지 못할 것이다. …… 물론 하나님께서 현세에서 갚아 주신 사례가 역사상 많지만, 그리 아니하실지라도 내세에서는 천사들이 모인 자리에서 반드시 갚아 주실 것이다. (설교, 산상설교 6번)

135 〈그리스도인의 생활을 위한 규칙〉

네가 할 수 있는
모든 선을 행하라
모든 힘을 다하여
모든 방법을 다하여
모든 처지에서
모든 장소에서
모든 기회에
모든 사람에게
네가 살아 있는 동안
모든 선을 행하라

⟨John Wesley's Rules for Christian Living⟩

Do all the good you can,

By all the means you can,

In all the ways you can,

In all the places you can,

To all the people you can,

As long as ever you can.

(총회 회의록; Frank Baker, 「A Charge To Keep I Have」)

_____ 해설

　　선행(善行; good works)을 낳지 않는 기독교는 없다. 선행은 믿음의 증거이며, 믿음에 따르는 필수적인 열매이다. 그러므로 선행을 생산하지 못하거나 적극적으로 선을 행하지 않는 기독교가 있다면 그것은 마치 맛을 잃은 소금같이 사람들에게 버림을 받는다. 웨슬리는 선행 없는 기독교는 없으며, 선행을 낳지 못하는 기독교는 정통 기독교가 아니며, 실제적인 이단이라고 주저 없이 말했다. 그는 선행을 낳는 신앙, 즉 적극적으로 선을 행하는 신앙이 정통이라고 믿었다. 기독교는 처음부터 세상에서 선을 행하는 사람들의 공동체로 형성되었고 선행으로 세상을 구원하였다고 그는 말했다.

　　웨슬리는 모든 신자가 일상생활에서 피할 것과 지켜야 하는 규칙을 세상에 공표하고 실천하였다. 첫 번째는 모든 악을 버리는 것이다. 신자들이 버려야 할 것들은 다음과 같은 것들이다. 거짓말, 남을 속이는 것, 돈을 빌리고 갚지 않는 것, 세금을 정당하게 내지 않는 것, 물건 값을 속이는 것, 이웃의 물건을 도적질하는 것, 부정한 방법으로 이득을 취하는 것, 이웃에게 해로운 사업을 하여 돈을 버는 것, 다른 사람을 험담하는 것, 이웃에게 해로운 것을 행하는 것, 영혼의 건강과 몸의 건강을 해치는 술과 담배와 그 밖의 것들을 먹는 것, 부정한 방법으로 재물을 축적하는 것, 사치한 장신구와 주택과 의복과 정원과 보물을 소유하는 것 등이다. 두 번째로 모든 선을 행하는 것이다. 배고픈 자를 먹이고, 헐벗은 자를 입히고, 목마른 자를 마시게 하고, 병자들을 돌보고, 외로운 사람들의 친구가 되어 주고, 갇힌 자를 돌아보고, 가난한 사람들을 품어 주고, 어려움에 빠진 이웃을 구해 주고, 무지한 자를 깨우치고, 집이 없는 자에게 거처를 제공하고, 장애를 가진 사람들을 도와주고, 고아와 과부들을 도와주고, 영적으로 방황하는 사람들을 진리로 인도하고, 도덕적으로 타락한 사람들을 깨우치고 바른길로 인도하는 것 등이다. 초기 메도디스트들은 '선행자들(good doers)'이라는 별명으로 불리기도 하였다.

웨슬리는 신자들을 위해서 그리스도인의 생활을 위한 선행의 규칙(rules for Christian living)을 만들어서 가르쳤다. 이 규칙은 메도디스트 신앙의 특징을 명백하게 보여 주는 것이다. 그들은 가난한 사람들을 정기적으로 방문하여 필요를 따라서 도왔고 감옥 죄수들의 빚을 갚아 주고 석방시켰고, 또 가난한 아이들을 위하여 학교를 만들어 운영하였다. 또한 그들은 집 없는 사람들에게 집을 마련해 주고 고아들에게 부모와 가족을 맺어 주고 장애인들을 위해서 편안한 거처를 만들고 일자리를 만들어 주었다. 특별히 감옥 죄수들을 방문하여 그들에게 의약과 의복과 음식을 주었고, 억울한 일을 당하고 고난받는 사람들을 실제적으로 구해 주고 도와주었으며, 병자들의 병을 고쳐 주고 직업을 잃은 사람들에게 일자리를 만들어 주었다. 웨슬리는 힘을 다하여 선을 행하는 진정한 기독교를 세상에 보여 주었다. 그는 '선행의 규칙'을 만들어 신자들이 실천하게 하여 세상을 감동시키고 구하였다.

가난한 사람들

한 마디
따뜻한 말이라도

136 당신이 가난한 사람들을 돕지는 못할지언정 그들을 슬프게는 하지 말라. 아무것도 줄 것이 없다면 따뜻한 말이라도 건네주라. 그들에게 기분 나쁜 표정을 짓거나 가슴 아픈 말을 하지 말라. (일기, 1747. 6. 4)

137 나는 가난한 사람들에게 아무것도 줄만 한 것이 없을 때에는 좋은 말이라도 들려주어 축복하면서 살아왔다. (텔포드, 「존 웨슬리의 생애」, 332)

138 당신이 가난한 사람을 빈손으로 돌려보낼지라도 그들이 기쁜 맘으로 당신을 다시 찾아올 수 있게 하라. 당신 자신을 똑같은 처지에 놓고 생각해 보라. 그리고 하나님이 당신을 선대해 주기를 바라는 대로, 당신도 그들에게 선대하라. (일기, 1747. 6. 4)

139 수많은 형제와 자매들이 먹을 양식과 의복이 없으며, 자신의 잘못 없이 실직했고 병들고 죽게 되었다. 나는 힘을 다하여 그들을 먹이고 입히고 일자리를 만들어 주고 병자를 돌보았으나 나 홀로는 감당할 수가 없다. 그러므로 나와 같은 마음을 가진 자들에게 호소한다. 일주일에 일 페니 또는 그 이상을 가져와 가난하고 병든 사람들을 돕기를 바란다. (일기, 1741. 5. 7)

140 매년 이때쯤이면 나는 가난한 사람들에게 석탄과 빵을 나눠 주었다. 그러나 그들에게 식량과 의복이 더 필요함을 알았다. 그래서 나는 시내로 들어가서 4일간 200파운드를 모금하여 가장 필요한 사람들에게 주었다. 그러던 중에 나는 찬바람을 맞고 눈 속에 빠지면서 걸어 다닌 결과 심한 이질에 걸려 앓아눕게 되었다. (일기, 1785. 1. 4)

141 가난한 사람들과 더 많은 교제와 대화를 나누라. 비록 그들이 당신의 취향에 맞지 않는다 하더라도 당신은 그들을 하나님께로 인도해야 할 거룩한 의무를 지녔다. 결코 귀족적이고 우아한 사람들과의 교제를 자랑하지 말라. 나는 우리 주님이나 사도들의 생활에서 이런 선례를 찾아볼 수 없다. 우리는 우리 주님이 걸어가신 길을 걸어가야 한다. (편지, 1776. 2. 7)

142 지금 당신이 있는 곳에서 가난한 이웃에게 선을 행하라. 때에 맞는 한 마디 따뜻한 말이라도 얼마나 좋으랴! (편지, 1791. 1. 22)

143 우리가 다른 사람을 돕는 동안에 하나님은 우리를 도울 것이다. (편지, 1784. 8. 31)

웨슬리는 어려서부터 가난을 경험하면서 자랐다. 웨슬리 가족은 식구가 많았기 때문에 시골 교회 성직자인 아버지의 적은 수입으로는 가난할 수밖에 없었다. 웨슬리의 아버지 사무엘 목사는 철저한 고교회의 보수적인 경건주의자여서 전통과 법도를 중시했다. 그는 적은 수입을 가지고 우선 십일조와 홀로 사는 어머니 생활비와 교구 안의 가난한 사람들을 위하여 구제비를 떼어놓은 다음 나머지로 생활하였다. 지출이 과도했던 사무엘 목사는 빚을 갚지 못하여 3개월 동안 감옥에 가서 죄수의 신세가 되기도 하였다. 이처럼 웨슬리와 그의 남매들은 어려서부터 가난한 집에서 자랐다. 동시에 부모로부터 가난한 사람을 돕는 것을 배우며 자랐다.

웨슬리는 옥스퍼드 대학생 시절에 가장 가난한 학생에 속했다. 돈이 없어 제대로 밥도 못 먹었고 배고픔 때문에 정상적인 생활을 하지 못하는 날들도 있었다. 그는 빚을 지고 갚지 못하여 괴로워했고 어머니께 갚아 달라고 편지로 호소하였다. 그때마다 어머니로부터 하나님을 굳게 의지하고 학업에 성실하라는 조언밖에는 얻은 것이 없었다.

이렇듯 웨슬리는 자신이 가난을 경험하였기 때문에 가난한 사람들에게 깊은 이해와 동정심을 품고 있었다. 그는 가난한 사람들을 돕는 것이 주님의 마음이고 초대교회로부터 내려온 그리스도인의 의무라고 생각했다. 그래서 동료들과 함께 일정한 규칙에 따라서 가난한 사람들을 방문하고 필요를 따라 도왔다. 특별히 어려운 일을 당한 사람들과 병든 사람들과 장애인들을 직접 찾아가서 실제적으로 그들을 도왔다. 웨슬리의 일기와 편지를 보면, 그는 종종 가난한 사람들의 동네에 찾아가서 그들의 궁핍한 상황을 조사한 후에 부자들을 찾아가서 돈과 식량과 의복과 약을 후원받아서 그들을 돌보아 주었다는 기록이 보인다. 눈이 많이 쌓이고 얼어붙은 한겨울에도 가난한 사람들을 가가호호 방문하여 돌보아 주었고, 정작 자신은 과로하여 감기와 열병에 걸려 며칠 동안 누워 고생하였다. 이와 같이 그는 가난한 사람들에 대한 깊은 동정심과 애정을 갖고 살았다. 한번은 그가 길을 가다가 어떤 가난한 할머니가 너무 배고픈 나머지 개가 물고 다니던 뼈를 핥고 있는 것을 보고 너무나 마음이 아파서 그 할머니를 자기 집에 모셔서 돌봐 드린 일도 있었다. 그리고 이와 같은 궁핍을 만들어 내고, 궁핍을 보고도 무관심한 사회와 부자들을 강하게 비판하는 글을 쓰기도 하였다.

웨슬리는 자신이 죽더라도 유산 집행자가 필요 없다고 하였다. 왜냐하면 죽기 전에 모든 소유와 돈을 가난한 사람들에게 다 주고 갈 것을 공개적으로 약속하고 유언장을 써놓았기 때문이다. 웨슬리는 이와 같이 가난한 사람들을 위한 선행이 그리스도인의 '거룩한 삶과 거룩한 죽음'을 실행하는 수단이라고 가르쳤다. 그는 신자들의 규칙과 실천에서 가난한 사람들에게 따뜻하고 그들 앞에서 겸손하라는 가르침을 잊은 적이 없었다. 그리고 이렇게 함으로써 신자들이 '사랑으로 일하는 믿음'을 세상에 전파하기를 바랐다.

당시 메도디스트들은 대부분 사회에서 소외된 가난한 사람들이었다. 메도디스트 교회는 가난한 사람들을 위한, 가난한 사람들에 의한, 가난한 사람들의 복음전도 운동이었다. 웨슬리는 복음전도와 박애운동을 동시에 이루어냈다. 당시 역사가들은 이러한 사실을 다음과 같은 말로 인정하였다.

"메도디스트들은 어디서든지 먹이면서 입히면서 치료하면서 가르치면서 전도하였다."(Everywhere, methodists preached feeding, clothing, teaching and healing.)

당시 영국 사회에서 메도디스트들은 '돌보는 사람들(caring people)'이라고 불렸다. 마틴 루터는 하나님께서 가난한 사람들이나 거지나 장애인들을 세상에 두시는 이유는 사람들이 그들을 대하는 태도를 보고서 눈에 보이지 않는 하나님을 진정으로 사랑하는지 아니하는지를 보기 위해서라고 말하였다. 그래서 루터는 하나님께서 그들을 통해서 가면을 쓰고서 나타나시는 것이라고 말했다. 그러므로 웨슬리는 가난한 사람들을 업신여기면 하나님을 업신여기는 것이 되므로 어떤 경우에도 가난한 사람들에게 가혹한 말을 하여 가슴 아프게 하지 말아야 하며, 돕지 못하더라도 친절하게 대하고 따뜻한 말이라도 들려주어 그들이 하나님의 사랑을 느끼게 해주어야 한다고 말했다. 또 마지막 날에 하나님이 가난한 사람들에 대한 우리의 행위를 심판하실 것이기 때문에 더욱 조심해야 한다고 말했다. 그리고 우리 중에 누구든지 자신이나 또는 자손이 가난해질 수 있으므로 나 자신을 그들의 입장에 놓고 생각해 보아야 하며, 하나님이 나에게 잘해 주시기를 바라는 것처럼 그들을 대하여야 한다고 말했다. 그는 죽기 전에 자신의 모든 돈과 물건들을 가난한 사람들에게 다 주었고, 자신의 장례식에서 평소에 친하게 지내던 가난한 사람 여섯 명을 자신의 시신을 운반할 운구위원으로 정하고 그들에게 줄 수고비를 봉투에 담아 그들의 이름과 고마움을 적어 놓았다. 웨슬리는 평생 가난한 사람들의 친구요 목자요 아버지요 사랑의 성자였다. 웨슬리 이전에 웨슬리같이 거룩한 가난을 실천하고 가난한 사람들과 함께 살았던 사람은 아씨시의 프란체스코 성인이었고, 이후에는 마더 테레사였다고 생각된다.

고난

천국으로
건너가는 다리

144 우리가 세상에서 지고 가는 십자가는 우리를 하나님과 더욱 든든히 연합하게 하는 은혜의 방편이다. 그러므로 우리에게 드리우는 모든 십자가를 사랑하고 달게 져야 한다. (편지, 1770. 1. 1)

145 십자가를 지고 가라. 그러면 십자가가 너를 지고 갈 것이다. (편지, 1774. 1. 26)

146 모든 고난은 위장되었을 뿐 우리를 향한 하나님의 은혜이다. 고난에는 하나님을 위한 선한 뜻이 담겨 있으며, 더욱이 그것은 우리를 주님의 거룩하심과 영광에 참여케 하려는 깊은 뜻이 있다. (편지, 1780. 2. 26; 1780. 7. 4)

147 하나님이 우리에게 시련을 허락하시는 목적은 우리의 믿음을 연단하여 순수하고 견고하고 확실하게 하려는 것이요, 우리의 사랑과 희

망과 거룩함을 증가시키며 온전하게 하려는 것이다. 그러므로 시련이 올 때에는 피하려고만 하지 말고 하나님의 은혜로운 목적을 생각하고 하나님의 나라에 다다를 때까지 은혜 안에서 성장하기 위하여 힘써 기도해야 한다. (설교, 여러 가지 시련을 통한 괴로움)

148 세상에서 당하는 실망과 환란을 참되게 사용하라. 그것들을 하나님께 가져가라. 그것들을 너를 정화하고 성화케 하는 유익한 도구로 삼으라. (찰스 월러스, 「수산나 웨슬리의 묵상집」, 210)

149 하나님이 그의 자녀들을 사랑하는 증거는 고난과 함께 고난을 감당할 은혜도 주시는 것이다. 그러므로 우리는 고난 중에도 하나님을 찬송하고 즐거워하면서 우리의 믿음을 더욱 분명하게 증거해야 한다. (논문, 그리스도인의 완전에 대한 평이한 해설)

150 우리에게 밀려오는 고난은 우리가 은혜 안에 성장하며 그리스도의 마음을 더 잘 닮아가도록 크나큰 도움을 준다. 그러므로 우리가 고난당할 때에 오히려 감사하며, 그리스도의 자비를 본받아 고난당하는 이웃에게 선을 행하면 고난을 이길 것이다. (논문, 그리스도인의 완전에 대한 평이한 해설)

151 주님의 뜻을 온전히 행하라. 그 다음으로 고난도 당할 준비를 하여라. 그리고 주님의 모든 약속을 열망하라. (편지, 1777. 9. 21; 1778. 3. 5)

152 깡패들이 나를 낭떠러지에서 밀어 떨어뜨리려고 하였다. 내 옷을 찢고 방망이로 마구 치고 뒤통수를 치면서 "목사, 전도자를 없애. 죽여버려."라고 소리쳤다. 그들이 던진 벽돌이 내 어깨를 스치며 지나갔고 그들이 던진 돌멩이가 날아와 내 미간에 맞았다. 그들은 주먹으

로 내 얼굴을 때리고 손으로 가슴을 밀쳐내고 입을 때려 피가 터졌다. 그런데 나는 밀짚으로 맞은 것보다 아프지 않았다. 하나님은 당신의 뜻을 이루시려고 여러 가지로 나를 훈련시키신다. (일기. 1743. 10. 20)

153　오늘 걸었던 길은 매우 위험했다. 그 길은 좁고 깊이 파이고 굽었으며 설상가상 눈마저 쌓이고 얼어붙었다. 마치 유리를 깔아놓은 듯이 몹시 미끄럽기까지 하였다. 그런 길을 몇 시간 동안 걸어가는데, 말도 사람도 자꾸 미끄러지고 넘어졌다. 지금까지 폭우와 폭설과 눈보라, 그리고 온 몸을 얼어붙게 하고 살을 찌르는 추위 속에서 여행한 적이 많았지만 오늘같이 험악한 여행은 처음이다. 그러나 이것 또한 지나갔다. 이런 혹독한 여행은 이전에도 없었지만 앞으로도 없을 것이다.

고통, 낙망, 질병, 싸움, 공포, 비통이
인생을 찌르고 괴롭혀
흙으로 지은 집같이 연약한 몸을 흔들지라도,
한번 지나간 것은 아무것도 아니리.
즐거움은 물론 고통도 한낱 꿈과 같네!
(Pain, disappointment, sickness, strife,
Whatever molest or troubles life;
However, grievous in its stay,
It shakes the tenement of clay,
When past, as nothing we esteem;
And pain, like pleasure, is but dream.)
(일기. 1745. 2. 23)

154 누추한 방, 얼어붙은 길바닥, 함께 있는 사람들의 괴팍함, 온갖 세상의 핍박, 그리고 언제라도 당하는 작은 고통은 우리가 하나님 나라를 향하여 걸어가도록 돕는 다리(bridge)와 같다. (편지, 1778. 12. 2)

155 그리스도인에게도 기쁨과 함께 슬픔이 있다. 그러나 그 슬픔은 기쁨보다 더 달콤하다. 나의 하나님, 당신이 함께하시면 노동도 쉼이 되고 고난도 행복이 된다. (설교, 중대한 질문)

_____ 해설

"온통 햇빛만 비추는 곳은 온통 사막이 된다(All sunshine makes all desert)."는 서양 격언이 있다. 구름이 끼지 않고 비가 없는 곳은 아무런 생명도 자랄 수 없는 사막이 되는 것처럼 어두움과 고난이 전혀 없는 인생은 진정으로 행복한 것이 아니다. 가끔은 먹구름이 하늘을 가리고 비도 쏟아져야 생명이 자라고 풍요해지는 것같이 인생에도 고난이 유익하고 삶을 풍요롭게 할 때가 있다. 먹구름 끼어 어두운 하늘을 쪼갤 듯 번개도 치고, 땅을 흔드는 천둥도 울리며, 비바람이 몰아치는 날이 지난 후에, 밝고 찬란한 하늘과 하늘에 걸린 무지개를 보게 되는 것처럼 인생에는 고난이 축복이 되기도 한다. 그러므로 고난 중에도 결코 행복을 포기하지 말아야 하며, 고난을 이길 힘과 지혜를 구해야 한다.

웨슬리는 유난히도 고난이 많은 인생을 살았다. 그는 대서양을 오가는 항해 길에 세 번의 태풍으로 인해서 죽음의 공포를 경험했다. 조지아 주에 도착해서 선교 활동을 하는 중에 인디언들의 공격을 받기도 했고, 또한 연애에 실패하여 상대방의 가족에게 억울한 고난을 많이 겪었다. 영국교회 성직자들에게 핍박받고 끝내 교회에서 추방당했다. 야외설교 여행 중에 폭우와 폭설의 험악한 날씨 때문에 죽을 고생을 했다. 말이 부상을 당하거나 죽기도 하고, 마차가 뒤집혀서 낭떠러지에 굴러 떨어져 온몸이 깨지고 상하기도 했다. 웨슬리를 방해하려고 악심을 품은 사람들이 웨슬리의 말을 훔쳐가기도 하고, 말의 다리를 부러뜨리기도 하였다. 그래서 그는 폭설과 폭우 속에 수십 리를 걷기도 했다. 여러 번 여행에서 혹독한 사고를 당하고, 질병에 걸려서 죽을 위기를 넘겨야 했다 폭도들과 방해꾼들은 웨슬리에게 진흙과 막대기와 돌멩이와 짐승의 분뇨를 던졌으며, 손바닥과 주먹과 발로 때리고, 심지어 쇠뭉치로 공격하였다. 그의 동역자들도 그렇게 공격을 받아 부상을 당하고 죽음의 위험에 처하기도 하였고 실제로 매를 맞아 죽은 동료들도 생겨났다. 웨슬리는 동역자들과 제자들에게 배신을 당하기도 하였다. 폭력배들을 전도하고 가르쳐서 일꾼으로 만들어 일을 맡겼더니 한밤중에 돈과 물건들을 훔쳐 달아났다.

그러나 웨슬리는 용기의 사람이었다. 가혹한 고난을 당하면서도 좌절하거나 포기하지 않았으며, 고난 가운데도 거룩한 삶을 지켰다. 또한 그는 자비의 사람이었다. 그는 예수처럼 자기에게 고통을 주는 사람들을 끝까지 사랑했고 변화시키려고 노력하였다. 자기를 죽이려고 칼을 가지고 덤벼드는 폭도들에게 가까이 다가가서 마치 형제를 대하듯 따뜻한 말로 환대하였다. 폭도들은 웨슬리의 두려워하지 않는 사랑에 감화되어 그의 앞에 무릎을 꿇었으며, 마침내 웨슬리를 방해하고 공격하는 적들을 막아주는 보호자가 되기도 하였다.

웨슬리는 고난 중에도 사랑을 실천하고 선을 행하는 것이 고난을 이기는 최선의 방법이라고 확신하였다. 그는 반대자들의 공격에 맞대응하지 않고 지혜롭게 피하기도 하였다. 반대자들을 불쌍히 여기고 그들에게 가까이 다가가서 실제적인 도움을 주며 많은 사랑을 베풀기도 하였다. 이것은 웨슬리가 고난을 피하고 이기는 가장 좋은 방도가 되었다.

웨슬리는 신자에게 고난은 은혜의 방편(means of grace)이라는 정말 놀라운 말을 하였다. 즉 고난을 하나님의 은혜를 담아 안겨 주는 그릇으로 대하라는 뜻이다. 고난은 우리를 거룩하게 하고 온전하게 하려는 하나님의 뜻이 담겨 있는 축복의 통로라고 그는 믿었다. 그래서 고난 중에도 힘써 기도하여 은혜 안에서 성장해야 한다고 가르쳤고, 모든 고난은 위장되었을 뿐 우리를 향한 하나님의 은혜이며 축복이라고 믿었다. 그는 우리가 십자가를 지고 가면 십자가가 우리를 지고 갈 것이라고 말하며 고난이 우리를 돕고 구원하는 길을 걸어가게 한다고 가르쳤다. 그는 선한 일을 하고 주님의 뜻을 행할 때에는 반드시 고난을 당할 준비까지 같이 해야 한다고 말하면서 선한 일에는 반드시 고난이 따른다는 것을 친절하고도 엄중히 일러 주었다.

그는 혹독한 고생을 치른 날 밤에는 "이것 또한 지나갔다. 나는 한번 지나간 것은 아무것도 아닌 것으로 여기노라. 그리고 어떠한 고난도 지나갈 것이다. 즐거움은 물론 고난도 지나가는 것일진대 잠깐의 꿈과 같더라."라고 일기를 쓰고 스스로 위로하였다. 그는 고통도 즐거움처럼 지나가는 것이기 때문에 한낱 꿈과 같은 것이라고 생각하고 고난을 참아냈다. 또한 고난은 우리가 천국으로 행할 때 건너야 하는 다리와 같다고 생각했다. 그는 천국은 고난이라는 다리가 없으면 건너갈 수 없는 곳이라고 생각했고, 고난이라는 다리가 있기 때문에 건널 수 없는 구렁을 건너고 또 건널 수 없는 강을 건너게 된다고 믿으며 고난당하는 많은 사람들을 그렇게 깨우쳐 주었다.

일치

생각이 달라도
뿌리를 상하지 않으면

156 인간의 연약함과 무지 때문에 우리는 매일의 삶과 신앙에서 서로 다른 의견을 가질 수밖에 없다. 더 나아가 어느 누구도 자기의 모든 의견이 절대 옳다고 확신하지 말아야 한다. 모든 인간은 불완전하여 실수할 수 있으며, 자신의 부족과 잘못을 알지도 못하며, 또 인간은 자기의 무지가 어디까지 퍼져 있는지 알지 못한다. 그리고 인간의 편견과 실수는 그 본성에 깊이 뿌리를 박고 있어서 결코 떨쳐버리지 못한다. 하나님 한 분만이 옳고 완전한 심판자이심을 잊지 말라. (설교, 가톨릭 정신)

157 나에게는 정오의 태양처럼 분명한 것일지라도 나에게처럼 모든 사람에게도 똑같이 분명한 것은 아님을 알아야 한다. (에세이, 킹스우드 학교에 대한 설명)

158 메도디스트라고 불리는 사람들의 영광은 의견이 다르거나 예배 방

식이 다르다는 이유 때문에 남을 비난하지 않는 것이다. 우리도 생각하고 또 남들도 생각하게 하라. 그리고 사랑으로 역사하는 믿음 (faith working by love) 외에는 다른 것을 주장하지 못하게 하라. (편지, 1793. 10. 3)

159 신앙의 뿌리를 상하게 하지 않는 의견이나 예배 방식이나 제도의 차이가 일치를 이루는 데 방해는 되지만 마음의 일치를 이루는 것을 막지 못하게 하여야 하며, 생각은 다르더라도 서로 사랑할 수 있어야 한다. 우리는 틀림없이 그렇게 할 수 있다. 서로 생각의 차이는 있더라도 하나님의 자녀들은 연합되어 있다. 우리는 서로의 차이는 그대로 인정하면서 기도와 사랑과 선행에서 서로 일치하고 손을 잡아야 한다. (설교, 가톨릭 정신)

160 의견의 승리보다 평화의 일치가 더 중요하다. 다른 사람과의 대화에서 남을 이겨야 한다고 생각하지 말라. 모든 사람과의 대화에서 최선은 평화로운 선과 일치를 추구하는 것이다. 항상 "평화를 만드는 사람이 되라."는 주님의 말씀을 기억하라. (찰스 윌러스, 「수산나 웨슬리의 묵상집」, 325)

161 당신의 마음이 옳고 내 마음과 함께한다면, 나는 더 이상 아무것도 묻지 않겠다. 당신의 손을 내밀어 달라. 의견이나 표현의 차이 때문에 하나님의 일을 파괴하지 말라. 당신이 성경에 나타난 참 하나님을 사랑하고 섬긴다면 그것으로 충분하다. 나도 당신에게 우정의 손을 내밀겠다. (에세이, 메도디스트의 성격; 메도디즘의 역사)

162 기독교의 뿌리를 상하게 하지 않는 모든 의견에 관해서는 우리도 생각하고 그들도 생각하게 하라. (에세이, 메도디스트의 성격)

163 인생은 낯선 땅 위에 다만 촌음을 지나가 버리는 것. 서로 다투지 말며, 우리도 생각하고 그들도 생각하게 하라. (논문, 이성적이고 종교적인 사람들에게 보내는 호소)

164 사랑은 죽음보다 강하여 모든 장벽을 허물고
모든 차이와 싸움을 무효로 돌리네
말 많은 논쟁은 늘 지치게 하고
온갖 이론과 학설과 교파도 헛되어라
당신께만 길과 진리와 생명 있으니
거룩한 가르침에 하늘을 날아
당신 안에 마음 모으고
당신 안에 하나 되어 살고지고
(찰스 웨슬리의 찬송, 보편적 사랑)

165 아! 한평생 누구와도 다투지 않고 살고 싶어라! (텔포드, 「존 웨슬리의 생애」, 328)

_____ 해설

  사람마다 생각과 성격이 다르고 의견과 언어의 표현이 다르다는 사실을 알아야 하며, 특별히 다른 사람들과 함께 일할 때에는 각 사람의 차이를 인정하고 각각의 의견을 존중하는 것이 필요하다고 웨슬리는 말했다. 웨슬리는 하나님의 일을 함께 할 때에 서로의 차이를 인정하고 서로의 의견을 존중하면서 일치와 연합을 이루기 위해서 노력해야 한다는 것을 끊임없이 강조하였다. 특별히 하나님 나라는 서로 다른 사람들이 진리와 사랑 안에서 일치하고 연합하는 것을 통하여 세워지기 때문에 생각과 의견이 달라도 뿌리와 목적이 같다면 우리는 반드시 일치하고 연합해야 한다고 가르쳤다.

웨슬리는 부흥 운동을 이끌고 연합체를 운영해 나갈 때, 많은 동료들과의 관계에서 교리와 의견의 차이를 뼈저리게 경험하였다. 그래시 갈등하고 불화하고 때로는 서로 갈라지는 아픔을 경험하기도 했지만 그는 생각이나 의견이 달라도 뿌리가 같고 목적이 같다면 일치하고 연합할 것을 주장하며, 일치의 희망을 포기하지 않고 언제나 화해의 문을 활짝 열었다. 그는 칼빈주의자들과의 예정론 논쟁으로 인하여 동료들 간에 불화와 분열이 생겼을 때, "우리도 생각하고 그들도 생각하게 하자."라고 일치와 연합을 늘 주장하면서 갈라진 동료들에게 화해의 손을 거둔 적이 없었다.

　웨슬리는 인간이 연약함과 무지와 환경의 차이 때문에 서로 다른 의견을 가질 수밖에 없지만, 어느 누구도 자기의 모든 생각이나 의견이 절대로 옳다고 확신하지 말아야 한다고 하였다. 모든 인간은 불완전하여 얼마든지 실수할 수 있으며 자신이 잘못하고도 자기 잘못을 깨닫는 것이 쉽지 않기 때문이라고 말했다. 또 인간의 편견과 실수는 그 본성에 깊이 뿌리박고 있어서 죽을 때까지 떨쳐버리지 못한다고 하였으며, 하나님만이 완전히 옳으시며 완전한 심판자이므로 인간은 그 앞에 겸손해야 한다고 말했다. 그러므로 인간은 어떤 경우에도 의견의 차이 때문에 다른 사람을 저주하거나 극단적인 말을 하지 말고 양극단에 서서 적대관계를 만들지 말아야 하며, 그리스도의 마음을 가지고 서로 이해하고 양보하여 그리스도 안에 일치와 연합을 이루는 것이 최선이라고 가르쳤다.

　웨슬리가 말년에 이를수록 형제들과 제자들이 자기들을 핍박하는 국교회를 속히 떠나서 메도디스트 교회를 세우고 공적으로 독립을 선언하자고 끈질기게 요구하였다. 하지만 그때마다 "모교회를 떠나지 말라. 그것은 나를 떠나는 것이다. …… 나는 영국국교회를 사랑한다. 나는 모교회의 교리와 법과 제도를 지킨다. 나는 충성된 영국국교도이다. 교회사를 살펴 보건데 영국국교회만큼 교리와 예문(liturgy)이 성경적이고 건강하고 아름다운 교회가 없다."라고 공언하면서 교회의 일치를 주장하였다. 이것을 우리는 웨슬리의 '복음적 에큐메니즘(evangelical ecumenism)'이라고 칭하는 것이다. 우리는 그에게서 교회사에 아름다운 본이 되는 교회일치의 정신을 배운다.

　웨슬리는 매년 총회에서 "메도디스트의 영광은 의견이 다르더라도 상대방을 비난하지 않고 분열하지 않는 것이다."라고 공언하면서 교회일치 정신을 드높였다. 신앙의 뿌리를 상하게 하지 않는 것이라면 의견과 제도의 차이가 있더라도 일치하고 연합하는 것이 참된 기독교라는 웨슬리의 생각은 흔들린 적이 없었다. 우리는 서로의 생각의 차이를 인정하면서, 기도와 찬양과 예배에서 일치하고 선교와 봉사에서 연합하여야 한다. 웨슬리는 교리가 다르더라도 찬송에서는 모든 신자가 일치한다고 하면서 찬송은 가장 위대한 일치의 도구라고 생각했다. 그는 '내 의견의 승리보다 평화의 일치가 더 중요하다.'라고 생각했다. 일평생 하나님의 은혜 안에 살면서 모든 사람과 평화하고 일치하려고 온갖 노력을 했던 웨슬리에게서 평화와 일치의 사도상을 본다.

가정과 자녀교육

가정에 뿌리내려야
오래 간다

166 가정에서 기도하지 않는 사람이 천국에 들어간다는 말은 낙타가 바늘구멍으로 들어간다는 말과 같다. (아담 클라크, 「웨슬리 가족에 대한 추억 2권」, 21)

167 가정생활에 뿌리를 내린 종교만이 진정한 부흥을 이루게 될 것이다. 그렇지 않으면 현재의 부흥은 속히 꺼지고 말 것이다. (설교, 가정종교에 관하여)

168 당신의 가족, 특별히 하나님이 당신에게 맡긴 자녀들에게 선행의 본을 보여라. 행동은 말보다 중요한 교육이다. 당신의 자녀들이 본보기가 없어서 망한다면 그것은 누구의 책임인가? (찰스 월러스, 「수산나 웨슬리의 묵상집」, 220)

169 집집마다 성경과 경건서적들이 공급되고, 집에서 책을 읽는 아름다운 모습은 분명히 민족의 성화를 부여 주는 것이다. (템포드, 「웨슬리의 어록」, 33)

170 당신의 집에서 당신이 가장 친밀하게 돌봐 주어야 할 사람은 여지없이 당신의 아내이다. 당신의 아내 사랑하기를 그리스도께서 교회를 사랑하여 자신을 희생한 것처럼 하여야 한다. …… 그의 사랑은 교회가 주님 앞에 깨끗한 모습으로 서게 하려는 것이다. 모든 남편은 자기 아내와 모든 관계에서 같은 목적을 추구해야 한다. 아내가 아무 흠도 없이 떳떳하게 살아갈 수 있도록 모든 가능한 방법을 사용해야 한다. (설교, 가정종교에 관하여)

171 당신의 집에서 당신은 아내 다음으로 자녀들을 친밀하게 돌보아야 한다. 자녀들은 하나님께서 잠시 동안 당신의 보호 아래 위탁하신 불멸의 영들이다. 당신은 그들을 성결한 자녀들로 양육하며 하나님을 즐거워하는 사람으로 양육해야 한다. 한 영혼은 온 세상보다도 더 가치가 있기 때문이다. 그러므로 지극한 노력으로 그들을 돌보아야 하며, 하나님께 그들에 대하여 보고할 때에 슬픔이 아니라 기쁨으로 말씀드릴 수 있게 돌보아야 한다. (설교, 가정종교에 관하여)

172 어린아이들에게 글을 쓰거나 말을 하는 방법에는 두 가지가 있다. 하나는 우리 자신을 어린이의 눈높이로 낮추는 것이요, 다른 하나는 그들을 우리의 눈높이까지 높이는 것이다. 왓츠 박사는 전자의 방법을 사용하여 성공을 거두었다. 그는 어린아이처럼 아이들에게 말하였으며, 그들이 스스로 발견하고 배워서 성장하게 하였다. (찬송시 전집, 축약 어린이찬송 서문)

173 당신의 자녀들을 가능한 일찍이 인내하면서 교육하여야 한다. 자녀들이 이성에 눈을 뜨기 시작하는 순간부터 하나님에 관하여 이야기를 들려주어야 한다. 아이들이 말하기 시작할 때가 이성이 눈을 뜨는 때이다. 그러면 교육의 효과가 가장 잘 나타날 것이다. 어린이들이 이해하기 쉽게 재미있는 이야기로 말해 주는 것이 최선의 방법이다. (설교, 가정의 신앙생활에 관하여)

174 자녀들의 나쁜 성격을 눈감아 주지 말라. 특별히 아이들의 무자비한 성격, 즉 이웃을 괴롭히고 상처 주는 언행을 반드시 뿌리 뽑아 주어야 한다. 당신의 자녀들이 사람들에게만 아니라 동물들에게도 자비를 베푸는 성품을 길러 주어야 한다. 그들이 새의 둥지에서 새끼들을 훔치지 못하게 하고 개와 고양이, 소와 양, 개구리와 벌레 그리고 심지어 뱀 같은 동물에게도 자비를 베푸는 규칙을 만들어 지키도록 교육해야 한다. (설교, 자녀교육에 대하여)

175 유아기부터 자녀들의 마음속에 정직과 정의와 자비를 사랑하는 인격이 자라도록 훈련시켜야 한다. "일 페니를 훔치는 사람은 일 파운드를 훔칠 것이다."라는 격언을 명심하도록 가르쳐야 한다. (설교, 자녀교육에 대하여)

176 사랑은 모든 좋은 교육의 본질적 요소이다. 사랑이 없으면 어떤 이론과 방법도 좋은 교육을 이룰 수가 없다. (일기, 1776. 9. 4)

177 오늘 나는 볼튼에서 우리 주일학교 어린이 약 1,900명을 만나서 말씀을 들려주고 함께 기도하고 찬송을 불렀다. 가난한 아이들이지만 그들의 노래는 온 유럽에서 으뜸이고 영국 최고의 극장 합창단보다 더 아름다우며, 천사의 합창 바로 다음으로 잘하는 것 같다. 그들과

함께 기도하고 이야기하고 노래하고 울고 웃다가 헤어지지를 못해 한나절이 지났다. (일기, 1788. 4. 19~20)

178 어디를 가든지 나는 주일학교를 많이 사랑한다. 인류 역사에 주일 학교만큼 아름다운 일을 많이 해낸 것이 또 무엇일까? (편지, 1787. 11. 24)

_____ 해설

웨슬리는 연애에도 실패하였고 결혼에도 실패하여 가정생활이 불행하였기 때문에 그의 결혼을 '지옥 같은 결혼(hellish marriage)'이라고 표현한다. 반면에 그의 동생 찰스 웨슬리는 아름답고 선한 성품을 가진 아내를 얻어 행복한 가정을 이루었기 때문에 그의 결혼은 '천국 같은 결혼(heavenly marriage)'이라는 말이 전해져왔다. 어떤 학자들은 만약에 하나님이 웨슬리에게도 그의 동생 찰스의 아내같이 좋은 아내를 주셨다면 그는 복음전도와 하나님의 일에 절름발이가 되었을 것이라고 하는 말이 또한 공감을 얻을 만하다.

존 웨슬리는 행복한 결혼이나 가정에 대하여 결코 우리의 롤 모델(role model)이 되지 못하며 멘토(mentor)도 될 수 없다. 아마 찰스 웨슬리는 그럴 수 있을 것이다. 그럼에도 불구하고 역사적으로 메도디스트 신자들은 웨슬리의 모친 수산나의 가르침을 따라서 가족기도회(family devotion)를 철저히 지키고 경건한 가정을 이루어 가정종교(family religion)의 실천에 모범이 되었다는 사실은 교회사에 잘 알려진 이야기이다. 수산나의 말대로 하나님이 인간에게 맡긴 것들 중에서 자녀보다 더 큰 선물이 없을 것이고 하나님이 인간에게 맡겨 주신 일 중에 자녀를 양육하는 것보다 더 크고 어려운 일도 없을 것이다. 존 웨슬리는 자녀를 낳지 않았다. 늦게 결혼한 부인이 데리고 온 두 딸이 있었는데 이미 장성하였기 때문에 웨슬리는 자녀교육의 경험이 거의 없었다. 다만 어머니 수산나에게서 자녀교육의 모든 것을 배웠다. 웨슬리가 어머니 수산나에게서 배운 가정종교는 메도디스트 신앙의 뿌리 깊은 전통이다.

웨슬리는 1742년 어머니 수산나가 소천하여 장례식을 치른 다음 어머니의 생애를 기억하면서 어머니의 자녀양육에 대한 실제적인 방법과 실천들을 그의 일기에 자세히 기록하였다. 또한 그는 어머니 생전에 자녀교육의 원리와 방법에 대해서 소개해 달라고 요청하였고, 이에 대한 어머니의 친절한 답장을 자세히 기록하였다.

어머니 수산나는 자녀교육이 자기 인생에 주어진 최대의 사명이라고 믿고 자녀교육을 위해서 헌신하였다. 수산나는 자녀교육의 가장 큰 목표는 하나님의 영광을 세상에 나타내는 것이며, 동시에 자녀들이 세상에서 진정한 행복을 알고 살아갈 수 있는 인격과 성품을 형성해 주는 것이라고 믿었다. 수산나에게 자녀교육의 목적은 가능한 가장 어릴 때부터 자녀들의 나쁜 고집을 뿌리 뽑고 거룩하고 행복한 인격과 성품을 형성해 주는 것이었다. 이것을 위해서 수산나는 시간표를 만들고 하루와 일주일의 생활을 위한 규칙을 만들어 사용했다. 수산나의 자녀교육은 한마디로 규칙에 따라서 훈련하는 생활이었다(disciplined life according to the rules). 수산나에게 규칙을 지키는 것은 언제나 정확하고 엄격했으며 어떠한 경우에도 변경하거나 놓치는 일이 없었다. 그래서 수산나의 시간표는 런던의 기차 시간표만큼 정확하다는 말이 나왔다.

앞서 언급한 대로 수산나의 자녀교육에서 가장 기본적인 원칙은 악하고 어리석은 생각과 행동을 일찍부터 교정하여 선하고 행복한 생각과 습관을 형성해 주는 것이었다. 그녀는 잠자고 기상하는 것, 씻고 식사하는 것, 기도하고 독서하고 공부하는 것, 밖에서 노는 것 등 일상생활을 위한 시간표와 규칙을 지키게 하여 거룩한 습관을 길러 주었다. 무엇보다도 수산나가 중요하게 가르친 덕목은 결코 거짓말을 하지 못하게 하는 것이었으며, 거짓말을 하였을 때에는 반드시 벌을 받게 하여 거짓말을 해서는 결코 아무것도 얻을 수 없고 거짓으로는 결코 인간이 행복할 수 없으며, 그 결과는 반드시 불행하게 된다는 것을 알게 해주었다. 두 번째는 누구에게나 예절을 지키고 감사를 정중하게 표하는 규칙이었다. 하인들에게나 식모에게도 예절을 지키고 존칭어를 사용하게 했다. 고집을 부리거나 울면서 무엇을 요구할 때에는 결코 아무것도 허락하지 않았다. 아이들이 말을 시작하면서부터 주기도문을 가르쳐 외우게 하였고, 성경 구절을 낭독하게 하였고, 기도문을 따라서 기도하게 하였다. 또 주일을 거룩하게 구별하여 지키게 하였고 집 안에서나 밖에서 큰 소리로 떠들거나 장난을 치지 못하게 하였다. 또한 아이들이 글을 읽고 쓰기 전에는 일을 시키지 않았다. 잘못을 저질렀을 때도 그것을 솔직하게 고백하고 반성을 하면 벌을 주지 않았지만 그렇게 하지 않을 때는 회초리를 들었다. 같은 잘못에 대하여 두 번 벌을 주는 법은 없었다. 잘못한 일이 발견되었을 때에는 그것을 그냥 덮고 지나가는 일이 없었고 모든 규칙은 정확하게 지키도록 하였다. 순종을 하고 선행을 하였을 때는 칭찬과 선물을 주었다. 남의 물건은 아무리 작은 것이라도 주인의 허락 없이는 만지지 못하게 하였다. 모든 약속은 엄격하게 지키게 하였다. 수산나는 거룩한 습관(holy habit)이 거룩한 성품을 형성하고 행복한 인생을 만든다고 확신하였다. 사무엘의 어머니 한나, 디모데의 어머니 유니게, 그리고 어거스틴의 어머니 모니카와 함께 수산나는 교회사에 위대한 어머니로 기억되고 있다.

웨슬리는 메도디스트 신도회 안에 주일학교를 만들었으며, 또 어린이 속회와 어린이 성가대, 어린이 전도대도 만들었다. 그래서 웨슬리가 죽을 때에 등록된 메도디스트 교인수가 성인 약 10만 명과 어린이 약 10만 명으로 추정되었다. 1900년도에는 약 100만 명까지 보고되었다. 웨슬리가 세상을 떠날 때에는 메도디스트 주일학교 수는 약 1,000개, 주간학교 수는 약 700개였다. 웨슬리는 많은 곳에서 어린이들을 모아서 설교하고 재미있는 성경 이야기와 동화와 역사 이야기를 들려주었다. 그는 어린이들에게 찬송을 가르쳐 주고 함께 부르며 즐거워하였다. 그는 늘 과자나 사탕을 준비해 가지고 다녔는데, 이런 기록이 일기와 편지에서 종종 보이는 것은 그가 얼마나 어린이들을 사랑하였는가를 증언한다.

특별히 웨슬리는 가난한 집 아이들을 모아서 주일학교를 구성하고 주일학교 성가대를 만들어 연주회도 종종 가졌다. 그들의 합창을 천상의 합창이라고 자랑하며, 또한 영국에서도 최고요 전 유럽에서도 최고라고 과찬을 늘어놓기도 하였다. 웨슬리는 주일학교를 매우 좋아하고 사랑하였으며, 인류 역사에 주일학교만큼 좋은 일을 많이 한 곳이 또 없다고 말했다. 이렇게 그는 주일학교의 가치를 높이 평가하였다. 영국국교회가 어린이에게 무관심하고 아직 주일학교가 활발하지 못하였을 때에 웨슬리는 신도회에 주일학교를 만들어 주일학교 운동의 선구자적인 일을 하였다. 웨슬리의 이러한 주일학교 사랑은 곧 아메리카에서 위대한 주일학교의 부흥을 일으키는 주요 동기가 되었으며, 이러한 주일학교와 어린이 교육의 탁월한 은사는 메도디스트 교회의 유산이 되었다. 세상에서 주일학교보다 좋은 일을 더 많이 한 것은 없다는 웨슬리의 말에 동의할 사람이 셀 수 없이 많으리라고 생각된다.

충성

두 팔로 맞아
안아 주실 때까지

179 만일 내가 나 자신을 아껴 두려고만 한다면, 오히려 주님이 나를 아껴 두지 않고 곧 데려 가실 것이라고 생각한다. (편지, 1783. 1. 10)

180 우리에게 가장 중대한 일은 오직 한 가지이다. 그것은 우리를 위해 죽으신 주님을 위해 살고 죽는 것이다. (편지, 1776. 3. 3)

181 모든 일에서 주님께 충성! 이것은 내 신앙의 본질이며, 내 삶의 첫 번째 목적이다. (편지, 1777. 6. 25)

182 자신이 아무리 잘한 일이라 해도 그 일에서 자기 자신은 아무것도 아니게 하라. 오직 그리스도께서 모든 것의 모든 것이 되게 하라. (편지, 1788. 9. 20)

183 만일 당신이 이미 받은 능력을 아끼지 않고 사용한다면 주님은 그

러 능력을 계속 주실 뿐 아니라 더 좋은 능력을 주실 것이다. (편지, 1774. 6. 3)

184 무슨 일에서든지 내가 가장 중시하는 것은 하나님이 주신 사명이며, 고난이나 비난은 두려워하지 않는다. (편지, 1774. 5. 6)

185 오직 믿음 안에서 평온하라. 그리고 흔들리지 말고 꾸준히 앞으로 나아가라. 하나님께서 당신을 향한 계획을 이루시리라. (편지, 1790. 3. 27)

186 나는 나의 몸과 시간, 재물과 생명을 하나님께 바칠 때에, 나에 대한 세상의 평판도 함께 바친다. (텔포드, 「찰스 웨슬리의 생애」, 283)

187 아무것도 두려워하지 말라. 오직 주님의 능력을 믿기만 하라. 주님의 팔이 당신을 안아 줄 것이요, 동서남북으로부터 당신을 붙들어 주시리라. (텔포드, 「웨슬리의 어록」, 43; 잭슨, 「웨슬리 전집 12권」, 493)

188 기억하라! 우리는 우리의 수고에 따라서 상을 받을 것이다. 결코 우리의 성공에 따라서가 아니다. (편지, 1779. 8. 26)

189 하나님은 분명히 당신에게 많든지 적든지 어떤 재능들을 주셨다. 당신은 그 재능들 중 어떤 것도 과소평가하지 말라. (편지, 1781. 11. 15)

190 하나님께서 당신을 맞아 완전히 껴안아 주실 때까지 하나님을 향하여 곧게 걸어가라. (편지, 1782. 3. 9)

191 어느 누구든지 자기 마음과 삶에서 끝까지 신실해야 한다. 하나님은 신실함 위에 모든 것을 주신다. 신실함이 없으면 아무것도 주실

수 없다. (총회 회의록)

　　사람이 좋은 일을 위해서 한평생 충성하는 것은 인생에서 가장 아름답고 가치 있는 일이다. 누구든지 한평생 자기가 맡은 일과 선한 일에 충성하는 사람은 행복한 사람이다. 웨슬리는 충성의 사람이었다. 그는 한평생 변함없이 하나님의 충성된 종(servant)으로 살았다. 그는 88년 한평생 전도자(soul winner)와 목사의 길을 열정적으로 달렸다. 웨슬리의 주치의로서 그의 임종을 지켜 본 화이트헤드 박사는 "하나님의 사람 웨슬리는 죽은 것이 아니라 전부 닳았다(worn down)."라고 말하였다. 이 말은 요긴하게 사용하는 연장이 오랫동안 사용해서 다 닳아버린 것같이 되었다는 말이다. 마치 오랫동안 사용하여 손가락으로 쥘 수 없게 된 몽당연필처럼 되었다는 뜻이기도 하다. 웨슬리는 한마디로 하나님의 일에 충성을 다한 사람이었다. 사람이 한평생 자기의 의무나 사명에 충성하는 것보다 더 큰 기쁨과 명예는 없을 것이다. 그는 충성을 다한 일꾼을 두 팔 벌려 껴안아 주시는 하나님의 환대를 바라보고 달려갈 길을 다 달렸다. 그는 하나님을 돕고 사람들을 돕는 거룩하고 선한 일에 충성하는 것은 이 세상과 오는 세상에서 최고의 행복과 영광이 될 것이라고 말했다.

　　웨슬리는 충성에 대하여 여러 개의 감동적인 금언을 남겼다. 그는 자기 자신을 아껴 두려고만 하면 하나님이 자기를 아껴 두지 않고 데려 가실 것이라고 고백한 대로 자신을 아끼지 않고 충성한 일꾼이었다. 또 우리는 수고에 따라서 상을 받게 될 것이므로 성공과 실패는 하나님께 맡기라고 할 정도로 세상의 평판이나 사람의 눈치를 보지 않고 오직 순수하게 하나님께만 충성했다. 그래서 그는 그리스도를 위해서 살고 죽는 것이 자기에게 가장 중대한 일이라고 했다.

　　그는 80세 되던 어느 여름날, 몹쓸 독감에 걸려 고열과 심한 경련에 시달리면서 곧 죽을지도 모른다는 생각이 들었다. 그래서 그는 "주여, 결코 나를 쓸모없는 사람이 되지 않게 해주십시오(O! God, grant I may never live to be useless)."라는 고백을 일기에 남겨 놓았다. 이 말은 생애 마지막 순간까지 하나님의 일에 충성하고 싶다는 충성스런 고백이었다. 그는 주님이 두 팔을 벌려 껴안아 환대해 주실 것이라고 확신하고 그러한 영광의 소망을 품고서 전도자의 길을 달렸다.

치유

동물도 사람도
하나님이 치유

192 하나님의 사랑은 사람의 생명을 살리는 세상에서 제일 좋은 의약 (the best medicine of life)이며, 또한 혼란한 세상의 모든 죄악과 온갖 불행을 치료하는, 결코 실패하지 않는 영원한 치료제(never failing remedy)이다. (논문, 이성적이고 종교적인 사람들에게 보내는 진지한 호소)

193 수많은 병자들이 모든 돈과 재물을 팔아 의사에게 갖다 주고도 일말의 효과조차 보지 못하고 고통당하다가 결국 재산을 탕진하고 죽어간다. 이것을 볼 때마다 나는 마음이 찢어질 정도로 아프다. 어떤 의사가 자신의 수입을 늘리기 위해서 치료를 오래 끌면서 오히려 환자의 건강을 더 해치고 인간의 생명을 위협한다는 말인가? 결국 나는 스스로 의술을 배워 가난한 사람들을 치료하기로 결단하였다. 내가 처방한 대로 약을 복용하고 규칙을 잘 지킨 사람들은 모두 병에서 치유되어 건강을 찾았으며, 많은 사람들이 불치병에서 완전히 치유

받았다. (편지, 1748. 빈센트 페로넷에게 보낸 편지; 에세이, 메도디스트라 불리는 사람들에 대한 평이한 해설)

194 우리의 마음이 아무리 상할지라도 우리의 마음을 창조하신 분이 우리의 마음을 치유해 주신다. 이것이 우리의 위로이다. (편지, 1786. 2. 14)

195 내 말은 지나치게 다리를 절어 발을 땅에 대지도 못할 정도였고, 나는 두통이 너무나 심해서 더 이상 걸을 수가 없어 길바닥에 그냥 주저앉았다. 그래서 나는 "하나님! 동물이나 사람이나 당신의 방법으로 고쳐 주십시오."라고 기도하였다. 그러자 그 즉시 내 두통이 말끔히 사라졌고 내 말도 상쾌하게 걸어갔다. 참으로 기묘한 하나님의 치유 사건이었다. (일기, 1746. 3. 17)

196 3일 동안 나는 온종일 머리가 심하게 아파서 생각도 마비되고 기억력은 완전히 없어진 듯하였다. 나는 이 고통을 고쳐 달라고 매일 기도하였다. 수요일 저녁에는 더욱 간절하게 눈물로 기도하다가 잠이 들었다. 그런데 놀랍게도 목요일 아침에는 두통이 깨끗하게 사라졌고 내 기억력도 완전히 회복되었으며 심신이 상쾌해져서 모든 일을 더욱 힘있게 할 수 있었다. (일기, 1746. 7. 6)

197 기침이 심하다. 고열이 난다. 왼쪽 가슴이 더 아파온다. 약도 듣지를 않는다. 형제들과 약속한 기도시간이 얼마 남지 않았다. 나는 유황가루를 계란 흰자위와 함께 섞어서 옆구리에 붙였다. 그렇게 한 지 5분 후에 통증이 완전히 사라지고 열이 내렸다. 그리고 다시 말을 탈 수 있게 되었다. (일기, 1753. 11. 28)

198 오랫동안 나치의 중풍병으로 고생하는 여인에게 내가 만든 전기치료기로 치료해 주었더니 즉시 효과를 보았다. 똑같은 방법으로 두 사람의 고질적인 위장병을 치료해 주었다. 또 요통을 앓던 사람을 같은 방법으로 고쳐 주었다. 오늘까지 수천 명이 치료를 받고 놀라운 효과를 보았다. 어떤 사람은 치료를 받은 즉시 나았다. 또 어떤 사람은 서서히 나았다. 부작용은 전혀 없었다. 그러므로 의사들과 의대교수들과 약제사들이 나의 전기치료법을 비난하는 것은 정당하지 못하다. (일기, 1753. 1. 20; 1756. 11. 9)

해설

웨슬리의 일기를 보면 그는 매년 몇 번에 걸쳐서 독감과 고열, 위장병이나 신경통 또는 관절통으로 심한 고통을 겪은 기록이 있다. 때로는 너무나 고통이 중해서 죽음을 예견하고 유언장을 써 놓기도 하고 심지어는 비문까지 적어 놓기도 했다. 그가 자주 병치레를 했던 까닭은 아마도 험난한 전도 여행과 열악한 생활환경으로 인한 영양부족 때문이었던 것 같다. 그 당시에는 간단한 민간요법 외에는 다른 의약품이 없어서 병을 고치는 방법이 오로지 기도밖에는 없었다. 웨슬리는 하나님께 병을 고쳐 주시고 고통을 멈추어 달라고 호소하며 자주 기도했다. 일기를 보면 하나님은 그의 기도를 잘 들어 주셔서 기도할 때마다 즉각적으로 그를 병에서 구해 주셨다. 그래서 다시 일어나 다음 설교 장소로 갈 수가 있었는데, 아마도 웨슬리 보기를 열망하며 기다리는 사람들이 열심히 기도해서 하나님이 응답하셨다는 생각도 든다. 웨슬리는 하나님이 인간의 질병을 치유하고 병의 고통에서 구원하시는 분이라는 것을 믿었다. 그런 믿음을 가지고 자신을 위해서 기도하고 병든 사람들을 위해서 기도하였는데, 많은 병자들이 웨슬리의 기도를 통해서 치유 받고 건강을 회복하였다는 기록을 그의 일기와 편지에서 자주 발견하게 된다.

그의 부흥운동의 기록을 보면 가족 기도회나 작은 모임 기도회, 그리고 야외 설교에서 병자들에게 하나님의 기적적인 치유가 일어난 기록이 자주 나타난다. 실제로 웨슬리의 야외 집회에서 말씀을 듣는 중이나 기도를 하는 중에 병이 치유되는 환자들이 많았다. 환자들이 의사에게 가지 않고 야외 집회나 기도회에 가서 병 치료를 받으니 어떤 의사들은 웨슬리가 사기를 친다고 비난하고 심지어 폭도들에게 돈을 주어 웨슬리를 공격하게 만들었다. 또 어떤 의사들은 자신이 불치병으로 판정하고 치료를 포기한 환자가 웨슬리의 집회에 가서 실제로 병이 낫는 것을 확인하고 사람들 앞에서 웨슬리의 병 고치는 능력을 공개적으로 인정하기도 했다.

웨슬리는 하나님께서 사람의 질병을 치유하실 뿐 아니라 동물의 질병도 치유한다고 믿었고 말이 아플 때마다 말의 치료와 건강을 위해서 말에게 안수 기도도 했다. 그가 질병에 걸린 말을 위해서 기도할 때마다 말은 병에서 회복되어 다시 달릴 수 있었다는 기록이 그의 일기에 여러 번 보인다.

웨슬리는 1747년에 '원시의학(Primitive Physics)'이라는 제목의 민간요법을 저술하였다. 이 책은 당시에 알려진 250가지 이상의 질병에 대하여 총 829가지 민간의학 치료방법을 소개하는 의학책으로, 웨슬리 생전에 약 30회 출판되어 가난한 사람들뿐만 아니라 수많은 중산층 사람들의 질병치료와 건강관리에 크게 공헌하였다. 돈이 없어 치료를 못 받거나, 돈을 쓰고도 효과를 보지 못하는 가난한 보통사람들이 특별히 이 책을 애용하였다.

웨슬리는 환자들을 직접 찾아가서 병을 진단하고 치료하는 방문 의사 역할도 하였다. 그는 브리스톨과 런던의 예배당 정원에 약초를 재배하여 약을 만들어 처방하였는데, 자신이 만든 약을 복용한 사람들이 거의 모두 즉각적으로 또는 며칠 후에 완치되었다. 하루에 수십 명에서 한 주간에 수백 명씩 약을 받아갔고 치료 효과를 보았다고 일기나 메도디즘을 변증하는 글에서 밝혔다. 그의 일기에는 험난한 여행 중에 갑작스럽게 독감에 걸려 고열과 두통에 시달리고 팔다리와 허리가 아파서 여행을 계속할 수 없었다는 기록이 여러 번 발견된다. 그럴 때마다 웨슬리는 자기가 만든 약을 아픈 곳에 붙이고 기도하였는데, 그때마다 즉시로 심신이 상쾌해져서 여행을 계속할 수 있었다고 기록하였다.

'원시의학'이 인기를 끌자 런던의 유명한 의사인 윌리엄 하웨스는 의학 잡지에 웨슬리를 돌팔이 의사라고 비난하는 글을 실었다. 웨슬리의 의학책은 사람들의 질병을 악화시키는 위험한 사기라고 하는 가혹한 비평이 나갔지만 오히려 그의 비평을 통하여 웨슬리의 의학책은 전국적으로 유명해져서 훨씬 더 많이 팔리게 되었고 많은 사람들이 이 책을 애용하게 되는 결과를 가져왔다. 그래서 웨슬리는 그 의사에게 "당신의 혹독한 비난 때문에 내 책이 너무나 잘 팔리고 있으니 가능하시다면 한 번만 더 비난의 글을 잡지에 기고해 주시기 바랍니다."라고 편지를 보냈다.

웨슬리는 영혼을 치유하는 영혼의 의사이면서 동시에 인간의 몸까지 치료하는 선인 치유 목회자였다. 웨슬리의 치유 목회는 세 종류의 동역자, 즉 의사와 교사와 목사가 함께 가는 통전적 선교의 전통을 낳았다.

우리의 마음이 아무리 상할지라도 우리의 마음을
창조하신 분이 우리의 마음을 치유해 주신다.
이것이 우리의 위로이다.

신비체험

그 열매는
삶의 변화

199 때때로 하나님께서는 어떤 사람들에게 갑작스럽고 강하게 역사하신
    다. 이런 사람들은 갑자기 큰 소리로 울음을 터뜨리거나 감탄을 하
    기도 하고 경련을 일으키거나 넘어지기도 한다. 그리고 하나님께서
    신자들을 격려하고 확신을 주시기 위해서 또는 당신의 일하심을 더
    욱 분명하게 보여 주시려고 꿈이나 입신이나 하나님의 음성 들음,
    환상, 악귀 추방, 치유, 그리고 심정의 체험을 통하여 특별한 은혜
    를 주신다. (일기, 1759. 11. 25)

200 다양한 신비 체험은 성령의 내적인 역사의 외적인 현상이다. 사탄
    은 하나님의 역사를 방해하기 위해서 위장하여 이런 현상들을 모방
    한다. 또 어떤 사람들은 신비 체험을 비난하거나 조롱한다. 그렇다
    고 이러한 모든 역사와 현상을 포기하는 것은 현명하지 않다. 하나
    님은 우리에게 진실된 것과 거짓된 것을 분별하는 능력을 주신다.
    (일기, 1759. 11. 25)

201 (80세가 되는 날) 나는 발이 미끄러져 열일곱 계단을 굴러 떨어졌고, 날카로운 돌계단 모서리에 머리를 세 번이나 세게 부딪쳤다. 그런 데 마치 부드러운 방석이나 베개에 부딪치는 느낌뿐 나는 아무 일도 없었던 것처럼 가볍게 일어났다. 내가 가는 길에 하나님이 천사들을 내려 보내서서 보호해 주신 것이 분명하다. (일기, 1782. 6. 15)

202 신비 체험의 참된 열매는 삶의 변화이다. 그들은 꿈, 환상, 경련, 넘어짐, 눈물과 애통, 소리침, 방언, 입신, 신유, 악귀 추방, 계시 등 갖가지 신비를 체험하였고 실제로 놀라운 삶의 변화를 보인다. 그들은 악한 생활에서 돌이켜 선한 생활을 하고 있다. 습관성 음주가들이 금주하고 절제하며, 정욕으로 방탕하던 자들이 경건해지고, 도둑과 강도들이 성실한 사람이 되고, 아내를 구타하던 자들이 좋은 남편이 되고, 자식을 버린 자들이 좋은 아버지로 변하고, 죄의 노예들이 경건한 생활을 하고 있다. 메도디스트들은 어디서나 실천적인 신앙(practical religion)을 전파하고 있다. (일기, 1739. 5. 20; 편지, 1747. 6. 11)

___ 해설

18세기 웨슬리의 부흥운동에서는 신비 체험과 신비적인 현상이 많이 발생하였다. 입신(入神), 악귀 추방(exorcism, 귀신을 쫓아내는 일), 신유(神癒, divine healing), 영적 환상, 심한 몸부림, 외침, 방언과 예언 현상들이 많이 일어났다. 웨슬리의 집회에서 이 같은 신비적인 현상들이 일어나는 것에 관해서 영국국교회와 사회일부 계층에서 심한 비난을 하였지만, 웨슬리는 자신의 집회에서 일어나는 신비적 현상이 성서와 교회사에 비추어 볼 때 성령의 역사이며 참된 신앙에서 일어나는 하나님의 은혜의 체험이라는 주장을 양보하지 않았다. 그렇지만 그는 신비적 현상이나 체험을 특별히 강조하지 않았으며, 결코 그런 체험을 설교와 부흥운동의 중심으로 삼지 않았다. 어디까지나 그의 설교의 중심은 칭의와 신생과 성화에 있었다. 그의 부흥운동은 성서적이고 복음적이며 건강한 신비주의를 벗어난 적이 결코 없었다. 그의 글에는 비성서적이고 건강하지 못한 잘못된 신비주의의 해악을 지적하고 그것을 멀리하라는 엄격한 경계가 자주 보인다.

웨슬리는 방언, 예언, 신유, 입신, 악귀 추방, 진동, 외침 등과 같은 신비 현상은 성령의 소극적인 증거인 반면에 인격과 삶의 변화는 성령의 적극적 증거라고 가르치면서 어떠한 신비 체험이 정통인지 아닌지를 알기 위해서는 성령의 적극적 증거가 나타나는지, 즉 삶의 변화를 보이는지 아닌지를 살펴보아야 한다고 말했다. 초기 메도디스트 신도회에서는 잘못된 신비주의로 인하여 정통 신앙을 떠나거나 인격과 삶의 파탄을 가져오는 경우는 지극히 드물었다. 이는 웨슬리가 부흥운동의 목표를 신비 체험에 두지 않고 칭의와 신생과 성화, 즉 인격과 삶의 변화에 두었으며, 동시에 신비 체험에 대하여는 건전한 신학적 성찰과 판단력을 갖고 있었기 때문이었다.

실천적 신앙을 강조한 웨슬리의 부흥운동에서는 대부분의 신비 체험을 한 사람들이 인격과 삶에서 실제적인 좋은 변화를 보였다. 교회와 사회생활에서 나타난 그들의 변화에 대한 기록이 많이 보인다. 웨슬리의 부흥운동의 목적은 신비 체험이 아니라 삶의 변화, 즉 개인과 사회의 거룩한 변화였으며, 신비 체험은 그러한 변화로 가는 길에 동력으로 작용하였다.

혈기

네 영혼에
불을 지르지 말라

203 고약한 성질을 가지고 있으면서 고치려고 하지 않는 사람이 있다면 그는 악마가 천사가 될 수 없는 것만큼이나 불행한 사람이며, 세상 사람들에게 좋은 사람이 될 수 없다. (일기, 1784. 5. 16)

204 모든 부적절한 혈기를 버려라. 성급하고 무분별한 분노와 혈기 부림은 네 영혼에 불을 지르는 것이다. 하나님 안에서 네 몸과 영혼이 편히 쉬게 하라. (찰스 윌러스, 「수산나 웨슬리의 묵상집」, 265)

205 아무리 어려운 일을 당하더라도 어리석은 말로 불평하거나 혈기를 부리지 말고 저주의 말을 하지 말라. 그것은 먼저 그대 자신에게 상처를 낸다. 아직 그대에게 하나님의 은혜가 많은 것을 생각하라. (편지, 1772. 12. 12)

206 당신이 혈기를 부려 화를 내면, 그 다음에 진리를 분별하기가 더 어려워진다. 분노의 연기는 영혼의 눈을 흐리게 하여 아무것도 밝히 보지 못하게 만든다. (표준설교집, 서문)

207 하나님의 복된 말씀과 가르침을 잘 받아들이는 부드러운 성품을 달라고 기도하시오. (편지, 1775. 7. 28)

_____ 해설

웨슬리는 신자의 성화에 대하여 인간의 기질과 성품의 문제를 중요하게 다루었다. 특별히 그는 인간이 감정 조절에 실패하고 분별없이 혈기를 발산하면 많은 파괴가 발생하고 그에 따라 심한 고통과 불행이 일어난다는 사실을 강조하였다. 그것은 마치 엎질러진 물과 같아서 슬픈 후회만 나올 뿐, 돌이킬 아무런 방도가 없기 때문에 더욱 파괴적이라고 말하였다.

웨슬리에게서 영성훈련의 기본적인 한 가지 과제는 감정의 절제였다. 인간의 악한 본성에서 나오는 악한 감정을 절제하고 어리석고 파괴적인 혈기를 죽여 거룩한 성품을 형성하는 훈련이 영성생활의 기본 과제이다. 혈기 부림은 마음의 평화를 깨뜨리고 인간관계를 파괴하고 증오와 갈등, 투쟁과 살인을 낳고 생명과 공동체를 파괴하는 원인이 된다.

웨슬리는 어려서부터 어머니 수산나에게 감정의 절제에 대하여 철저하게 배웠다. 수산나는 자녀들에게 모든 성급하고 분별없는 분노와 혈기는 영혼을 불사르는 어리석고 악한 것이므로 일체 버려야 한다고 가르쳤다. 동시에 통제되지 않는 감정을 분출하는 것이 얼마나 위험한지 알려 주고, 내면에 잠재된 혈기를 부리는 것은 영혼과 인격에 불을 지피는 비이성적이고 우매한 행위라는 사실을 알게 해주었다. 웨슬리는 한 사람과 한 민족, 그리고 인류의 역사에 분별없는 분노를 쏟아내고 우매한 혈기를 부림은 그 위험성과 파괴성이 너무나 커서 마치 동생 아벨을 죽인 가인의 길을 걷는 엄청난 불행을 당하게 된다고 경고하였다. 또 혈기를 발산하지 않기 위해서 자주 기도하고 자기를 성찰하여 감정을 부드럽게 해야 한다는 것을 강조하여 기질과 성품의 성화를 강조하였다. 어머니로부터 이러한 영성을 훈련받은 웨슬리는 거룩한 성품이 행복한 성품을 낳게 된다는 것을 일찌감치 깨달았고, 평화롭고 행복한 삶을 위해서 거룩한 성품을 갖는 것이 얼마나 중요한지를 강조하였다. 이것이 메도디스트 영성 훈련에서 감정과 기질과 성품의 성화가 그토록 강조되는 이유이다.

웨슬리는 혈기를 부려 화를 발산하면 진리를 분별하지 못하게 되고 영혼의 눈을 흐리게 하여 모든 판단과 말과 행동이 어두워진다고 말하면서 혈기의 위험성을 경고하였다. 혈기 부림은 다른 사람에게 상처를 주기 전에 먼저 자신에게 상처를 주고 자신의 내면의 심정이 파괴되고 병들게 하는 동기가 되기 때문이다. 혈기 부림은 온갖 불행의 원인이 되기 때문에 평화롭고 행복한 삶을 위해서 무절제한 분노와 어리석은 혈기를 끊어 버리고 부드럽고 평화로운 성품을 갖기 위해서 훈련하는 것이 모든 사람에게 꼭 필요하다고 가르쳤다.

은혜를 믿고
안달하지 말라

208 우리의 인생에 어떠한 먹구름이 낄지라도 우리를 향한 하나님의 깃
발(banner)은 언제나 사랑이다. (편지, 1785. 3. 28)

209 나는 하나님의 은혜를 믿기 때문에 어떠한 일을 겪게 되더라도 안달
하거나 조급하지 않으며 불평불만을 늘어놓지 않는다. (편지, 1755.
8. 11)

210 오늘 나는 말을 타고 좁은 길을 지나고 있었는데 반대편에서 갑자기
마차가 마주 달려왔다. 그때 내 말이 놀라서 뒷걸음질치면서 머리를
흔들고 껑충껑충 뛰는 바람에 나는 말에서 떨어져 구렁텅이에 처박
혔다. 그런데 놀랍게도 마치 누군가 나를 안아서 편안히 뉘인 것처
럼 아무데도 상한 데가 없어 곧 일어나 말을 타고 달릴 수 있었다.
(일기, 1748. 1. 28)

211 "하나님은 한 사람을 전 우주를 다스림같이 다스리시고 전 우주를
한 사람을 다스림같이 다스리신다."는 말을 기억하십시오.

아버지시여, 당신의 영광의 광채가 온 우주에 펼쳐집니다.
만유의 주여, 당신의 선하신 손길이 온 우주를 돌보십니다.
마치 온 우주가 한 사람인 것처럼,
당신은 나의 머리카락도 세시듯 나를 돌보십니다.
마치 내가 온 우주라도 된 것처럼!
(설교, 영원에 대하여)

212 내가 잘 때에도 주님의 천사들이
내 침상 곁에서 밤새 지키게 하소서!
하늘의 사랑이 내 가슴에 스며들어
모든 아픔이 사라지게 하소서.
하늘의 은총이 몸과 영혼을 감싸고
따스히 품어 평안히 자게 하시고
하늘의 기쁨이 고요히 내 집에 울려 퍼지게 하시며,
하늘과 땅이 나와 더불어 말하게 하소서.
천사들이여, 내 대신 온 밤을 하나님께
감사와 축복의 노래를 드높이 올려주소서.
(설교, 믿음에 대하여)

과학과 의학과 경제가 아무리 발전해도 인간이 해결할 수 없는 문제는 점점 더 커지고 늘어난다. 인간의 능력이 커질수록 인간의 무능력도 더 깊어진다. 더욱이 죄와 질병과 죽음이 인간의 운명적인 한계상황이라는 사실은 영원히 변하지 않을 것이다. 인간은 자신의 무능과 한계상황을 뚫고 나갈 아무런 능력이 없어 절망하기 쉽다. 인간의 한계상황에서 종교는 필요하다. 운명적인 한계상황을 넘어설 수 있는 길은 신앙밖에 없다. 그래서 인간은 무엇을 하든지 하나님의 도움이 필요하다. 웨슬리는 이것을 '구원하는 은혜(saving grace)'라고 칭하였다. 모든 사람은 하나님의 은혜로만 한계상황을 넘어 구원에 이를 수 있다. 하나님의 돕는 은혜 없이 구원받을 수 있는 사람은 아무도 없다. 인간은 근본적으로 약하고 불완전하기 때문이다. 하늘의 도움을 얻기 위하여 기도하거나 기도하는 심정을 가지는 것은 말할 수 없이 유익하다. 하나님은 자신의 무능함을 인정하고 겸손히 기도하는 사람에게 돕는 은혜로 다가오신다. 아주 작은 믿음을 가진 사람이나 전혀 신앙을 갖지 않은 사람이라도 기도할 수 있고, 또 기도하면 인간의 이성과 인간의 방법을 초월하는 도움을 얻는다고 웨슬리는 말한다.

웨슬리는 영국국교회의 성직자요 옥스퍼드대학 교수이며, 당대 최고의 지성과 경건을 갖춘 사람이었지만 항상 자신의 부족과 연약함을 인식하여 하나님의 돕는 은혜를 구하며 살았다. 실제로 그는 언제 어디서나 모든 일에서 자신의 한계와 부족을 절감했고 하나님의 돕는 은혜를 믿었다. 그래서 그는 갑작스럽게 발생하는 사고 또는 상상도 못할 고난을 당하거나 자기가 바라는 대로 일이 안 되는 경우에도 불평하거나 조급해하지 않았고 절망하거나 포기하지 않았다. 왜냐하면 인간의 능력 밖에서 오는 도움 또는 인간의 머리 위로부터 오는 초월적인 도움이 있는 것을 믿었기 때문이었다.

웨슬리가 천사에 대한 신앙을 갖고 천사의 도움을 실제로 믿었다는 것은 대단히 흥미롭다. 그는 하나님께서 이 우주를 다스릴 때에 특별히 인류를 돌보시고 구원하기 위하여 천사들을 보내 주신다고 믿었으며, 한 사람 한 사람을 돕기 위해서 천사를 보내셔서 항상 곁에서 지키게 하신다고 믿었다. 그래서 그는 말을 타고 달리다가 사고를 당해 말에서 떨어지거나 또는 구렁텅이에 처박힐 때에도 하나님이 천사를 보내 주셔서 조금도 다치지 않도록 온전하게 보호하셨다고 믿었다. 폭도들이 돌멩

이와 막대기로 치고 주먹과 발로 쳐서 구타할 때에도 하나님이 보내신 천사가 보호하셔서 조금도 상하지 않고 아프지 않았다고 간증했다. 웨슬리는 그야말로 일마다 때마다 도우시는 하나님의 은혜로 살았다. 그래서 그는 "자주 위를 바라보고 신선한 은혜를 공급받으라."고 말했다. 왜냐하면 웨슬리는 구원하는 은혜(saving grace)는 위로부터 온다는 사실을 분명히 믿었고 체험하면서 살았기 때문이다.

이 학교의
우등생이 되어라

213 이 세상은 하나님께서 세우신 학교와 같다. 하나님은 세상이라는 학교에서 우리에게 거룩하고 온전한 뜻을 한 가지씩 충분히 가르쳐 주실 것이다. (편지, 1784. 4. 1)

214 신실한 그리스도인에게 세상은 훌륭한 학교이다. 세상의 시련과 고난은 신실한 신자들을 가르치고 훈련하는 데 가장 좋은 방편이 되고 스승이 되기 때문이다. (찰스 월러스, 「수산나 웨슬리의 묵상집」, 323)

215 세상은 하나님의 학교이다. 하나님이 이 학교에서 너를 오랫동안 가르쳐 주시고 잘 지켜 주시길 바란다. 하나님 안에서 모든 행복을 찾는 그런 학교에서! (편지, 1776. 1. 26)

216 내가 아무것도 배울 수 없을 때가 되면, 나는 지나다니는 마을들과 집들의 이름을 배우고 싶다. (텔포드, 「존 웨슬리의 생애」, 272)

217 우리가 삼위일체의 사실을 믿을 수는 있으나, 그 신비한 존재방식을 이해할 수는 없음같이 하나님은 크고 거룩하시다. (편지, 1779. 2. 11)

218 삼위일체 하나님에 대한 지식은 참된 신앙과 생동하는 신앙을 갖게 해준다. (설교, 하나님으로부터 난 자의 위대한 특권)

_____ 해설

　세상이 하나님이 세우신 학교라는 비유는 참으로 깊은 공감을 일으키는 생각이라고 여겨진다. 경건이란 하나님을 최고의 스승으로 모시고 그로부터 진리와 사랑과 행복을 배우는 것이라고 웨슬리는 생각했다. 세상을 학교에 비유하는 말은 기쁜 일을 만나든지 괴로운 일을 만나든지 어린이가 학교에서 선생님께 배우듯, 하나님께서 하시는 일을 통해서 그분의 뜻을 겸손히 배우려는 마음으로 살아간다는 의미를 담고 있다. 그에게 경건이란 세상이라는 하나님의 학교에서 일어나는 모든 일을 통해서 하나님의 뜻을 찾고 진리를 배우는 삶을 사는 것이었다.
　이러한 사상은 본래 17세기 영국의 영성가이며 옥스퍼드대학 교수였던 리차드 루카스의 묵상록에 등장하는데, 수산나는 그의 묵상록을 즐겨 읽었고 아들에게 자주 가르쳐 주었다. 웨슬리는 어머니를 통하여 루카스의 영성의 물을 마셨다. 웨슬리는 인간의 성화가 하나님의 형상을 인간의 마음과 삶에서 이루는 것이며, 곧 하나님을 아는 지식과 하나님을 닮는 성화에서 지속적으로 성장하는 것이라고 생각했다. 그런데 하나님을 배우고 닮는 성화는 이 세상의 모든 경험을 통하여 이루어지는 것이기 때문에 세상이 곧 하나님의 학교라고 여겼다. 인간은 죽음 이후에 천국에서도 하나님의 진리와 성결을 배우고 그 안에서 영원히 성장하는 것이라고 그는 생각했다.
　하나님이 인간을 자기의 형상대로 창조하셨다는 것은 하나님이 인간을 자신과 대화하고 교제하는 상대로 삼으셨다는 의미이며, 그것은 곧 하나님이 인간에게 자신의 지혜와 지식을 가르쳐 주기를 좋아하신다는 의미이다. 그래서 하나님은 모든 인간의 스승이요 인간은 하나님의 학도이다. 하나님은 인간에게 가르치는 기쁨 때문에 행복하고 인간은 하나님께 배우는 기쁨을 얻음으로 행복한 것이다. 인간은 하나님께서 창조하신 자연과 하나님의 말씀을 남은 성경을 통하여 진리를 배우는데, 이것이 인간에게 주시는 하나님의 은총이다. 세상에서 일어나는 모든 일을 직접적으로 혹은 간접적으로 경험함으로써 인간은 진리를 배우게 되는 바, 세상의 모든 사건이 진리를 배우는 방편이 된다. 특별히 웨슬리는 인간이 겪는 모든 고난이 진리를 배우는 교과서라고 생각하였다. 그렇게 여긴다면 인간은 고난이나 이해할 수 없는 모든 일에 대해 더욱 긍정적인 태도를 가지게 될 것이다.

놀라움과 신비로 가득한 우주와 세상에 대한 인간의 지식은 아무리 많이 배우고 쌓아도 미미하지만, 배움은 인간의 특권이며 무엇에도 비교할 수 없고 천사도 부러워할 지복이다. 웨슬리는 옥스퍼드 대학생 시절에 약 500권의 책을 읽었고 그 후에 또 다른 500권의 책을 읽었다고 한다. 그에게 독서는 경건의 연습이었다. 그는 성경과 신학뿐만 아니라 철학, 역사, 문학, 천문학, 경제, 자연과학 등 모든 분야의 책을 다독하였는데, 성경 외에 다른 독서는 하나님의 진리를 조명해 주는 도움이 되기 때문에 필요하다고 생각했다.

어린아이가 학교에서 새로운 진리를 배우는 것을 기뻐하는 것처럼 모든 인간은 세상이라는 하나님의 학교에서 열심히, 그리고 겸손히 배울 때 행복을 경험한다. 웨슬리가 노후에는 자기가 사는 동네의 집들과 사람들의 이름을 배우겠다고 말한 것은 세상의 순례를 마치는 날까지 진리를 배우는 기쁨으로 살고 싶다는 겸손한 인생 학도의 고백이라고 여겨진다. 웨슬리가 "나는 모르는 것이 많으니 나에게 가르쳐 주십시오."라고 하나님과 사람들에게 자주 말한 이유는, 하나님의 학교에서 끊임없이 배우고자 하는 학도의 마음과 태도를 보여 주는 말이다. 인간은 위대하고 영원하신 하나님을 알고 경험하는 거룩한 지식을 통해 성장하고 성숙하며 그분을 완전히 아는 데에까지 자라가는 영원한 학도라고 웨슬리는 말했다. 이 세상이 하나님의 학교이며, 우리는 이 학교에서 완전하신 스승 하나님을 모시고 배우는 어린 학도라고 생각하면 인생은 더 즐겁고 평안할 것이다. 그렇게 하면 이해하기 어렵고 감당하기 어려운 일들을 받아들이는 것 역시 훨씬 쉬워질 것이다. 우리가 하나님의 학교에서 우등생이 되는 것보다 더 큰 행복이 없겠고 이보다 더 좋은 일도 없을 것이다.

겸손

겸손한 사랑의
골짜기를 걸어가리라

219 유한과 무한을 어떻게든 비교해 본다 하더라도 그 비교가 무슨 의미가 있겠는가? 씨프리안의 말대로, 지구만한 모래더미가 있고 천 년에 모래 한 알씩 없어진다면, 그 모래더미가 존속하는 기간이 아무리 길더라도 영원과 비교하면 아무것도 아니다. 인생 칠십이 얼마나 짧은가? 실로 아무것도 아닌 것보다 더 짧다. 인생을 우주의 광대함과 영원에 비교하면 창조주가 이토록 그림자처럼 사라지는 미미한 피조물인 인간 존재를 없는 것처럼 저버리지나 않을까 하는 두려움을 느끼지 않을 수 없다. (설교, 인간이란 무엇인가? 1번)

220 우리는 전능하신 창조주께서 천상의 피조물에게도 보이지 아니한 자비를 이 불쌍하고 미미한 피조물인 사람에게 베푸셨다는 사실을 아는 것에 감사하고 겸손해야 한다. 하나님은 그의 아들을 우리에게 주셨으며, 그 아들은 우리를 위해 죽었고 우리의 주(the Lord)가 되셨다. 오, 당신들은 주님과 함께 살고 죽어야 한다. (설교, 인간이란

221 우리는 원죄로 인한 부패가 너무도 큰 까닭에 오로지 그리스도의 공로를 믿음으로만 구원받는다. 우리의 사랑, 말, 행위는 우리의 칭의를 이루는 데에 아무런 공로가 되지 못한다. 그러므로 우리는 하나님 앞에서 스스로 겸비하고 모든 영광을 그리스도께 드려야 한다. (에세이, 메도디스트의 원리)

222 심령이 가난한 자는 누구인가? 겸손한 사람을 의미한다. 자신을 알고, 자신의 죄를 깨닫고, 회개하는 심정을 소유한 사람이다. 그는 비참하고, 불쌍하고, 가난하고, 눈멀고, 벌거벗은 자신의 신세를 아는 자이다. 자기 안에 악하고, 미워하고, 거짓된 것들로 가득차서 …… 말로 표현할 수 없을 정도로 저주받아 마땅한 존재라는 사실을 아는 사람이다. (설교, 산상설교 1번)

223 나는 나보다 나이가 어리더라도 나의 잘못을 말해 주는 사람에게 특별히 감사하다. 나는 그 사람을 나의 좋은 친구로 삼을 것이다. (메도디스트 매거진, 1825)

224 진실로 나는 항상 더 많이 배우고 싶다. 나는 하나님께도, 사람에게도 이렇게 말하기를 좋아한다. "내가 모르는 것이 많으니 나에게 가르쳐 주십시오." (표준설교집, 서문)

225 세속의 화려한 것들로 자신을 치장하는 것은 어리석은 솜씨로 무너질 집을 짓는 것이다. 천박한 것을 버리고 소박한 그리스도인이 되라. (에세이, 의복에 관한 권면)

226 나는 (영국고교회의 성직자이며 옥스퍼드대학의 교수이지만) 스스로 더욱
천해지기로 결심하고 큰길가에서 구원의 기쁜 소식을 선포했다. (일
기, 1739. 4. 2. 처음으로 야외설교를 한 날)

227 결코 교만하지 말라. 누구에게나 겸손한 태도를 가지라. 복음을 전
하는 사람은 모든 사람을 섬겨야 한다. (총회 회의록; 설교자 규칙)

228 우리는 인생의 모든 길에서 조심해야 한다. 만일 그렇지 않으면 한
순간에라도 캄캄한 미궁 속으로 떨어지게 되고, 거기서 나오지 못
할 수 있다. (편지, 1790. 3. 13)

229 우리는 명예를 잃어버리는 것보다 명예를 얻는 것을 더 크게 두려워
해야 한다. (편지, 1789. 7. 14)

230 참된 겸손은 하나님의 사랑으로부터 흘러나온다. 재물은 겸손에 걸
림돌이 된다. 부자들은 많은 재물 때문에 겸손을 잃고 교만에 빠진
다. (설교, 재물에 대하여)

231 나는 하나님의 뜻이라고 생각되는 것을 행하면서 평화롭고 겸손하
게 나의 길을 걸어가리라. (편지, 1786. 2. 21)

232 오직 내가 원하는 것은 일평생 주님과 함께 겸손한 사랑의 골짜기를
걸어가는 것이다. (편지, 1788. 6. 26)

233 그(존 플레처)가 무엇보다도 주님을 가장 많이 닮은 면이 있다면 그것
은 그의 겸손함이다. 그는 진정 심령이 가난한 사람인데, 목사와 작
가로서도 항상 자신을 낮추었지만 그는 자신이 겸손하다는 것을 알

지 못하면서 모든 사람 앞에서 겸손하였다. 그는 자신의 말이나 글
에 대하여 "나의 초라한 견해이오니 잘못된 점을 고쳐 주시고 좋은
의견을 말해 주시기를 무릎 꿇고 부탁드립니다."라고 말하였다. (전
기, 존 플레처의 생애)

234 그는 자신이 스위스 최고의 가문 출신이라는 사실도 결코 말하지 않
았다. 그는 대부분의 사람들이 유명해지고 존경받고 싶어서 애쓰는
만큼이나 작고 이름 없는 사람이 되려고 피나게 노력하였다. (전기,
존 플레처의 생애)

_____ 해설

신앙이란 인간이 자신을 알고 창조주 하나님을 바르게 아는 것으로부터 싹
튼다. 그리고 참으로 인간의 작고 약한 모습과 위대하고 영원한 창조주를 인식하고
비교할 때에 인간은 겸손할 수밖에 없다. 웨슬리는 겸손한 사람이었다. 겸손은 그의
영성과 인격에서 자연스럽게 흘러나오는 열매였다. 그는 '인간이란 무엇인가?'(What
is man?)'라는 제목으로 두 개의 설교를 써냈는데, 이 두 개의 설교는 과학과 철학의
지식을 사용하여 성경을 조명하면서 쓴 신학적 수상문과 같고 인문학적 가치가 돋
보인다. 그는 당시의 과학, 특별히 우주 천문학에 대한 연구에서 나온 지식을 총동
원하여 인간 존재의 운명과 의미를 파악해 보려는 시도를 하였다.

그 설교에서 웨슬리는 창조주의 광대하고 신비한 우주에다 인간 존재를 비교하
면 인간은 아주 없는 것과 같이 미약한 존재라는 사실을 아는 것이 필요하다고 하
였다. 그리고 인간은 창조주와 우주 앞에서 겸손해야 하며, 더욱이 상상도 못할 정
도로 크고 영원하신 창조주가 인간을 마치 존재하지 않는 것처럼 무시할지도 모른
다는 두려움 속에 겸손해야 한다고 말하였다. 또한 그는 무한한 영원과 유한한 시간
안에 존재하는 인간을 비교하면서, 그 존재하는 시간의 짧음을 직시하고 그림자 같
은 존재를 창조주는 기억하지도 않을 수 있고 관심도 갖지 않을 수 있다는 무서운
고독을 느끼면서 겸손해야 한다고 생각했다. 그런데 하나님은 이토록 미미한 인간

을 기억하고 인간에게 자비를 베풀어 그의 마음의 중심에 있는 사랑을 부어 주셨다. 아버지의 외아들을 보내셨고 그 아들 예수 그리스도를 통해 창조주의 진리와 사랑을 나타내시고 우리를 구원해 주신 은혜를 생각하고 겸손해야 한다고 웨슬리는 말하였다. 이처럼 과학과 철학의 지식을 가지고 성경을 해석하면서 고상한 문학적 수사로 복음을 해설하는 웨슬리의 설교는 대단히 아름답고 감동적이다.

웨슬리는 예수의 산상설교가 말하는 '심령이 가난한 사람'을 '겸손한 사람'을 의미하는 것이라고 보고, 신자는 자신의 비참한 모습과 운명을 직시하고, 특히 자신이 부패한 본성, 즉 악과 미움과 거짓과 더러움으로 가득찬 죄인이라는 것을 인정하고 겸손해야 한다고 말했다. 동시에 그는 죄인이 오직 그리스도의 공로로 구원을 얻게 되었다는 사실을 깊이 생각하고 모든 교만을 버리고 겸손할 것을 강조하였다. 또한 신자는 매일 그리스도의 마음을 묵상하고 그의 겸비를 본받을 것을 웨슬리는 강조하였다. 특별히 그는 빌립보서 2장 8절 "사람으로 나타나셨으니 자기를 낮추시고 죽기까지 복종하셨으니 곧 십자가에 죽으심이라."에 나타난 그리스도의 겸비를 본받는 것이 신자의 영성 형성을 위해서 가장 먼저 갖추어야 할 덕목이라고 말했다.

역사가들의 말대로 웨슬리는 자신의 지식세계가 백과사전과 같다고 할 만하였음에도 불구하고 항상 자신의 부족함을 느끼고 겸손하게 더 배우려고 노력하였고 시간을 아껴서 독서와 연구에 열심을 냈다. 그가 옥스퍼드대학 교수 자리에서 거리의 전도자로 내려온 것은 그리스도의 본을 따라서 자신을 낮추었기 때문에 가능한 일이었다. 그는 가난한 사람들의 목자가 되어 그들을 찾아갔고 그들과 교제하고 그들과 함께 일하기를 즐거워하였다. 최고의 지성과 세상적 명예를 소유한 영국국교회의 고교회 성직자요 옥스퍼드대학 교수가 가난한 보통사람들과의 교제를 즐거워했고 그들과 교제를 통해서 배우는 것이 너무나 많다고 할 정도로 겸손하였다. 그는 설교자들에게 결코 잘난 체하지 말고 모든 사람에게 친절하고 일체 겸손하라고 가르쳤다. 전도자가 모든 사람을 섬기는 종이 되는 것이 마땅하다고 가르쳤다.

웨슬리는 원하면 얼마든지 감독이 될 수도 있었고, 신학교를 세워 교장도 할 수 있었고, 자신의 이름으로 땅도 사고 집도 짓고 부를 쌓을 수도 있었지만, 그런 것은 아무것도 하지 않았고 평생 무소유와 거룩한 가난으로 살았다. 그의 겸손은 장례식에서도 나타났다. 그는 자신의 장례를 아무에게도 알리지 말고 간소하게 치르기를 바랐다. 기념비를 세우지 말고 다만 가난한 사람들에게 장례식 선물로 먹을 것과 옷을 지어 주라고 하였다.

한편 웨슬리는 당시 메도디스트 성자 존 플레처를 예수님의 성품을 가장 잘 닮은 성자로 여겼다. 특히 그의 겸손이야말로 거룩하고 아름다운 그리스도의 겸손을 닮았다고 하였다. 플레처는 스위스 명문가 출신이었으나 그것을 감추고 일생 가난한 사람들을 사랑하고 그들과 함께 살아간 메들리교구 목사였다. 많은 사람들이 유명해지고 존경받기 위해 애를 썼지만 플레처는 더욱 작아지고 낮아지려고 한 겸손의 성자였다. 웨슬리는 자신이 쓴 플레처의 전기에 그의 겸손함을 감명 깊게 기록하였다. 웨슬리는 일평생 주님처럼, 플레처처럼 사랑의 골짜기를 걸어가고 싶다고 하면서 실제로 그렇게 모든 사람을 섬기는 종으로 겸손한 인생길을 걸었다.

하나님의 영광

인생의 목적과 행복이
여기에 달려

235 하나님의 영광을 목적으로 삼지 않고는 아무런 계획도 갖지 마시오.
     하나님을 찬양하기 위함이 아니라면 세상에 살지도 마시오. 하나님
     을 기쁘시게 하려는 것이 아니라면 아무런 말도 생각도 사업도 하지
     마시오. (설교, 선한 청지기)

236 메도디스트는 무엇을 하든지 오직 하나님의 영광을 위하여 한다. 그
     들은 매일의 언행심사에서 이 한 가지 목표를 이루기 위해서 전력을
     다하는 사람들이다. (에세이, 메도디스트의 원리)

237 메도디스트는 일을 할 때나 쉴 때나 기도할 때나 한 가지 목적을 위
     해서 한다. 집 안에서나 밖에서나 누웠을 때나 길을 걸을 때나 옷을
     입든지 노동을 하든지 먹든지 마시든지 모든 언행에서 그들의 한
     가지 목적은 하나님의 영광을 나타나게 하려는 것이다. (에세이, 메
     도디스트의 성격)

238 그(존 플레처)는 자기가 가진 의식주와 모든 것을 가난한 사람들에게 나누어 주면서 자신은 음식도 마다했다. 그는 고통에 처한 사람들을 위해서 모든 것을 절약하였다. 그의 식사와 옷과 가구는 소박하였다. 그는 결코 자기의 유익을 구하지 않았고, 오로지 하나님의 영광만을 말하고 구하였다. (전기, 존 플레처의 생애)

239 오직 창조주의 영광을 위해서 피조물을 사랑하라. (설교, 마음의 할례)

240 메도디스트의 한 가지 소원, 즉 한 가지 목적은 자기의 뜻이 아니라 자기를 보내신 주님의 뜻을 행하는 것이다. 언제나 모든 일에서 오직 한 가지 의도는 자신을 기쁘게 하는 것이 아니라 자신의 주님을 기쁘게 하는 것이다. (에세이, 메도디스트의 성격)

241 메도디스트는 오직 한 곳만을 바라보기 때문에 그 사람의 영혼은 하나님의 영광으로 가득차 있다. 그 사람의 영혼의 눈이 계속해서 하나님만 바라보기 때문에 그 사람에게는 어두움이 없고 촛불이 집 안을 환하게 밝히는 것처럼 마음은 하나님의 빛으로 가득하다. 그때 하나님께서 그 사람의 삶을 다스리시고 그 사람의 영혼은 주 앞에 거룩해진다. (에세이, 메도디스트의 성격)

242 세상에서 실망할 때 몸과 마음과 힘을 다하여 주 하나님을 사랑하라. 하나님께서 너를 귀중히 여겨 주시리라. (찰스 월러스, 「수산나 웨슬리의 묵상집」, 211)

243 예수님을 바라보라! 주님은 온통 아름답고 사랑스러운 분이시다. 그런데 당신은 그분을 얼마나 사랑하였는가? (편지, 1789. 7. 5)

244 모든 일의 결과는 주님께 맡겨라. 성공은 주님의 몫이고, 그대의 몫은 다만 일하는 보람과 주님의 기쁨에 참여하는 것이다. (편지, 1774. 11. 4)

245 좁은 길을 기쁘게 걸어라. 그러면 그리스도께서 그대의 손을 붙잡고 동행하실 것이며, 그의 영광이 그대 위에 비치리라. (편지, 1774. 8. 12)

_____ 해설

모든 피조물을 포함하여 인간은 창조주를 영화롭게 하기 위해서 지어졌다는 신앙은 성서와 전통적인 기독교의 가르침이다. 그래서 교회사를 보면 거의 모든 교회의 신조에 인간이 추구할 최고선은 창조주를 영화롭게 하고 그를 즐거워하는 것이라는 공통된 신앙고백이 담겨 있다. 교회개혁자 존 칼빈은 신학의 최대 주제를 '오직 하나님께 영광(Soli Deo Gloria)'으로 삼았으며, 이것은 개신교 영성의 형성에 지대한 영향력을 끼쳤다.

웨슬리는 '하나님께 영광(glory to God)' 또는 '하나님을 영화롭게 함(glorification of God)'이 인간 창조의 목적이며, 인간의 가장 크고 거룩한 의무라고 믿었다. 그러나 하나님의 영광을 위하여 인간이 희생되는 것은 하나님의 뜻이 아니며, 하나님을 영화롭게 하기 위해서 인간의 행복을 경시하거나 포기하는 것은 참된 종교가 추구하는 목적이 아니라고 생각했다. 웨슬리는 하나님의 영광이 인간의 목적이라 해도 그것은 반드시 인간의 구원과 행복을 낳는 것이어야 한다고 생각했다. 교회의 역사를 살펴보면 교회가 하나님의 영광을 고양하기 위한 목적으로 인간의 희생을 지나치게 요구하고 인간의 행복을 매몰시키는 오류를 많이 범했고 지금도 그런 일이 벌어지고 있다. 그러나 웨슬리는 그런 오류에 빠지지 않았으니 이는 아주 좋은 본보기라고 할 수 있다. 오히려 웨슬리는 인간의 행복을 증진시킴으로써 하나님의 영광이 나타난다고 생각했다.

웨슬리는 하나님의 영광과 하나님을 찬양하는 것을 목적으로 삼지 않는다면 아무것도 하지 말고, 언행심사와 생각과 사업과 노동과 먹는 것과 모든 사업을 한 가지 목적, 즉 하나님의 영광을 위해서만 하라고 하였다. 그렇지만 그는 인간이 한 가지 목적, 즉 하나님의 영광을 생각할 때에, 인간은 하나님의 빛으로 가득해지며 거룩해지고 행복하게 된다고 말한다. 웨슬리는 하나님의 영광이 인간의 성화와 행복으로 가는 통로요 수단이라고 가르친다. 인간은 하나님을 영화롭게 할 때에 하나님의 영광의 빛을 받아 거룩해지고 동시에 참된 행복에 이르게 된다고 웨슬리는 생각했다. 하나님의 영광과 함께 인간의 행복은 인간의 모든 삶의 동기와 목적이 되어야 한다. 하나님의 영광 없이 인간의 행복은 없으며, 인간의 행복 없이 하나님의 영광은 없다고 가르치는 웨슬리의 영성에 공감할 사람이 셀 수 없이 많을 것이다.

감사

이미 받은 것에
감사하고 구하라

246 감사는 기도의 본질적인 요소이다. 진정한 기도에는 항상 감사가 포함된다. 기도하는 사람은 무슨 기도를 하든지 감사와 찬양을 드려야만 한다. 평안할 때에든지 괴로울 때에든지 역경 중에 있든지 어떤 환경 중에 있든지 이미 지금 소유하고 누리고 있는 모든 것 때문에 반드시 감사해야 한다. (신약성서주해, 데살로니가전서 5:18)

247 우리는 만 가지 자비로 둘러싸여 살고 있음을 알아야 한다. 그리고 이 사실 앞에서 우리는 감사하고 겸손해야 한다. (편지, 1777. 4. 26)

248 네가 이미 가진 모든 것에 대하여 먼저 하나님께 감사하고 찬양하라. 그 다음에는 네가 진실로 필요로 하는 모든 것을 주님께 구하라. (편지, 1778. 7. 11)

249 나는 지극히 가난하지만 나에게 생명을 주시고 아름다운 세상에서

살게 해주신 하나님께 감사하다. 그리고 무엇보다 하나님을 사랑하는 믿음과 섬기는 열심을 주셔서 더욱 감사하다. (레이놀즈 「존 웨슬리의 일화집」, 8)

250 우리의 마음이 조급하면 기도할 힘도, 감사할 틈도 갖지 못한다. (편지, 1748. 7. 14)

251 만일 네가 불평불만의 길로 가고자 한다면, 그것은 언제 어디서나 너에게 불행으로 가는 넓은 길을 내어줄 것이다. (편지, 1789. 12. 9)

252 오늘은 걱정과 슬픔이 나를 엄습하였다. 그러나 나는 주의 이름을 계속 불렀다. 그러자 주님은 나에게 당신의 길을 분명히 알게 하시고, 감사하는 마음으로 당신의 뜻을 따르게 만들어 주셨다. (일기, 1752. 11. 29)

253 나는 매사에 최선을 다한다. 나는 내가 할 수 있는 모든 노력을 다하는 것만으로도 기쁘다. 만일 일이 잘못되더라도 나는 불행하게 생각하지 않으며, 하나님의 뜻이 이루어지기를 기도하고 감사할 뿐이다. (에세이, 최근에 발생한 사건들에 관하여)

254 여러 가지 복잡한 일로 마음이 몹시 힘들었다. 나의 영도 짓눌려 있었다. 어디든지 날아가기라도 해야 살 것 같았다. 그래서 나는 브리스톨로 향하였다. 가난하고 중병으로 누워 있는 사람의 집을 방문하여 기도해 주었다. …… 그들은 건강해졌다. …… 내 영혼의 짐은 가벼워졌고 며칠 동안 견디기 힘들었던 무거운 짐에서 벗어나게 되었다. …… 우리는 감사예배를 드렸고 …… 날마다 감사할 이유를 더 많이 발견하였다. (일기, 1745. 1. 5)

255 나는 지난 한 주 동안 하나님께서 베풀어 주신 은혜를 생각하고 감사하는 시간을 가졌는가? 나는 하나님의 은혜를 더욱 섬세하게 느끼고, 깊이 생각하고, 충분히 감사할 시간을 정하여 감사하였는가?
(자기성찰표)

_____ 해설

감사란 새로운 것을 더 많이 얻었기 때문에 하는 것이 아니라 이미 가지고 있는 것의 가치를 깨닫고 그것에 대해서 고마워하는 것이다. 또한 감사란 지금 내가 갖고 있는 모든 것은 본래 나의 소유가 아니라 창조주 하나님이 내게 주신 은혜의 선물이라는 사실을 아는 것이다. 현재 갖지 못한 것에 대하여 불평하고 불행하게 생각하는 마음은 우리로 하여금 결국 현재 갖고 있는 것들의 가치를 망각하게 하고 불행으로 떨어지게 한다. 그러므로 감사는 기도의 본질적인 요소이며, 감사가 없는 기도는 그리스도인의 기도가 아니다. 감사는 신앙의 시금석이요 잣대이다. 그래서 웨슬리는 우리가 만 가지 자비와 은혜로 둘러싸여 있음을 알아야 한다고 말하였고, 그래서 우리는 먼저 현재 받은 것을 생각하고, 만 가지 은혜를 주신 하나님께 '먼저 감사'한 후에 필요한 것을 구하는 것이 옳은 순서라고 말하였다.

웨슬리의 일기에는 "감사드립니다. 찬양합니다."라는 표현이 셀 수 없이 많이 보인다. 위대하고 아름다운 하나님의 창조세계와 하나님이 하시는 크고 놀라운 일들과 때마다 도우시는 하나님의 은혜를 경험하면서 늘 감사하고 찬송하는 것이 웨슬리의 행복한 일상의 삶이었다. 그는 일이 잘 되지 않거나 고난당했을 때에도 불행하게 생각하지 않고 먼저 감사부터 하였다. 왜냐하면 일이 그렇게 된 것은 하나님의 다른 뜻과 계획이 있음을 믿고 하나님의 뜻이 이루어지도록 기도하라는 의미로 받아들였기 때문이다.

1752년 가을, 메도디스트 신도회에서 예정론자들이 분리되어 나간 후 웨슬리와 신도회는 재정형편이 어려워져 빚을 지게 되었다. 심지어 사랑으로 키운 제자들이 배신하고 떠나갔다. 그때에 웨슬리는 슬픔과 미래에 대한 걱정이 몰려오는 것을 느꼈으나 큰 소리로 주의 이름을 부르고 하나님께 감사하는 마음을 크게 외치고 찬송을 불렀더니 주님의 인도를 따를 힘을 얻고 평안하게 되었다고 고백하였다. 1745년 부흥운동이 가장 활발하던 때에 웨슬리는 국교회의 핍박과 칼빈주의자들과의 불화, 그리고 모라비아교인들과의 분열을 겪으면서 마음이 복잡해지고 고통이 극심하였다. 이때 웨슬리는 어디라도 날아가 숨어버리고 싶은 심정이라고 사면초가가 된 괴로운 심경을 털어놓기도 하였다. 그런 중에 그는 브리스톨로 가서 중병으로 누워 있는 가난한 교인을 심방하고 기도해 주었는데, 그가 즉각적으로 치유를 받아 건강해졌다. 웨슬리는 고난 중에 기적적인 은혜를 체험하고서 마음속에 감사가 넘쳐났다. 그리고 이것을 동료들에게 간증하고 기쁨으로 동료들과 함께 감사예배를 드렸다. 이 일로 인해 그는 며칠 동안 짓눌렸던 영혼이 가벼워진 것을 경험하였다. 그리고 무거운 짐이 벗겨졌고 감사할 이유를 더 많이 발견하였다고 일기에 기록하였다. 웨슬리에게 감사는 행복의 문을 열고 형통의 길을 가는 것이었다.

웨슬리는 한 주간의 '자기성찰표'에 "나는 지난 한 주간 베풀어 주신 은혜에 감사하는 시간을 가졌는가? 은혜를 더욱 깊이 느끼고 충분히 감사하였는가?"라는 규칙을 넣어 실천하였다. 웨슬리는 자기를 도와준 사람의 이름을 반드시 기억하여 그들에게 감사 편지를 보내고 그들에게 반드시 보답하는 것을 잊지 않았다. 그는 세상을 떠나기 전에 모든 소유물을 자기를 도와준 사람들에게 감사의 표시로 나누어 주었다. 잉크병과 펜, 자기가 쓰던 공책, 그릇, 컵, 접시, 상자, 가방, 책상, 의자, 여러 옷들, 장갑, 수건, 편지 봉투, 종이 케이스, 모자, 책들, 경대, 책꽂이 등 모든 물품을 자기를 도와준 사람들에게 고마움의 표시로 남겨 주었다. 웨슬리에게 선물을 받은 사람들은 감사하는 마음으로 그 선물들을 영국감리교회에 돌려주어 현재 웨슬리 박물관에 보관되어 있다.

사회적 종교 I

천국에
혼자 갈 수 있나?

256 성경 전부를 살펴보아도 'solitary religion(고독한 종교)'를 찾을 수 없다. 내가 아는 기독교는 오로지 'social religion(사회적 종교)'뿐이다. 기독교는 본질적으로 'social religion(사회적 종교)'이다. 기독교를 'solitary religion(고독한 종교)'로 바꾸어 놓는 것은 기독교를 파괴하는 것이다. (설교, 산상설교 4번)

257 새 예루살렘을 향하여 가는 순례자는 반드시 동료 순례자들과 함께 가야 한다. 그것은 지상에서 큰 행복이다. 만일 아직 동료순례자들을 찾지 못했다면 속히 찾아야 한다. 왜냐하면, 아무도 그 길을 혼자 걸어갈 수 없기 때문이다. 함께 가는 길에서 서로의 도움을 통하여 당신은 행복한 순례자가 될 것이다. (편지, 1789. 8. 2)

258 사회적 종교를 반대하는 사람들은 신앙의 목적을 인간의 영혼이 하나님과 연합하고 하나님이 인간 영혼 속에 깃들이는 것이라고 주장

하다. 그러나 이렇게만 주장하여 종교의 사회적 활동을 무시하거나 정적주의와 은둔생활을 가르치는 것은 아주 위험하다. 물론 신앙의 뿌리는 영혼 깊은 곳에 있고 하나님과의 연합이며, 영혼 속에 자리 잡는 생명임에는 틀림이 없다. 그러나 신앙의 뿌리가 인간 심령 속에 깃드는 것이라면 이것은 자연히 가지와 열매를 낼 것이며, 이 가지들은 뿌리와 같은 성질을 가진 것이므로, 이 동질성은 신앙의 표지이며 동시에 신앙의 본질이다. (설교, 산상설교 4번)

259 기독교는 본질적으로 사회적 종교이므로 기독교가 사회를 떠나는 즉시 소멸된다. 그것은 사람들과 함께 살고 대화하고 교제하고 일하면서 유지된다. 그러나 날마다 사람들과만 함께 있으면 종교는 그 본질을 잃고 만다. 그래서 신자들은 조석으로 세상에서 물러나 고독과 침묵 중에 기도하며 하나님과 더불어 대화와 사귐을 가져야 하며, 더 나아가 생업에 지장이 없으면 며칠 또는 그 이상 장기적으로 세속을 떠나서 영적인 수련을 하는 것도 유익하다. (설교, 산상설교 4번)

260 종교가 사회적이어야 하는 이유에 대하여 성경과 인간의 이성이 명백하게 증거함에도 불구하고 그 반대자들이 그리스도인은 사회와 관계를 끊고 은둔생활을 해야 한다고 한다. 이런 사람들은 기독교의 사회성을 파괴하려는 사탄의 흉계를 모르고 있다. 기독교의 사회성을 부인하는 이론은 다양하고 철저하기 때문에 성령의 지혜와 하나님의 능력으로 이를 타파해야 한다. (설교, 산상설교 4번)

261 우리의 평화를 위한 노력도 사회생활 없이는 불가능하다. …… 예수님은 우리에게 세상과 인연을 끊으라고 가르치신 적이 없다. 만일 그렇다면 우리는 결코 그리스도인이 될 수 없을 것이다. 기독교의 모든 덕은 원수를 사랑하고 그들을 위해서 기도하며 축복하고 선

을 행함으로써 이루어지며, 일반적인 사회생활을 떠나서 그리스도인들끼리만 교제한다면 결코 이루어지지 않는다. (설교, 산상설교 4번)

262 참된 기독교는 결코 숨겨질 수 없다. 우리가 참된 신앙을 가지고 있다면 그것은 필연적으로 세상에 나타나지 않을 수 없다. 밖으로 나타나지 못하고 숨겨진 신앙은 하나님의 목적에 반대되며 기독교 신앙도 아니다. (설교, 산상설교 4번)

263 종교의 내적 활동과 외적 활동의 중요성을 비교해 본 다음 이 두 가지 중에 하나를 택하고 다른 하나를 버리는 것은 옳지 않다. 왜냐하면 하나님께서 창세부터 이 둘을 결합시켜 놓았기 때문에 누구라도 이것들을 나누면 안 된다. (설교, 산상설교 4번)

_____ 해설

웨슬리는 기독교가 고독한 종교(solitary religion)가 아니라 사회적 종교(social religion)라고 말했다. 그런데 그가 말하는 'social religion(사회적 종교)'에서 'social'은 본래 우리가 속한 세속 사회를 의미하는 말이 아니다. 이것은 기본적으로 교회 안에서 일어나는 성도의 교제(communion of the saints)를 의미하는 말이다. 즉 신앙 공동체에서 이루어지는 신앙의 교제를 의미한다. 웨슬리가 말하는 사회적 종교의 기본적인 의미는 기독교인의 사회참여나 사회적 운동을 의미하는 것이 아니고 사회를 개혁시키고 변화시켜야 한다는 강조도 아니다. 그가 사용하는 'social(사회적)'이라는 말은 쉽게 말하면 메도디스트의 기본적인 신앙 공동체인 속회(class-meeting)와 반회(band-meeting), 그리고 신도회와 애찬회를 두고 하는 말이다. 웨슬리는 작은 신앙공동체 안에서 함께 모이고 함께 기도하며, 함께 말씀을 배우고 서로 간증하며, 함께 사랑을 나누고 격려해 주며, 서로를 위해서 기도해 주고 지켜 주고 돌보는 성도의 영적인 교제를 'social religion(사회적 종교)'라는 말로 설명하려고 하였다. 웨슬리는 천국은 결코 혼자 갈 수 있는 곳이 아니며, 동료들과 함께 가는 곳이라는 확신을 가졌다. 또 영적인 순례는 혼자서만 가는 것이 아니라, 동료 순례자들과 함께 가는 것이라는 확신를 가지고 기독교를 사회적 종교라고 표현했다. 쉽게 말하면 'social religion'이라는 말은 함께 믿는 종교를 의미하고 'solitary religion'이라는 말은 혼자 믿는 종교를 의미하는 것이다. 즉 'solitary religion'은 혼자서 믿고 혼자서만 복을 받고 혼자서 천국에 가는 개인의 위안과 개인의 영혼 구원에 만족하고 그런 것만을 지나치게 강조하는 종교를 의미하는 것이다. 이런 의미에서 웨슬리는 기독교가 혼자서 믿고 혼자서 구원받는 'solitary religion'이 아니라 함께 믿고 함께 구원받는 'social religion'이라고 말했다.

웨슬리는 성경을 전부 살펴보아도 혼자서 믿는 'solitary religion'을 찾을 수 없다고 말하면서 이 용어를 함께 믿는 'social religion'에 반대되는 것으로 사용하였다. 그런데 여기서 'solitary religion'이라는 말을 우리말로 '고독한 종교'라고 번역하지만 사실은 부정적으로 쓰일 때에는 '단독적인 종교'라는 뜻으로 이해하여야 하며, 긍정적으로 쓰일 때에는 '고독한 종교'라고 이해하여야 한다고 여겨진다. 왜냐하면 성서적이고 역사적인 기독교는 사회적 종교이면서 동시에 고독한 종교라고 말할 수 있지만 결코 단독적 종교라고는 말할 수 없기 때문이다. 웨슬리가 말한 대로 본래부터 종교는 하나님과 인간 영혼의 영적인 연합을 궁극적인 목적으로 삼으며, 때로는 고독하게 하나님을 찾고 영적인 평안을 추구하는 행위이기 때문이다. 기독교에는 고독한 종교가 분명히 있으며 고독한 종교를 통해서 진정으로 사회적인 종교로 나아가게 된다. 그러나 종교의 목적을 개인적인 구원만을 위한 것으로 여기고 "기독교를 단독적인 종교로 만드는 것은 기독교를 파괴하는 것"이라는 말은 명백히 진리이다. 왜냐하면 종교는 개인뿐만 아니라 사회와 민족과 궁극적으로 온 인류의 구원을 목적으로 삼기 때문이며, 종교는 세상과 사회를 떠나서는 존재할 수 없고 그런 종교는 필요하지도 않기 때문이다. 그렇기 때문에 고독과 은둔, 명상만을 강조하는 종교로는 구원받지 못하고 천국에 갈 수 없다고 웨슬리는 말한다. 연약한 인간이 죄악의 유혹과 고난이 많은 세상을 잘 통과하려면 하나님의 도움이 절대로 필요하지만 동시에 이웃과의 교제와 동료와의 교제도 꼭 필요하기 때문이다. 그래서 웨슬리는 천국 순례자는 반드시 동료와 함께 가야 하며, 그렇게 하는 것이 크나큰 행복이라고 하였다. 만일 동료 순례자가 없다면 속히 찾아야 한다고도 말하였다.

웨슬리가 'solitary religion'을 부정한 이유는 고독과 명상을 지나치게 강조하고 세속과 단절을 요구하는 가톨릭교회 수도원의 폐단을 지적하기 위해서였을 것이다.

또한 당시에 '조용한 형제들'이라고 불렸던 모라비아교인들이 고독과 침묵에만 치중하고 일체의 성만찬과 성도의 교제와 사회적 선행을 피하였기에 이러한 정적주의의 위험을 경계하고자 함이었을 것이다. 그러나 현대 가톨릭 수도원은 여러 면에서 개혁되어 개인의 영성과 함께 사회적 영성을 발전시켜 왔다. 수도사들은 개인만의 고독한 시간도 갖지만 공동의 예배와 대화와 교제와 공동식사와 공동의 학습과 공동의 노동을 하고 사회적 봉사를 하면서 사회적 영성을 증대해왔다.

한편 웨슬리의 의도를 바르게 이해한다면 성경에서 고독한 종교(solitary religion)를 찾아볼 수 있다. 성경에는 고독한 기도와 고독한 영성과 관련된 내용이 많이 나타난다. 창세기 13장에 아브라함이 마므레 떡갈나무 숲속에서 제단을 쌓으며 홀로 머물렀던 것, 모세가 40년 미디안 광야에서 고독하게 지내다가 호렙산 떨기나무 불 가운데서 하나님을 만난 것, 엘리야가 로뎀나무 그늘에서 하나님을 체험한 것, 세례 요한이 광야에서 홀로 지낸 것, 사도 바울이 아라비아에서 3년간 홀로 지낸 것, 사도 요한이 밧모섬에서 홀로 지낸 것, 그리고 예수님이 기도할 때에 너의 골방에 들어가라고 하신 말씀이나 때때로 감람산에서 기도하신 것 등 고독한 종교의 체험을 강조하는 실례가 많이 발견된다. 그러므로 웨슬리가 고독한 종교를 반대하고 버린 것이 결코 단독적인 종교를 반대하였다고 볼 수 없다. 즉 그는 개인적으로만 하나님을 체험하고 구원에 이르고자 하는 목적을 가지는 종교의 단독주의 혹은 개인주의를 반대한 것이다.

종교는 인간의 영혼이 신과 교제하고 연합하는 영적인 일이므로 신자가 항상 사람들과 교제하기만 좋아한다면 종교의 본질을 잃어버리게 된다고 웨슬리는 경고한다.

사람은 세상과 사회를 떠나 살 수 없다. 그래서 웨슬리는 종교가 사회를 떠나는 즉시 소멸된다고 말했다. 그는 참된 종교는 사람들과 대화하고 교제하고 함께 일하면서 유지되기 때문에 고독한 종교는 사회적 종교로 가는 길에 있는 것이라고 믿었다. 교회는 본질상 신자들의 모임이요 교제이므로 사회적 종교의 공동체이다. 교회는 영적 순례자들에게 영혼의 동반자를 만나도록 도와주는 곳이다. 진실로 땅 위의 천국이든 하늘의 천국이든 혼자서는 이룰 수도 갈 수도 없기에 웨슬리는 기독교가 사회적 종교라고 확신하였다.

참된 종교는 결코 고독한 종교에만 머무르지 않아야 한다. 만일 그렇게 된다면 기독교는 즉시 무너지고 사라질 것이다. 웨슬리는 종교의 내적 활동과 외적 활동은 하나님이 짝지어 주신 것이기 때문에 두 가지 줌에 어느 하나라도 버리지 말고 함께 소유하고 실천해야만 한다고 말하였다. 여기서 그가 말하는 종교의 내적 활동을 'solitary religion'과 동일시한 것은 아니지만 성격적으로는 비슷한 개념으로 여겨진다. 그리고 그가 말하는 종교의 외적 활동은 넓은 의미에서 'social religion'과 같은 것으로 이해할 수 있다. 참된 종교로서 기독교는 진정으로 고독한 종교여야 하며, 동시에 진정으로 사회적 종교여야 한다는 것이다. 그리스도인들은 교회 공동체의 교제를 넘어서 세속 사회 속으로 들어가 세상 사람들과 교제하여야 한다. 고독한 종교를 사회적 종교로 발전시키고 교회 안의 교제를 세상 사람들과의 교제로 확대시키는 것이 참된 종교로서 기독교의 목적이어야 한다.

참된 기독교는 결코 숨겨질 수 없다.

사랑으로 환대하고
교제하시오

264 누가 그들을 사랑으로 돌보았는가? 누가 그들을 은혜 안에서 성장
하도록 도와주었는가? 그들이 어려움에 처했을 때 누가 그들을 위
하여 기도하고 위로하였는가? 서로를 위해서 아무것도 하지 않으면
서 그것을 친교라고 할 수 있는가? 우리의 교구에서 진정한 친교를
찾을 수 있는가? 오히려 우리의 교구 신자들은 모래밧줄과 같지 않
은가? 그들 사이에 어떤 영적 교제가 있는가? 그들은 다른 사람의
영혼을 돌보고 서로의 짐을 져주고 있는가? 나는 성도의 친교가 사
라진 우리 교구에 진정한 친교를 위해서 신도회를 조직한다. 연결
조직의 열매는 평화, 기쁨, 사랑 그리고 온갖 선행이다. (에세이, 메도
디스트라 불리는 사람들에 대한 평이한 해설)

265 우리는 함께 기도하고 말씀을 받기 위해 모여야 한다. 사랑 안에서
서로를 돌보고 지켜 주기 위해 모여야 한다. 서로의 구원을 함께 이
루어 가기 위해 모여야 한다. (에세이, 연합신도회의 목적과 성격과 규칙)

266 주여, 우리가 서로 도울 수 있게 우리를 도우소서. 우리 모두 따뜻한 사랑으로 서로 돕게 하시며 형제의 짐을 함께 지게 하소서. (찰스 웨슬리, 속회 찬송)

267 신자들은 모일 때마다 따뜻한 사랑으로 서로 돌보고 짐을 나누어 진다. 그들은 사랑 안에서 진리를 대화하면서 우리의 머리이신 주님을 닮아 성장한다. (편지, 1748. 빈센트 페로넷에게 보낸 편지)

268 사랑 안에서 자주 동료들과 교제하고 대화하라. 그리고 서로를 위하여 함께 열심히 기도하여 서로의 믿음을 굳세게 하라. 그렇게 하면 우리는 끝까지 견디고 구원을 얻을 것이다. (에세이, 메도디스트라 불리는 사람들에 대한 평이한 해설)

269 나는 네가 언제나 믿음과 사랑으로 가득하여 네 가까이 있는 모든 사람에게 본이 되기를 바란다. (편지, 1781. 3. 25)

270 반회(band-meeting)라는 믿음의 공동체에서는(신자들은) 서로를 위해서 날마다 중보기도하고, 서로에게 고백된 죄는 그리스도의 이름으로 용서되며, 영혼을 묶고 있던 죄의 사슬은 끊어진다. 세상에서 억눌렸던 자들이 자유하게 되어 강건해지고 사랑으로 충만하여 선한 일 하기를 좋아한다. (에세이, 메도디스트라 불리는 사람들에 대한 평이한 해설)

271 우리의 반회에서 하는 상호 고백은 가톨릭교회의 고해성사와 무관하다. 가톨릭교회는 개인이 사제에게 고백하지만 우리는 평신도가 평신도에게 고백하고 서로의 고백을 들어주고 서로에게 용서와 치유와 가르침과 위로를 준다. (에세이, 메도디스트라 불리는 사람들에 대한 평이한 해설)

272 신자들 가운데 하나님의 사랑을 증진하기 위해서 …… 다 함께 모이게 하였다. 우리는 이 모임을 애찬회(love-feast)라고 불렀다. 애찬회의 음식은 고작 호밀과자와 물밖에 없었지만 우리는 언제나 만족하였으며, 애찬회를 통하여 영생의 양식을 배부르게 먹을 수 있었다. (에세이, 메도디스트라 불리는 사람들에 대한 평이한 해설)

273 세상과의 교제를 단절하는 경우 여러분은 절대로 진정한 그리스도인이 될 수 없다. 주님이 가르치신 하늘 가는 길에 필요한 모든 성품을 이루려면 경건하지 못하고 거룩하지 못한 사람들과도 교제를 해야 한다. 주님께서는 여러분이 다른 사람들과 교제함으로 참된 그리스도인이 되도록 하셨으며, 여러분이 이웃과 함께 섞여 살게 하심으로 모든 거룩한 성품과 언행으로 세상에 영향을 미치게 하셨다. (설교, 산상설교 4번)

274 그리스도인은 본질상 세상 사람들에게 무엇이든 맛을 내보여야 하며, 다른 사람들과 섞여 살면서 우리 안에 있는 향기를 발산해야 한다. 이것이 하나님이 우리를 세상에 두시고 함께 살게 하신 본래 목적이다. 이렇게 하는 까닭은 우리가 받은 하나님의 은혜를 다른 사람들에게 전달하고 우리의 거룩한 성품과 말과 행동이 다른 사람들에게 좋은 영향을 끼치게 하기 위한 것이다. (설교, 산상설교 4번)

275 그리스도인의 거룩한 성품과 생활은 하늘에 있는 해처럼 나타나서 세상을 비추어야 한다. 해가 자연히 세상을 비추는 것처럼 그리스도인의 미덕도 자연적으로 세상에 나타나야 한다. 그것은 사랑의 수고와 남을 돕는 선행으로 나타나야 한다. 산 위의 도시가 숨겨질 수 없음같이 그리스도인의 사랑은 드러나야 하는 것이다. (설교, 산상설교 4번)

　　기독교는 사회적 종교이다. 이것이 웨슬리의 확고한 신념이고 지속적인 가르침이었다. 그는 신자들에게 세상을 홀로 걸어가는 것은 너무나 위험하기 때문에 동료들과 잦은 대화와 교제를 하며, 상호 중보기도와 서로 돌보아 주기를 열심히 하라고 가르치면서 이와 같은 영적인 교제만이 세상에 대하여 끝까지 견디고 구원을 얻는 길이라고 가르쳤다. 웨슬리는 "그러므로 너희 죄를 서로 고백하며 병이 낫기를 위하여 서로 기도하라 의인의 간구는 역사하는 힘이 큼이니라(약 5:16)."는 말씀에 근거하여 서로의 죄와 아픔과 슬픔을 고백하고 서로를 위로하고 그리스도의 뜨거운 사랑으로 교제하는 사회적 신앙 공동체를 조직하여 신자들의 영적 성장을 도왔다. 그는 아무도 혼자서는 구원을 지킬 자가 별로 없을 것이며, 안전한 천국 순례는 반드시 동료들과 함께하는 것이라고 확신하였다. 또한 웨슬리는 신자들이 세상과 교제를 끊고 은둔한다면 그리스도인도 될 수 없고 기독교는 속히 사라지고 말 것이라고 주장하였다. 그는 기독교 신자들이 교회 안에서 신자들끼리만 교제하는 것은 기독교가 속히 사라지게 하는 것이 되기 때문에 그리스도인이 아닌 세상 사람들과 교제할 수 있어야 하고, 더 나아가서 경건하지 못하고 도덕적으로 타락한 사람들과 자기들을 미워하는 사람들과도 그리스도의 자비와 사랑을 가지고 적극적으로 교제하여야 한다고 호소하였다. 신자들의 거룩한 성품과 선행을 통하여 세상에 영향을 미치어 성도의 교제를 온 세상까지 넓히는 것이 기독교의 목적이라고 말했다. 이렇게 보면 웨슬리의 사회적 종교는 교회 안의 영적인 교제를 넘어서 세속의 사회 속으로 퍼져 영향을 미치고 하나님의 나라를 만들어가는 사회적 종교로 발전해가는 의미를 갖고 있다. 기독교가 세속사회에 무관심하여 사회를 떠나가거나 사회로부터 숨어 버리고 고독한 종교로 굳어 버린다면 그것은 곧 세상에서 버림을 받거나 스스로 잘못되고 병들어 쇠퇴하여 사라지고 말 것이다.

　웨슬리는 신자들을 사회적 종교의 연결조직에 두어 돌보고 훈련하지 않는다면 그들은 마치 모래밧줄같이 흩어져 버릴 것이라고 말했다. 그는 "하나님을 아버지로 모시는 자는 교회를 어머니로 모셔야 한다. 교회를 어머니로 모시지 않는 자는 하나님을 아버지로 모실 자격이 없다."라고 말한 고대 교부 시프리안의 교회론을 처음으로 실천한 인물이요, 교회의 영성생활을 개혁한 사도였다. 대부분의 영국국교회가 성도의 교제를 잃어 버려서 건조하고 냉랭한 교회로 변해 버린 시대에, 웨슬리는 손이 닿는 교구마다 초대교회의 본을 따라서 신도회 안에 영적 교제의 모임을 조직하고 영성훈련을 치밀하게 운영해 나갔다. 특별히 초기 메도디스트 영성은 성도의 '마음 뜨거운 교제(warm-hearted fellowship)'를 만들어냈으며, 이러한 교제 가운데서 메도디스트의 거룩한 사랑의 교제는 사회와 민족을 성화하고 구원하는 역사를 창조하였다. 신도회 안의 작은 친교 모임은 그들의 교구를 넘어서 세속 사회로 스며들어 사회를 성화하는 동력이 되었다. 웨슬리는 고독한 종교와 사회적 종교를 조화롭게 실천하였던 뛰어난 목회자요, 조직과 영성훈련에 탁월한 능력을 발휘한 교회사적 선구자이다. 교회 안에서 성도의 영적인 교제는 교회를 넘어서 빛이 세상을 비추고 소금이 맛을 내듯이, 그리고 산 위에 있는 동네가 그 모습을 숨길 수 없듯이 세속 사회에까지 영향을 미치고 확산되는 것이다. 그리고 이것이 진정한 종교의 본질이다. 즉 성도의 교제가 확산되면 세속 사회까지 거룩한 공동체를 만들고 마침내 세상은 하나님의 나라로 되어가는 것이다.

웨슬리는 진정한 기독교의 본질을 지키기 위하여 신자들을 고독한 종교로 훈련하였다. 고독한 종교는 사회적 종교와 긴밀한 연결과 조화 가운데서만 가치가 있다. 그렇지만 옛날이나 지금이나 'solitary religion'은 너무나 위험한 요소가 많다. 오늘날 많은 교회들이 'solitary religion'을 지나치게 강조하는 것은 아주 슬픈 일이다. 많은 교회들이 고독한 종교에만 지나치게 치중하면서 사회적 종교를 경시하는 것은 좋지 않다. 웨슬리는 고독한 종교와 사회적 종교의 이상적 조화를 만들어냈다.

사회적 변화

사자가
어린양이 되다

276 우리가 참된 신앙을 가지고 있다면 이것은 필연적으로 세상 밖으로 나타날 수밖에 없다. 만일 그렇지 않다면 그 신앙은 하나님의 근본 목적과 전혀 다른 것이다. 산 위에 세운 도시가 숨겨질 수 없는 것처럼 우리의 하나님 사랑은 필연적으로 이웃 사랑으로 나타나게 된다. (설교, 산상설교 4번)

277 켜져 있는 불을 꺼버리지 않는 한, 그 불빛은 자연히 그 주변을 비출 것이다. 마찬가지로 우리가 가진 신앙을 버리기 전에는 그 신앙이 자연히 밖으로 나타날 것이다. 자신을 숨기는 종교는 예수 그리스도의 종교, 즉 기독교가 아니다. 다시 말하거니와 참된 기독교는 숨길수 없으며, 이것은 교회의 주인이신 그리스도의 본의가 아니다. (설교, 산상설교 4번)

278 메도디스트들이 세상의 수많은 문제아들을 새로운 사람으로 바꿔 놓았다. 아직도 술주정뱅이와 깡패와 아내를 구타하고 자녀를 괴롭 히는 사람이 있다면 존 웨슬리에게 데려다 주라. 그들이 즉시 변화 될 것이다. (루크 타이어만, 「웨슬리의 생애와 시대」, 346)

279 52년 전에 겨자씨 한 알을 심기 시작하였는데, 이제는 폭도들이 회 개하여 새로운 인생을 살면서 이웃을 사랑하는 선한 사람들로 변화 되었다. 여러 곳에서 술주정뱅이들과 죄의 노예들이 성자가 되고 사 자가 변하여 어린 양이 되었으며, 물이 변하여 포도주가 되고 지옥 이 에덴동산처럼 변화하였다. (일기, 1739. 5. 20; William Fitchett, 「Wesley and His Century」, 291~292)

280 영국에서 킹스우드 광부들의 끔찍한 이야기를 듣지 못한 사람은 없 을 것이다. 그들은 사람과 하나님을 무시하고 이웃을 저주하고 동물 만도 못하여 결코 가르쳐서 고쳐지지 않을 것 같고 아무 소망이 없 어 보였다. 그런데 우리의 전도와 사랑이 열매를 맺어, 술주정과 욕 설과 싸움과 도둑질이 사라지고 가정을 파괴하던 아버지들이 가정 으로 돌아오고, 탕자 같은 아이들이 부모에게로 돌아와 주일학교에 서 아브라함의 자녀로 자라고 있다. 이제 그곳에서 저주의 소리는 들리지 않고 아침 저녁으로 광부들의 찬송 소리가 들린다. 그곳은 사랑과 평화가 흐르는 사회로 변화하여 마치 타락 이전의 에덴과 같 이 변했고 물이 포도주로 변한 것과 같은 거룩한 기적이 일어났다. (일기, 1739. 11. 27)

281 물이 포도주로 변화하였듯이 탕자들이 집으로 돌아오고 많은 사 람들이 죽음에서 생명으로, 지옥에서 천국으로 옮겨졌다. 웨슬리 의 부흥운동은 거룩한 변화와 기적을 일으켰고 특별히 사회를 변

혁시켰다. 사람들의 마음과 생활이 성결해지고, 감옥이 개혁되고, 노예무역이 중지되고, 노예해방이 이루어지고, 사회도덕이 개선되고, 무지가 정복되고, 생명의 샘물이 터지고 넘쳐흘렀다. (Leslie F. Church, 「More About The Early Methodist People」, 169)

_____ 해설

기독교는 본질적으로 변화의 종교이며, 기독교의 목적은 개인과 사회의 좋은 변화여야 한다. 웨슬리의 설교를 들은 수많은 사람들이 영적으로 변화되고 도덕적으로 개선되고 새로운 삶을 살게 되었다. 그리고 웨슬리와 메도디스트들이 가는 곳마다 좋은 변화가 일어났다. 그들이 사는 사회가 거룩하게 변화하였고 이러한 변화는 웨슬리의 메도디스트 부흥운동이 성공하게 된 동력이었다.

기독교는 변화의 종교이다. 기독교는 죄인을 의인으로, 악인을 성인으로, 나쁜 것을 좋은 것으로, 더러운 것을 깨끗한 것으로, 거룩하지 못한 것을 거룩한 것으로, 잘못된 것을 바르게, 낡은 것을 새로운 것으로, 썩는 것을 썩지 않는 것으로, 어두운 것을 밝은 것으로, 거짓을 진실로, 미움을 사랑으로, 불안을 평안으로, 슬픔을 기쁨으로, 모든 불행을 행복으로 변화하게 하는 힘을 가지고 있다. 기독교가 이러한 변화를 만드는 한 참된 종교의 증거를 세상에 보이는 것이다.

웨슬리의 부흥운동은 복음전도운동, 성결운동, 박애운동, 이 세 가지 운동이 동시에 일어나게 하였다. 복음전도운동은 개인이 구원받고 변화하는 것이고, 성결운동은 개인과 사회가 도덕적으로 거룩하게 변화하는 것이고, 박애운동은 사람들에게 사회적 사랑을 실천하여 사회와 민족을 변화시키는 것이다. 웨슬리의 메도디스트 신앙은 이 세 가지 일을 함께 이루어내는 것이었다. 그렇게 하여 웨슬리는 개인과 사회를 거룩하게 변화시키려는 목적을 이루어냈다. 웨슬리와 초기 메도디스트들의 세 가지 운동은 개인의 변화를 이끌었을 뿐만 아니라 사회와 민족을 성화시키고 구원하였다.

웨슬리의 목적은 사람들의 마음과 생활의 성화에 있었다. 영국의 지방 향토사의 기록들을 보면, 그 당시 치안관들은 "불량한 사람들을 잡으면 웨슬리에게 데려다 주시오, 우리는 벌을 주지만 웨슬리는 그들을 변화시키기 때문이오"라고 말했다는 증언과 기록들이 발견된다. 실로 웨슬리의 목적은 개인과 사회와 민족과 세상을 변화시키는 것이었고 세상은 그러한 좋은 변화를 목격하였다.

실천적 기독교

손발 없는
예수는 없다

282 여러분의 겸비, 온유, 평화, 영원에 대한 깊은 관심, 성결의 추구, 하나님 안에서의 참된 행복, 인류에 대한 사랑을 사람들에게 나타내 보이라. 하나님께서 여러분의 영혼에 비춰 주신 빛을 숨기지 말고 여러분이 만나고 대화하는 모든 사람에게 비추라. (설교, 산상설교 4번)

283 당신이 하나님을 믿지 않으며, 기독교 교리가 하나님께로부터 온 것이라고 믿지 않는다 하더라도 당신의 손을 가슴에 얹고 "당신이 우리가 전하는 종교를 정죄할 정당한 근거가 무엇인가?" 생각해 보라. 우리가 전하는 종교는 참된 종교로서 하나님과 인류를 사랑하고 모든 사람에게 선을 행하는 것이다. 그렇다면 우리가 전하고 실천하는 종교가 인간의 이성에 부합한다는 사실을 인정할 수밖에 없을 것이다. (논문, 이성적이고 종교적인 사람들에게 보내는 진지한 호소)

284 그리스도인은 세 가지 'H'를 반드시 가져야 한다.

첫째, H-ead (머리; 이성적 판단)
둘째, H-eart (가슴; 심정의 체험)
셋째, H-ands (손; 실천적 생활)
(헨리 무어, 「존 웨슬리의 생애 2권」, 252)

285 나는 저마다 다른 의견에 싫증을 느낀다. 그 논쟁들을 감당하기에 피곤하다. 나는 확실하고 실천적인 종교를 원한다. 나는 하나님과 사람을 사랑하는 겸손하고도 부드러운 종교를 원한다. (에세이, 이성적이고 종교적인 사람들에 대한 추가적 호소)

286 산을 옮길 만한 믿음이 있다고 해도 그 믿음이 사랑으로 역사하는 믿음이 아니라면, 온유와 겸손과 자기부정이 없다면, 친구와 원수와 불신자와 유대인과 이교도에 대한 따뜻한 사랑이 없다면, 그것은 그리스도인의 믿음이 아니다. (설교, 사랑에 관하여)

287 믿음은 하나님의 선물이면서 동시에 인간의 행동이다. (편지, 1787. 1. 7)

288 하나님께서 여러분의 영혼에 비춰 주신 이 빛을 숨기지 말고 여러분과 만나고 대화하는 모든 사람에게 비추시오. 행동으로, 특별히 선행으로, 그리고 의를 위하여 받는 고난으로 비추시오. 하늘에서 받을 상이 크다는 사실을 기억하며 기뻐하고 즐거워하시오. (설교, 산상설교 4번)

289 평화를 위하여 일하는 사람들은 기회 있는 대로 모든 사람에게 선을 행하는 사람들이다. 하나님 사랑과 이웃 사랑으로 가득한 사람이라면 자기 가족이나 친구나 서로 이해관계가 같은 사람만이 아니라, 이 좁은 울타리를 초월하여 모르는 사람과 원수를 포함하여 온 인류에게도 전심전력으로 선을 행하는 사람이다. (설교, 산상설교 3번)

290 오늘 나는 브리스톨 근처에 있는 감옥소에 갔다. 나는 약 1,100명의 죄수들이 누울 수도 없는 좁은 감방에서 더러운 짚더미를 깔고 앉아 더럽고 낡아빠진 넝마조각을 덮고 병든 양처럼 죽어가는 것을 보았다. 나는 24일 동안 18파운드를 모금하여 옷감을 사서 내의와 외투와 바지를 만들고 양말과 담요를 사서 그들에게 보내 주었다. 이어서 런던과 각지에서 성금이 들어왔고 가난한 사람을 버리지 않으신다는 하나님의 사랑을 체험하게 되었다. (일기, 1759. 10. 15)

291 세상은 우리 메도디스트들을 싫어할지라도, 세상은 우리가 거룩하게 살고 거룩하게 죽는다는 사실을 부인하지 못한다. (윌리암 렉키, 「영국사 3권」, 150)

292 그리스도인은 누구인가? 그 사람은 믿음으로 의롭다 함을 받아서 하나님과 더불어 평화를 누리는 사람이며 …… 내적으로 변화되어 하나님의 사랑이 가슴속에 흐르는 사람이다. 그 사람은 다른 사람이 자기에게 해주기를 바라는 대로 다른 사람에게 그대로 하는 사람이다. 그 사람은 먹든지 마시든지 무엇을 하든지 모든 생활 속에서 하나님의 영광을 위하여 하는 사람이다. (설교, 하나님의 포도원)

293 메도디스트들이여, 들어보라. 당신들은 끊임없이 이구동성으로 율법의 행위로가 아니라 믿음으로 구원을 얻는다고 주장한다. 틀림없

이 그렇다. 당신들의 그 믿음이 사악한 기질, 오만, 오래 참지 못함, 쉽게 분노를 터뜨림, 복치적, 남을 비난하고 상처를 줌, 불평을 털어놓음, 무자비함으로부터 여러분 자신을 구원하지 못하면서 아직도 복을 받고 천국으로 향하여 간다고 믿고 있다면 그것은 착각이며 참으로 용서받지 못할 것이다. (설교, 사랑에 관하여)

_____ 해설

종교의 능력이나 필요성은 지식과 이론에 있지 않고 실천에 있다. 이론이나 지식은 실천을 위해서 필요한데 실천하지 않으면 아무 소용이 없고 오만과 차별을 낳을 뿐이다. 실천 없는 지식과 행동 없는 이론은 마치 비 없는 구름과 같고 물 없는 샘, 불 없는 난로와 같다. 지식과 이론을 자랑하고 논쟁만 일삼으면서 실천하지 않는 사람은 병든 포도나무와 같고, 열매 맺지 않는 사과나무와 같다. 그러므로 정통의 교리(orthodoxy)는 결코 홀로 설 수 없으며, 반드시 정통의 경험(orthopathy)과 정통의 실천(orthopraxy)을 동반해야만 설 수 있다.

웨슬리는 어디까지나 경험적이고 실천적인(experimental and practical) 종교를 추구하였다. 그가 일으킨 운동은 실천적인 기독교(practical Christianity) 운동이었다. 웨슬리는 이미 가지고 있는 교리와 신학을 세속의 삶에서 실천하는 운동을 펼치고 꽃 피우고 결실하는 기독교를 보여 주었다. 그가 처음으로 세상에 공포한 규칙은 모두 실천적인 기독교를 위한 것이었다.

첫째, 모든 악을 버리라.
둘째, 모든 선을 행하라.
셋째, 모든 예법을 지키라.

웨슬리는 지식과 이론과 논쟁을 앞세우며, 실천에 목적을 두지 않는 기독교는 무용지물이라고 생각했고 그런 것에 싫증을 느꼈다. 그는 구체적이고 확실하며 눈에 보이고 손으로 만질 수 있는 실천적인 기독교가 자신의 목적이라고 주장하였다. 진정한 기독교는 머리와 가슴과 손과 발을 모두 가져야 한다고 그는 가르쳤다. 그는 손과 발이 없고 머리와 가슴만 가진 예수는 없다고 했다. 그는 모든 면에서 올바른 지식에 올바른 경험과 올바른 실천을 강조하였다. 웨슬리는 겸손과 거룩함에 사랑과 선행을 보이지 않으면서 교리만 자랑하고 오만하고 무자비하여 자기 이웃을 무시하면서 자기 욕심을 채우려고 하면서도 복을 받고 믿음으로 천국에 간다고 하는 사람들은 크게 착각하는 것이며 용서받지 못할 것이라고 엄히 경고하였다. 이처럼 그는 신앙에서 실천적 증거를 최대한 강조하였다.

웨슬리는 교회사에서 경험적인 신앙과 실천적 기독교의 본을 가장 잘 보여 준 사도들 가운데 서서 큰 빛을 비추고 있다. 오늘 우리는 웨슬리가 그 시대에 보여 주었던 실천적 기독교를 많이 보고 싶다.

그 길은
여기에

294 나의 근거는 성경이다. 그렇다! 어디까지나 나는 성경고집쟁이다. 나는 크든지 작든지 모든 면에서 성경을 따르고 성경에 최고의 권위를 둔다. (일기, 1766. 6. 5)

295 나는 모든 일에서 결단코 성경 그리스도인(Bible Christian)이 되기로 결심하였다. 나는 어디서든 누구에게나 힘을 다하여 성경적 기독교를 평이하게 설교하기로 결심하였다. (에세이, 메도디즘의 역사)

296 하늘나라로 가는 그 길(the way to heaven), 즉 영원한 행복의 항구에 도달하는 그 길(the way)을 나는 알고 싶다. 나의 하나님 자신이 그 길을 가르쳐 주시려고 인간의 세상에 내려오셨다. 바로 이 목적을 위해서 주님은 하늘에서 내려오셨다. 그리고 주님은 이것을 하나의 책에 기록해 주셨다. 오, 나에게 그 책을 주시오. (표준설교집, 서문)

297 어떤 값을 치르더라도 나에게 하나님의 책을 갖게 해주십시오! 지금 나는 그 책을 가지고 있습니다. 이 책 속에 내가 필요한 지식이 넘쳐납니다. 나로 하여금 이 '한 책의 사람'이 되게 해주십시오. (homo unius libri; a man of one book) (표준설교집, 서문)

298 복잡하고 소란한 세상의 자리를 떠나 지금 여기에 나 홀로 앉아 있노라. 그리고 오직 하나님이 여기에 나와 함께 계시도다. 그의 얼굴 앞에서 나는 그분의 책을 열어서 읽으며, 하늘로 가는 길을 찾는다. 그리고 나는 여기서 배운 것들을 사람들에게 가르친다. (표준설교집, 서문)

299 모든 성경은 하나님의 감동으로 쓰여졌다. …… 하나님의 영은 성경을 쓴 사람만 감동시킨 것이 아니라 성경을 읽는 모든 사람을 감동시키며 초자연적으로 돕는다. (신약성서주해, 디모데후서 3:16)

300 낮에도 밤에도 성경을 읽고 묵상하라. …… (1) 할 수 있는 대로 아침과 저녁에 시간을 정해 놓고 읽으라. (2) 매일 구약에서 한 장, 신약에서 한 장을 읽으라. (3) 그 뜻을 알고 행하려는 결심을 가지고 읽으라. (4) 원죄, 칭의, 신생, 성화 등 교리적인 의미를 생각하면서 읽으라. (5) 읽기 전에 기도하고 읽은 후에 기도하라. (6) 읽으면서 잠깐씩 멈추어 자신을 반성하라. (구약성서주해, 서문)

____ 해설

스코틀랜드의 문학가 제임스 스코트는 임종 전 자녀들에게 "책을 갖다 달라."고 말했다. 그때 그의 자녀들이 "무슨 책을 드릴까요?"라고 물었다. 그는 "책은 성경 하나뿐이다. 다른 책은 없다."라고 대답하였다. 웨슬리에게 매일의 삶에서 가장 평화롭고 좋은 때는 성경을 읽고 묵상하는 시간이었다. 그에게 기도의 가장 큰 과제는 성경을 읽으면서 자기를 성찰하고 하나님의 뜻을 찾는 일이었다. 일찍이 그는 '성경 그리스도인(Bible Christian)'이 되기를 결심하였고, 성경적 기독교를 사람들에게 가르치는 것이 자기의 사명이라고 믿었다. 그의 모든 설교와 에세이와 논문은 한마디로 성경 해설이다. 그의 설교는 성경 구절과 성경 해석으로 가득하다. 그는 원하는 대로 성경을 자유롭게 인용하였다. 그의 신학은 성경의 주석이요 해설이라고 볼 수 있다. 그래서 그는 늘 독서와 다방면의 학문 연구를 즐겁게 하는 다독가요 독서광이었지만, 성경 외의 모든 독서는 성경을 비춰 주는 보조 수단이며 성경만이 최고의 권위를 가진다고 믿었고, 성경 안에는 인간의 구원과 행복과 이에 필요한 모든 지식이 들어 있다고 믿었다. 그는 표준설교 서문에서, 성경은 하늘로 가는 길(the way to heaven)과 행복의 항구에 안전하게 입항하게 하는 정확하고 친절한 안내라고 하면서 자신은 모든 사람을 '그 길(the way)'로 안내하는 '한 책의 사람(homo unius libri; a man of one book)'이 되고 싶다고 고백하였다. 그는 어떤 값을 치르더라도 그런 사람이 되고 싶다고 말했다.

웨슬리는 구약과 신약의 모든 구절을 언제든지 정확하고 충분하게 주석하고 해설할 수 있는 능력을 갖고 있었으며, 특별히 신약성경을 거의 암송하고 있었던 것으로 보인다. 그가 야외 설교를 할 때에는 언제나 주머니에 넣을 만한 크기의 그리스어 신약성경을 오른손에 들고 있었다. 그 성경책은 지금도 런던의 웨슬리 기념 예배당 박물관에 보존되어 있으며, 영국감리교회의 총회장 이·취임식에서는 웨슬리의 포켓용 그리스어 신약성경책을 전달하는 의식이 전통으로 지켜지고 있다.

웨슬리는 메도디스트 설교자들에게 그리스어 신약성경을 날마다 시간을 정해 놓고 읽으라고 하였으며, 학교를 다녀본 적 없는 평신도 설교자들에게도 신약 원어성경을 읽을 수 있는 실력을 갖추도록 훈련하였다. 미국감리교회의 설립자 프랜시스 애즈베리(Francis Asbury)는 학교를 다닌 적이 없는 대장장이 청년이었지만 웨슬리에게 훈련을 받아 구약과 신약의 원어성경, 특별히 신약 원어성경을 줄줄 외우고 마음대로 인용하는 설교자가 되었다. 그는 설교자들에게 언제든지 성경이 네 손에서 떠나지 않게 하고, 어떤 일을 할 때에도 손을 뻗으면 잡을 수 있는 곳에 성경을 두라고도 일렀다.

초기 메도디스트들에 대한 여러 가지 별명 중에는 '성경 그리스도인(Bible Christian)', '성경좀벌레(Bible-moth)', 또는 '성경 고집쟁이(Bible bigot)'라는 것들이 있었는데, 이것은 메도디스트들이 얼마나 성경을 많이 읽었는지를 증명한다. 이렇듯 웨슬리는 죄와 죽음과 온갖 불행에서 구원을 얻는 그 길(the way), 하늘나라로 가는 그 길(the way to heaven), 참되고 영원한 행복으로 가는 '그 길(the way)'이 성경에 있다고 믿었다.

핏속에
흐르기 때문에

301 아담 안에서 모든 사람은 죽는다. 즉 아담의 혈통을 이어받은 모든 후손은 영적으로 죽고 하나님에 대하여 죽고 전적으로 죄 가운데 죽은 채로 태어난다. 즉 죽어가면서 멸망으로 떨어진다. 모든 사람은 하나님의 생명과 하나님의 형상을 상실하고 아담이 창조되었을 때에 갖고 있던 모든 의와 성결을 상실한 채로 태어난다. 그래서 사람의 본성은 전적으로 타락하여 하나님의 형상 대신 악마의 형상을 지니게 되었다. (에세이, 메도디즘의 원리)

302 당신이 얼마나 큰 죄인인지 알라. ······ 당신의 본성은 전적으로 부패하여 모든 면에서 기초부터 잘못되고 뒤틀려서 모든 선에서 떠나 하나님이 싫어하는 모든 악을 좋아한다. 당신의 모든 것이 병들었고 건강한 것이 아무것도 없다. (설교, 거의 된 그리스도인)

303 이러한 반역의 순간에 아담은 자신에게 주어졌던 하나님의 도덕적
형상(의로움과 성결에 있어서)과 자연적 형상(지식에 있어서)을 상실하였
다. 그 후로 모든 사람은 더럽고 어리석고 거짓되고 불의하고 악하
고 태만하고 교만하게 되어 모든 면에서 불행하게 되었다. 그리고
이러한 불행은 범죄, 죄의식, 죄책감, 슬픔, 불안, 두려움, 고통, 질
병, 절망 그리고 죽음의 결과를 낳게 되었다. (설교, 인간의 타락에 관
하여)

304 아무리 작은 죄라고 할지라도 죄인이 자신의 힘으로 씻어 없앨 수
있는가? 자신의 힘으로는 안 된다. 인간에게 어떤 거룩한 요소가 조
금이라도 있는가? 그럴 수 없다. 모든 인간은 거룩한 요소가 전혀
없으며, 죄로 가득할(sinful) 뿐이기 때문에 오로지 위로부터 오는 대
속의 은혜가 필요하다. 병든 나무는 병든 열매를 맺을 뿐이다. 인간
의 마음은 온통 부패하고 거짓된 것으로 가득찼다. 그래서 처음에
창조주의 형상대로 인간에게 부여된 영광스러운 의, 즉 하나님의 형
상에서 멀리 떨어졌다. (설교, 믿음으로 얻는 구원)

305 인간의 본성은 원죄로 말미암아 근본적으로 부패하여 너무나 악하
고 약하며 교만하여 결국에는 무너져 결코 우리를 구원하지 못한다.
인간의 본성에서 나온 양심이나 모든 덕과 선행의 공로는 우리의 죄
를 씻을 아무런 힘도 자격도 없다. (에세이, 메도디즘의 원리)

306 나는 나 자신의 본성이 전적으로 부패했기 때문에 나 자신의 마음을
다스리거나 선을 행할 힘이 전혀 없다. 그렇지만 나는 하나님의 은
혜를 힘입어서 하나님을 믿을 수 있고 선을 행할 수 있는 능력을 얻
는다. (에세이, Mr. Hills의 견해에 대한 답변)

307 인류가 원죄로 인하여 전적으로 타락하였다는 성서적인 가르침은 다음과 같이 요약된다. 첫째, 인간은 본래 의롭고 거룩하고 행복하게 창조되었다. 둘째, 인류는 아담의 첫 번째 죄로 인하여 하나님의 형상인 의와 성결과 행복을 상실하였으며, 인류는 죄악 중에 출생하고 죽게 되었다. 아담의 원죄는 모든 인류를 대표하는 공적인 죄이다. 셋째, 결과적으로 모든 인류는 출생부터 하나님을 배반하고 멀리 떠나 모든 죄에 떨어지고, 인간의 마음은 전적으로 부패하여 모든 고통과 불행을 경험하고 마지막에는 영원한 멸망에 떨어지게 되었다. (논문, 원죄에 관하여—성서와 이성과 경험에 근거하여)

308 기독교 신앙에서 원죄를 부인하는 사상은 기독교의 모든 교리를 뿌리째 뽑아버리는 것으로서 그것은 기독교가 아니라 이교도의 종교와 동일하다. 왜냐하면 인류가 원죄로 인하여 전적으로 타락하지 않았다면, 병들지 않은 사람에게 약이나 의사가 필요 없는 것처럼 영혼의 의사인 예수 그리스도가 필요 없기 때문이다. (논문, 원죄에 관하여—성서와 이성과 경험에 근거하여)

_____ 해설

모든 사람은 죄인이다. 사람의 마음과 언행은 죄로 가득하다. 모든 사람은 아담의 원죄를 지니고 전적으로 타락한 본성을 가지고 태어난다. 웨슬리는 인간의 원죄와 전적인 타락의 교리를 성경이 말하는 대로 가감 없이 기술하였다. 웨슬리가 인간의 죄에 대하여 설명하는 것을 보면 그 표현이 루터와 칼빈이 하는 것보다도 더욱 철저하고 엄격하다. 그는 옥스퍼드대학교의 이신론자(理神論者) 윌리엄 테일러 박사가 쓴 원죄를 부인하는 논문에 대하여 강력하게 비판하면서 원죄를 부인하는 자는 그리스도인이 아니라 이교도라고 주장하였다.

웨슬리의 죄에 대한 설명은 다음과 같이 정리할 수 있다. 성경은 모든 사람이 아담의 원죄를 본성으로 가지고 태어나는데, 이것은 아담의 원죄가 후손에게 유전되기 때문이라고 말한다. 자녀가 부모의 생김새나 성격을 유전자로 물려받는 것처럼 인간은 인류의 시조인 아담의 본성을 물려받는다. 현대의학은 고혈압, 당뇨, 암, 우울증 등 대부분의 성인병이나 불치병이 유전된다는 사실을 발견하였다. 또한 질병만이 아니라 성격이나 습관도 유전된다는 것을 알게 되었다. 그러므로 우리는 자손에게 좋지 않은 것이나 불행한 것을 물려주지 않기 위해서 무엇을 해야 하는지도 알게 되었다. 인류의 처음 선조는 후손들에게 불행한 죄악의 본성을 물려주었고 우리는 그것을 가지고 태어난다. 이처럼 아담의 원죄는 우리의 마음과 뼈와 피 속에 가득히 담겨 있다.

우리는 아담의 원죄를 우리의 본성에 지니고 태어났기 때문에, 처음부터 하나님의 뜻을 알지도 못하고 행하지도 못하는 질병을 가지고 있다. 원죄란 인간의 생각이나 행동이 전적으로 병들었고 부패하여서 전적으로 건강한 것이나 온전한 것이 없다는 뜻이다. 인간은 가장 선할 때에도 항상 악으로 기울어지고 언제나 죄를 지을 수 있는 위험 속에 있다. 스스로의 힘으로는 선을 행하지 못할 정도로 인간의 양심은 온전하지 못하다. 항상 의와 선을 행하려는 마음과 불의와 악을 행하려는 마음이 뒤섞여 있으며, 인간의 선한 의지는 쇠약하여 언제든지 변할 수 있고, 또한 원치 않는 방향으로 떨어질 수도 있다. 인간은 죄 때문에 의와 선과 거룩함과 행복을 잃어버렸다. 인간의 고통과 불행의 원인은 바로 이 원죄의 뿌리에 있다고 성경은 말하고 있다. 이것이 인간의 운명이라는 사실을 아무도 부인하지 못한다. 죄를 짓고 죄로 인한 고통과 불행을 당하는 것은 인간 스스로의 힘으로 결코 극복하거나 지울 수 없는 한계 상황이다.

모든 사람은 자신이 죄인이라는 사실을 알아야 하고 이 죄가 우리를 불행하게 하고 결국 이 죄에 대한 심판과 벌이 따른다는 사실도 알아야 한다. 인간은 자신의 힘으로는 죄를 짓지 않을 수 없고 이길 수도 없고 씻어 없앨 수도 없다. 죄를 다스릴 아무런 힘이나 방법이 없다. 그래서 죄에서 구원의 길을 찾아야만 한다. 모든 인간은 이 원죄에서 구원받을 필요가 있다. 모든 사람은 죄인이지만 또한 모든 사람은 죄와 죄로 인한 고통에서 구원받을 수 있다. 하나님이 인간을 위해서 죄에서 용서받고 죄의 고통에서 구출 받는 좋은 길을 만들어 놓으셨는데, 그 길은 그리스도를 통하여 모든 사람에게 값없이 주시는 은총의 선물을 받아들이는 것이다.

서행적 은혜

먼저 찾아오는
은혜

309 사람들은 매우 빠르게 죄에 빠져 잠자고 있지만 그들은 때로 잠시 깨어 있기도 하다. 그들은 죄의 짐을 느끼며 다가올 심판에서 피하려는 진지한 소원도 갖고 있다. 그러나 그것은 오래 가지 못한다. 그들은 정죄의 화살이 그들의 영혼 속으로 깊이 들어가는 그런 고통을 거의 느끼지도 못한다. 그들은 하나님의 은혜를 재빠르게 질식시켜 버리고 만다. 그리고 다시 돌아가 수렁에 빠져 헤어 나오지 못한다. (설교, 속박과 양자삼음의 영)

310 인간이 하나님의 영을 저버리지 않는 한 하나님의 은혜의 역사 밖에 있는 사람은 아무도 없다. 살아 있는 사람 중에 자연적 양심을 가지고 있지 않은 사람은 아무도 없다. 그러나 양심이란 자연적인 것이 아니다. 그것은 정확히 말하면 선행적 은총(先行的 恩寵/prevenient grace)이다. 모든 인간은 많든 적든 이 선행적 은총을 가지고 있다. 그리고 좋은 열매를 맺기 전에 선을 행하려는 의지를 없애 버리는

사람이 많다고 해도, 선을 행하려는 의지가 모든 사람에게 있다는 것은 분명한 사실이다. …… 그러므로 인간은 은총이 없어서 죄를 짓는 것이 아니라 가지고 있는 은총을 사용하지 않아서 죄를 짓는다. (설교, 우리 자신의 구원을 이룸에 대하여)

311 하나님은 여러분 안에서 일하신다. 그러므로 여러분도 일해야 한다. 그렇지 않으면 하나님도 일하실 수 없다. 심지어 성 어거스틴은 "인간 없이 인간을 만드신 하나님은 인간 없이 인간을 구원하지 않는다."라고 말하였다. (설교, 우리 자신의 구원을 이룸에 대하여)

312 인간은 누구나 많든지 적든지 세상 모든 사람을 비추어 주는 어느 정도의 빛, 즉 희미하게 반짝이는 광선을 지니고 있다. 여기저기에 하나님을 아는 그 반짝이는 지식의 빛이 있음에도 불구하고 온 세상이 어둠으로 덮여 있다. 의의 태양이 떠오르고 밤의 어둠을 몰아낼 때까지는 그럴 것이다. (설교, 우리 자신의 구원을 이룸에 대하여)

313 구원은 선행적 은총에서 시작된다. 이것은 하나님을 기쁘게 하는 최초의 소원과 그분의 뜻에 대한 최초의 관심, 그리고 조금이나마 지은 죄에 대한 최초의 각성을 갖는 것이다. 이런 것들은 어느 정도로 생명과 구원을 지향하는 어떤 경향을 의미하는 것이며, 하나님과 그의 하신 일에 대하여 무감각하고 어두운 마음에서 해방되기 시작하는 것이다. …… 이후에 우리는 그리스도를 통하여 실질적인 구원을 경험한다. 우리는 은혜로 말미암아 구원을 얻는다. 우리의 구원은 두 개의 큰 줄기인 칭의와 성화로 이루어진다. 우리는 칭의를 얻음으로써 죄의 가책에서 구원되고 하나님의 총애를 다시 얻게 된다. 그리고 우리는 성화됨으로써 죄와 죄의 권세와 뿌리에서 구원되고 하나님의 형상으로 회복된다. (설교, 우리 자신의 구원을 이룸에 대하여)

314 하나님의 사랑은 제한이 없다. 하나님은 모든 사람을 사랑하시는데, 이슬람교도와 모든 이교도들도 은총 안에 돌보신다. 그는 하늘의 모든 별과 땅의 모든 식물과 동물은 물론 모든 피조물을 품으시며, 그의 섭리 안에 돌보신다. 진실로 우주에 충만한 하나님의 사랑의 섭리는 이와 같다.

> 창조주의 은총은 공기와 같이 자유롭게 흐르고
> 그의 자비로움이 태양같이 온 우주에 비추이니
> 오, 주님의 하시는 모든 일이 크고 놀라워라.

(설교, 하나님의 섭리에 대하여)

_____ 해설

인간의 구원은 선행적(先行的) 은총에서 시작된다고 웨슬리는 믿었다. 그는 구원의 은혜를 설명하기 위하여 다른 신학자들이 별로 사용하지 않는 특별한 용어를 사용하였다. 다름 아닌 선재적(先在的) 은총 또는 선행적(先行的) 은총(preventing grace/ prevenient grace)이라는 용어이다. '선행적'이라는 단어는 '먼저 오다' 또는 '먼저 가다'라는 뜻을 가진 라틴어에서 나온 말이다. 선행적 은총이란 이미 하나님께서 인간에게 주신 구원의 은혜, 인간이 하나님을 찾기도 전에 하나님이 인간에게 먼저 찾아오시고 구원으로 이끌어 주시는 은혜라는 의미를 내포하고 있다. 웨슬리는 인간에게 선행적 은총이 분명히 있다고 말했다. 선행적 은총은 양심이나 선을 행하려는 의지, 죄를 반성하고 하나님의 뜻을 행하고 구원을 바라는 소원이라고 할 수 있다. 하나님은 모든 인간에게 보편적으로 이러한 선행적 은총을 주셨고, 그 은혜로 인해 구원의 길을 찾게 하셨다. 우리가 하나님을 찾기도 전에, 그의 도움을 구하기도 전에 하나님이 먼저 우리를 찾아오셔서 우리를 깨닫게 하시고 만나 주시고 구원의 문으로 들어가도록 도와주신다. 그래서 웨슬리는 인간이 은혜가 없어서 죄를 짓는 것이 아니라 은혜를 사용하지 않아서 죄를 짓는다고 말했다.

다만 선행적 은총은 '희미하게 반짝이는 빛과 같이 하나님을 아는 작은 지식이며 최소한의 양심의 움직임'이다. 인간은 원죄로 말미암아 전적으로 타락하고 부패하였고 죄악의 세력은 막강하기 때문에 선행적 은총만으로는 참된 구원에 이를 수 없다고 웨슬리는 생각했다. 마치 밤하늘에 희미하게 빛나는 달빛이나 반짝이는 별빛이 온 세상을 밝게 비추기에는 너무나 부족하고 약한 것처럼, 그리고 작은 촛불이 어두운 방을 환하게 밝힐 수 없는 것처럼 인간은 선행적 은총만으로는 하나님의 뜻을 온전히 알 수도 없고 행하지도 못하며, 참된 회개와 구원에 이를 수 없다. 그렇기 때문에 선행적 은혜에도 불구하고 세상에는 여전히 어둠이 기승을 부리고 있고 사람들은 여전히 계속하여 죄악에 빠지고 온갖 불행 아래에 놓여 있다.

구원은 이 선행적 은총에서 시작한다고 할 수 있지만 선행적 은총으로는 결코 진정한 구원을 얻을 수 없기에 인간은 더 크고 충분하고 완전한 은혜가 필요하다고 웨슬리는 생각했다. 인간의 양심은 오염되고 왜곡되고 부패하여 전적으로 의롭지 못하고 선하지도 못하다. 그래서 선행적 은총은 약하고 무너지기 쉽고 온전하지 못하다. 인간이 죄에서 구원을 얻으려면 더욱 강한 도움의 손길이 절대적으로 필요하다. 즉 성경의 말씀을 듣고 그리스도의 복음을 믿음으로만 인간은 진정한 구원을 얻게 된다. 인간은 그리스도의 구원의 은혜(saving grace) 없이 양심이나 이성이나 자연에 나타난 희미한 빛으로는 구원의 길을 찾아가지도 못하고 하나님의 나라에 이를 수가 없다. 이것은 마치 태양이 떠올라야만 어둠이 물러가는 것같이 그리스도의 복음의 은혜를 믿음으로만 하나님의 의의 빛을 받아 비로소 인간이 하나님의 나라를 볼 수 있게 되고 하나님의 나라에 들어갈 수 있는 것이다. 하나님은 인간이 멸망의 구덩이에 빠져 영원한 저주에 떨어지지 않고 구원의 길을 찾아갈 수 있게 희미하나마 작은 빛을 비추어 주셨다. 그리고 인간은 이 선행적 은총을 사용하여 그리스도를 믿고 진심과 전심으로 하나님의 구원의 은혜를 갈망하여야 한다.

회개

천국의 문을
여는 은혜

315 주여, 우리를 구원하소서. 그렇지 않으면 우리는 멸망합니다. 영원한 구렁텅이에 빠지지 않도록 우리를 끌어내어 주소서! 원수들로부터 우리를 구하소서! 인간의 도움은 헛되옵니다. 당신만이 우리를 구원하십니다. (설교, 성경적 기독교)

316 당신의 죄를 대신 지고 죽은 하나님의 어린양을 믿으라. 그리고 당신들의 죄를 깊은 바다에 돌 던지듯 던지라. 그리스도는 십자가에 못 박힘으로써 당신을 고발하는 모든 죄의 기록을 지워 버렸다. 당신의 모든 죄가 그리스도의 피로 사면되었고 당신이 구원받았음을 믿으라. (설교, 새로운 탄생)

317 우리는 복음을 믿기 전에 회개하여야 한다. 우리는 그리스도를 참으로 신뢰하기 전에 우리 자신에 대한 신뢰를 끊어버리고 우리의 모든 의를 버려야 한다. (설교, 우리의 의가 되신 주님)

318 나는 기독교 복음을 조지아의 인디언들에게 전하기 위해서 고국을 떠난 시 2년 4개월 만에 돌아왔다. 그러나 그 기간 동안 나 자신이 배운 것은 무엇인가? 도대체 다른 사람들을 회개시켜 구원하러 아메리카에 갔던 나 자신은 정작 회개하지 못하였던가? (일기, 1738. 1. 29)

319 회개에는 두 종류가 있다. 첫째는 법적인 회개이며, 둘째는 복음적인 회개이다. 전자는 자신이 본래부터 죄인이라는 사실을 철저히 인정하고 죄를 슬퍼하고 버리는 것이며, 후자는 죄 된 생활에서 성결의 생활로 변화하는 것이다. (신약성서주해, 마태복음 3:8)

320 신자의 회개는 다음과 같은 여러 가지 열매를 맺음으로 확실한 증거를 보인다. 죄를 슬퍼하고 버리는 확고하고 진실한 결단, 죄에 대하여 하나님과 사람 앞에서 수치심을 가짐, 죄의 고백과 용서를 구함, 말씀에 순종, 부정하게 소유한 재물을 돌려줌, 이웃의 죄를 용서함, 이웃을 불쌍히 여김과 자비의 행위, 그리고 하나님의 사랑으로 충만하여 온갖 선행을 보이는 것이다. (설교, 옥스퍼드의 위선)

321 너 가련한 죄인이여! 더 잘 보이려고 시간을 끌지 말고, 지금 여기에서 네 모습 그대로 주님을 모시어라! 지금 여기에서 주님을 믿고 찬양하라. 주님이 네 모습 그대로 너를 품으신다. (편지, 1774. 11. 29)

322 예수님, 당신의 피와 의는 영원토록 내가 입을 영광스런 옷이요
내가 자랑하는 아름다움입니다.
지옥 불이 타오르는 곳에서도 당신의 옷을 입으면 안전하리.
내 머리를 들어 당신의 의를 찬양하리이다.

누구나 주님 옆에 못 박힌 강도처럼 겸손히 그리스도의 의에 매달린

다면, 영원히 복된 나라에 들어갈 것이다.

(설교, 우리의 의가 되신 주)

323 당신의 약함과 무능함을 깨닫는 만큼 위로부터 도움을 얻을 것이다.

(편지, 1785. 10. 15)

324 당신의 돈주머니가 회개하지 않으면 당신의 회개를 믿을 수 없다.

(레이놀즈, 「존 웨슬리의 일화집」, 135)

_____ 해설

구원에는 순서와 과정이 있다고 웨슬리는 생각했다. 그는 구원의 순서(order of salvation)에 관하여 보통 사람들이 충분히 이해할 만큼 쉬운 언어로 친절하게 설명하였다. 특별히 초대교회 교부들이 가르쳤던 구원의 순서와 과정을 다시 살려내어 구원의 본질과 성격에 관하여 섬세하게 가르쳐 준 것은 웨슬리의 크나큰 공헌이다. 더욱이 종교개혁자들이 온통 칭의에 집중함으로 오히려 구원의 의미를 너무 작게 만들어 버렸지만 웨슬리는 구원의 순서와 전 과정을 골고루 다룸으로써 구원의 의미를 더 크고 넓게 열어 주었다. 웨슬리는 구원의 순서를 일곱 가지로 구분하여 해설하였다. 그는 '회개 – 믿음 – 칭의 – 신생 – 성화 – 완전성화 – 영화'로 이어지는 일곱 가지 구원의 순서야말로 성경이 말하는 정통 구원의 교리라는 확신을 가졌다. 이러한 구원의 질서는 사실상 구원의 내용과 의미와 성격이다. 그는 이러한 구원의 내용과 순서에 대한 교리를 신자들의 신앙생활의 경험을 토대로 하여 실천적으로 증명하고 가르쳤다. 그렇게 하여 그는 구원론에서 '경험적이고 실천적인 신학(experimental and practical divinity)'을 구성하였으며, 이것을 신자들이 배우고 경험하고 생활 속에서 실천할 수 있게 가르쳤다. 웨슬리는 구원의 순서를 해설함으로써 전통적인 구원의 교리를 신자들의 영성 형성을 위한 영성신학 내지는 목회신학으로 발전시켰다. 다시 말하면 웨슬리의 구원의 교리는 그 자체가 영성신학이었고 영성 훈련과 영성 형성을 위한 실제적인 프로그램으로 사용되었다. 그의 설교 중에 구원에 관한 설교들은 신자들의 영성 형성을 위한 교재였다고 할 수 있다.

인간의 구원은 자기의 잘못과 죄를 반성하고 하나님을 뜻을 따라서 바르게 살려고 하는 회개(回改)에서 출발한다. 회개는 구원의 순서 중에서 첫 번째 단계이다. 회개란 자기의 잘못을 깨닫고 뉘우치고, 슬퍼하며 하나님께 용서를 구하면서 다시 그런 잘못을 저지르지 않기로 결심하고 새로운 마음으로 새로운 삶을 시작하는 행동이다. 이 세상에 자기 잘못을 반성하지 않고, 지은 죄를 회개하지 않으면서 구원을 받을 사람은 아무도 없다. 자신이 죄인이라는 사실을 인정하고 죄로부터 구원받고자 하는 진실한 소원 없이 하나님의 구원의 은혜를 얻을 사람은 없다. 하나님은 회개하지 않는 사람을 구원할 수 없다. 세상의 어떠한 죄인이라도 자기의 죄를 진심으로 회개하고 하나님께 돌아오면 구원의 은혜를 얻고 새로운 생명을 얻는다. 구원은 회개로부터 시작하고 회개는 천국의 문을 여는 것과 같다.

회개에는 크게 두 가지가 있다고 웨슬리는 이해하였다. 첫 번째 율법적인 회개는 나 자신이 죄인이라는 사실을 인정하고, 내가 지은 죄에 대한 하나님의 심판을 두려워하여 회개하고 일생 동안 하나님의 뜻에 순종하며 살고자 하는 결단과 출발이다. 사실상 율법적 회개는 원죄와 지금까지 지은 죄에 대한 회개이기 때문에 법적인 설명으로는 일회적이다.

두 번째 복음적인 회개는 매일의 삶 속에서 지은 모든 죄에 대해 반성하고 용서를 구하는 것이다. 세례를 받은 후에도 우리는 연약한 죄인이기 때문에 자주 하나님의 뜻을 어기고 잘못을 저지른다. 그래서 일상의 삶 속에서 짓는 모든 죄를 깨닫는 즉시 뉘우치고 용서를 구함으로 날마다 더욱 새로워지고 거룩한 삶을 향하여 나아가는 것이 복음적인 회개이다. 우리는 이 복음적인 회개를 통하여 일상에서 하나님과 더 친밀하게 되고 그리스도의 형상을 우리 안에 이루어간다. 신자는 율법적인 회개로 말미암아 칭의에 이르게 되고 복음적인 회개를 통하여 성화를 이루어간다고 웨슬리는 가르쳤다.

웨슬리는 특별히 회개의 열매와 증거를 강조하였다. 참된 회개는 진심으로 죄를 슬퍼하고 과거의 죄악된 습관을 버리고 다시는 죄에 빠지지 않겠다는 결단을 하고 하나님과 사람 앞에서 진실한 고백과 용서를 구하는 것이다. 그리고 이웃에게 잘못한 것을 보상하는 것이다. 또 자기에게 잘못한 사람을 용서하는 것이다. 더 나아가서 회개는 자기에게 잘못한 사람에게 선을 행하는 것이다. 이러한 회개가 참된 회개이며, 복음적인 회개인 동시에 실제로 참된 구원에 이르게 하는 회개이다. 구원이란 과거의 죄를 용서받고 새로운 삶을 결단하고 새로운 삶을 시작하는 회개를 통과하여 이루어진다.

한편 웨슬리는 진정한 회개에 대해 돈과 깊은 관련이 있다고 생각했다. 그래서 "당신의 돈주머니가 회개하지 않으면 당신의 회개를 믿을 수 없다."는 유명한 말을 남겼다. 즉 다른 사람에게 금전적인 피해를 입힌 사람은 그 돈을 갚아서 진정한 회개의 증거를 보여야 한다는 뜻이다. 또한 그는 돈을 쌓아 두기만 하고 선하게 사용하지 않는 사람은 진정한 회개를 하지 않았다는 증거라고 여겼고, 가진 돈과 재물을 하나님과 이웃을 위해 선하게 사용하고 새로운 삶을 사는 것만이 진정한 회개라고 여겼다. 이것은 진정한 회개란 죄의 용서를 받는 것을 넘어서 하나님과 이웃을 사랑하는 실제적인 삶의 변화라는 사실을 강조한 웨슬리의 실천적 기독교를 잘 보여 주는 것이다. 이처럼 회개는 구원으로 들어가는 문을 여는 행위, 즉 천국의 문을 여는 것이다.

예수님, 당신의 피와 의는 영원토록 내가 입을 영광스런
옷이요 내가 자랑하는 아름다움입니다.

믿음은 영혼의 눈을
뜨게 하는 약

325 믿음은 하나님도 영원도 보지 못하는 눈먼 것을 치료하는 처방이다. 믿음은 보이지 않는 것과 영원한 세계에 대한 증거와 확신이다. 믿음만이 하나님과 그분의 활동에 대하여 눈을 뜨게 해주는 약이 된다. 믿음은 영혼의 눈을 가린 베일(veil)을 제거하여 밝히 보게 하는 방법이다.

믿음이 이해의 빛을 비추면
먹구름은 흩어지고 그림자는 사라진다.
보이지 않는 것이 눈앞에 보이고
마침내 인간의 눈앞에 영원하신 하나님이 나타나신다.
(설교, 영원에 대하여)

326 존 밀턴이 말했듯이 믿음은 신자들에게 보이지 않는 것과 영원한 세계를 계속하여 열어 준다. 믿는 자들의 목표는 하나님이며, 하나님

의 나라와 은혜와 형상과 영광을 보는 것이다. 믿음은 보이는 것은 잠깐이고 그림자이고 사라질 꿈이라는 사실을 알게 하고, 보이지 않는 것이 영원하고 실재하며 확고하고 변하지 않는 것이라는 사실을 알게 한다. (설교, 영원에 대하여)

327 믿음은 미약한 지각으로는 이해하지 못하던 것들을 이해하게 하고, 희미한 이성으로는 보지 못하던 것들을 보게 하고, 확실한 증거로 하늘의 세계를 비추어 준다.

믿음의 빛이 비추이니
영혼의 먹구름이 날아가고 그림자도 사라지네.

믿음은 닫힌 나라의 문을 열어 주고 썩어질 눈으로 하나님을 보게 한다. (설교, 믿음에 대하여 2번)

328 믿음이 행복한 것이라면 그것을 모르는 사람뿐만 아니라 아는 사람도 왜 즉시 믿지 못할까? 그 이유는 믿음이 하나님의 선물이기 때문이다. 누구도 이 믿음을 자신 안에서 스스로 만들어낼 수 없다. 누군가 믿음을 갖게 됨은 전능하신 주님의 역사하심이다. 그것은 무덤 속에서 죽은 몸을 일으키는 것 이상의 능력을 가진 분만이 할 수 있는 새로운 창조이다. 태초에 천지를 창조하신 분 외에 어느 누구도, 단 한 영혼이라도 죽음에서 구원하거나 새롭게 할 수 없다. 그러므로 믿음은 값없이 주시는 하나님의 선물이다. 믿지 않는 당신이 믿으려고 노력하면 할수록 믿음은 하나님의 선물이라는 것을 더욱 분명하게 알게 될 것이다. 하나님은 이러한 믿음을, 은총을 입을 만큼 경건하고 거룩한 사람뿐만 아니라 거룩하지 못하고 멸망 받기에 적합한 사람, 즉 "하나님이여, 나는 죄인이오니 자비를 베푸소서."라

고 호소하는 사람에게 선물로 주신다. (논문, 이성적이고 종교적인 사람들에게 보내는 진지한 호소)

329 우리는 믿음으로 죄책감, 즉 과거의 죄로 인한 책임에서 구원받는다. 하나님 앞에서 모든 사람이 죄책감에 눌려 있으며, 죄책감에서 자신의 힘으로 벗어날 수 있는 사람은 이 세상에 아무도 없다. 그런데 이제 그리스도를 믿음으로 하나님의 의가 모든 사람에게 나타났다. …… 믿음으로 우리는 모든 두려움, 즉 하나님의 심판과 진노와 형벌에서 구원받는다. …… 믿음으로 우리는 죄의 영향력과 권세에서 구원받는다. …… 믿음으로 우리는 습관적인 죄와 고의적인 죄와 죄의 욕망에서, 그리고 악한 생각이나 악한 언행이나 연약함에서 구원받는다. (설교, 믿음으로 얻는 구원)

330 믿음은 구원을 얻기 위한 유일한 조건이다. 구원을 얻기 위하여 믿음은 직접적이고 즉각적으로 필요하지만, 믿음의 열매인 선행은 거리를 두고서(시간과 기회가 있는 한) 필요한 조건이다. (설교, 성서적 구원의 길)

331 그리스도인의 믿음이란 그리스도의 복음에 대한 동의일 뿐 아니라 그리스도의 피에 대한 전적인 의지, 그의 삶과 죽음과 부활의 공로에 대한 신뢰, 하나님께서 우리를 위해 그리스도를 내어주심(given for us)과 그리스도께서 우리 안에 사심(living in us)으로 우리의 대속과 생명이 되시는 그리스도께 기대는 것이다. 그리고 믿음은 우리에게 의와 지혜와 거룩함과 구원이 되신 그리스도와 계약을 체결하고 결합하는 것이다. (설교, 믿음으로 얻는 구원)

332 오직 믿음으로 값없이 구원받고 의롭게 되는 것이라고 말한다면, 이

것은 사람들에게 계속 죄를 짓고 죄 가운데 머물러 있으라고 부추기는 꼴이 되지 않을까? 그렇다. 많은 사람들이 그렇게 할 것이다. 그러나 이런 경우, 계속 죄를 짓고 죄에 머물러 있는 사람들은 자신이 짓는 죄에 대하여 책임을 져야만 한다. 본질적으로 하나님은 죄인을 회개하도록 이끄시기 때문에 그러한 변명은 성립되지 않는다. (설교, 믿음으로 얻는 구원)

_____ 해설

인간은 하나님의 은혜를 믿음으로 죄악과 불행에서 구원을 얻는다. 믿음이란 무엇인가? 믿음은 하나님의 말씀과 뜻에 동의하고 신뢰하고 순종하며, 또한 하나님의 은혜와 사랑을 기뻐하고 받아들이는 마음과 행동이다. 웨슬리는 믿음의 의미와 역할에 대하여 대단히 탁월한 신학적 설명을 제공하였다. 그는 이러한 믿음이 하나님과 영원을 보지 못하게 하는 눈에 덮인 베일을 벗겨 주어 영적인 눈을 뜨게 해주는 의약이며, 이해의 빛을 비추어 하나님의 나라를 보게 하는 매개라고 하였다. 인간이 하나님을 믿을 때에 하나님은 인간의 믿음을 통해서 인간을 돕고 구한다. 믿음으로 인해 인간은 이성을 통해서 보지 못하는 세계를 보고, 듣지 못하는 것을 듣고, 느끼지 못하던 것을 느끼고, 이해하지 못하던 것을 이해하게 된다. 즉 인간은 이성과 지식으로 얻을 수 없는 것들을 믿음으로 얻는다. 믿음으로 인간은 자신의 한계 너머 구원의 길을 발견하는데, 즉 위로부터 오는 힘과 용기와 지혜와 평안을 얻으며, 마침내는 영원하신 하나님을 볼 수 있게 된다. 그래서 웨슬리는 믿음이란 인간의 선택이고 결정이지만 동시에 하나님의 은총의 선물이라고 설명한다. 또한 그는 이러한 믿음의 선물은 자신이 연약한 죄인임을 인정하고 하나님의 도움을 구하는 겸비한 사람에게 내린다고 하였다. 인간은 하나님을 믿음으로 하나님을 알게 되고 경험하게 되고 그분의 은총을 얻는다. 그래서 웨슬리는 '구원하는 믿음(saving faith)'이라는 용어를 구원의 열쇠와 같은 의미로 즐겨 사용하였다.

웨슬리는 믿음이란 그리스도의 복음에 대한 동의와 전적인 신뢰와 의지이며, 믿음으로 인간은 하나님께서 값없이 주시는 은혜를 얻어서 죄 용서를 얻고 죄책감과 죄에 대한 심판과 형벌에서 구원받으며, 동시에 믿음은 인간의 실제적인 삶에 말할 수 없이 많은 유익을 준다고 가르쳤다. 우리는 믿음으로 영혼의 눈을 활짝 뜨고 하나님이 하시는 일과 그의 나라를 보며, 이 세상과 오는 세상에서 하나님의 영광을 본다.

믿음 II

믿음으로 천국에
들어가고 살고

333 우리는 하나님이 우리에게 계시하신 것만을 믿는다. 그 외에는 믿을 것이 없다. (편지, 1788. 9. 17)

334 만일 우리가 우리 자신을 격려한다면, 하나님도 확실히 우리를 격려해 주신다. (편지, 1789. 7. 14)

335 우리가 약함을 느낄 때마다 우리를 위해 죽으신 주님의 십자가를 생각하고, 부활하신 주님을 바라보아야 한다. (편지, 1780. 11. 8)

336 우리가 무슨 일을 당하든지 우리를 위해 십자가에서 죽으시고 부활하신 그리스도가 우리의 주님이라는 믿음으로 확고하고 충만해야 한다. 우리의 주님은 모든 지옥의 권세보다 더 강하다. 우리의 마음과 영혼 전체로 그리스도 주께 붙어 있어야 한다. 이것으로 우리는 안전하다. (편지, 1768. 7. 13)

337 앞으로 나아가라 달려가라 그리고 결코 포기하지 말라 우리가 하늘 아버지의 집에서 만날 때까지. (편지, 1777. 10. 15)

338 인간의 모든 방법과 이성이 실패하는 곳에서 하나님은 그의 방법으로 나의 길을 인도하실 것이다. (일기, 1738. 2. 3)

339 주님! 생명을 다하여 당신께 부르짖습니다. 당신의 발자취를 따라가도록 힘을 주소서. 당신의 형상을 닮아갈 은혜를 주소서. 매일 십자가를 지고 갈 믿음을 주소서. (텔포드, 「웨슬리의 어록」, 53)

340 우리는 오직 믿음으로 구원받는다. 그러나 우리는 평안과 기쁨, 그리고 사랑과 선행을 생산하지 못하는 믿음이 아니라, 그것들을 얼마든지 생산하는 믿음으로 구원받는다. (에세이, 메도디즘의 역사)

341 그리스도의 값없이 주시는 은혜로 구원을 얻는 믿음은 곧 모든 순종과 성결을 낳는 사랑으로 역사하는 믿음입니다. (설교, 믿음으로 세워지는 율법 1번) 믿음은 사랑의 법을 다시 세우기 위한 목적으로 하나님께서 세우신 것입니다. 우리가 우리를 사랑하신 하나님의 사랑을 믿는다면 우리의 이웃을 사랑하지 않을 수 없습니다. (설교, 믿음으로 세워지는 율법 2번)

342 우리는 믿음으로 마음의 불안, 고뇌, 불만, 두려움, 피곤과 권태, 그리고 죄, 비참함, 절망, 불행한 감정, 악한 성품에서 구원받는다.
"믿음은 우리가 어디에 있든지 부드러운 평안을 가져다주며,
믿음은 우리의 마음과 삶을 새롭게 변화시키고 거룩하게 형성한다.
믿음은 우리의 거친 본성을 다스려 고르게 하며,
믿음은 우리의 가슴에 따스한 천국을 지어 준다."
(논문, 이성적이고 종교적인 사람들에게 보내는 진지한 호소)

믿음은 인간이 영혼의 구원을 얻는 수단이며, 동시에 인간의 삶에 실제적인 유익을 주는 도구라고 웨슬리는 설명하였다. 그는 믿음의 실천적인 의미를 누구보다도 강조하였다. 믿음은 흔들리는 세상에서 흔들리지 않는 터전에 든든히 서게 하는 것이다. 세상의 어떤 변화에도 흔들리지 않는 영원한 터전은 창조주 하나님뿐이다. 인간은 결코 흔들리지 않는 영원한 존재이신 하나님을 믿음으로 흔들리지 않는 삶을 사는 것이다. 믿음은 불안과 고뇌와 절망, 그리고 모든 불행에서 우리를 구해 주고, 믿음은 우리가 어디서 무슨 일을 당하든지 우리의 마음에 용기와 평안을 주고 모든 사람의 마음에 천국을 지어 준다고 웨슬리는 말했다. 그는 누구든지 약해질 때에는 십자가에서 죽으신 예수, 무덤에서 부활하신 예수를 바라보고 믿음을 가지라고 격려하였으며, 세상 끝날까지 이 좋은 믿음을 가지고 하늘 아버지의 집에서 만날 때까지 앞으로 나아가라고 격려하였다.

믿음은 모든 악과 불행에 반대하여 싸우는 존재에의 용기이며, 동시에 모든 선과 참된 행복을 이루어가는 노력이다. 그래서 웨슬리는 믿음이란 하나님의 은혜 안에서 자신을 격려하는 것이라고 말했다. 믿음은 온갖 죄악과 고난과 불안과 두려움을 몰아내고, 하나님의 구원하는 은혜(saving grace) 안에서 승리의 삶(triumphant life)을 살게 한다. 하나님은 인간에게 믿음을 요구하시고 인간의 믿음을 통하여 역사하시고 믿음 위에 은혜와 능력을 내려 주신다고 웨슬리는 끊임없이 강조했다. 그러므로 믿음은 일회적으로 필요한 것이 아니라 날마다 필요하고 모든 일에 필요한 것인데, 하나님은 진심으로 겸손히 구하는 사람에게 믿음을 선물로 주신다고 가르쳤다. 인간은 믿음으로 천국에 들어가기도 하고 또한 언제 어디서나 믿음으로 천국을 살기도 한다고 말함으로써 웨슬리는 믿음이 실제적이고 일상적인 삶에 놀라운 유익을 준다고 가르쳤다. 웨슬리는 믿음이 생산하는 거룩하고 위대한 열매들에 대하여 지속적으로 강조하였다. 믿음은 완성이 아니라 시작이고, 목적이 아니라 수단이며, 믿음은 사랑을 낳는 수단이고, 사랑은 행복을 낳는 수단이며, 인간은 하나님의 진리와 사랑을 믿음으로 위로와 평안과 행복을 얻고 풍요한 삶을 살 수 있다고 확신했다. 또한 믿음을 갖는 것은 믿음을 갖지 않는 것보다 훨씬 좋고 유익이 많으며, 구원하는 믿음(saving grace)은 반드시 평안, 기쁨, 사랑, 선행, 성결, 행복을 얼마든지 생산한다고 웨슬리는 확신하였다. 그러므로 믿음은 공부, 농사, 축산, 어업, 건출 사업 정치, 예술, 결혼, 가정, 출산, 자녀교육 등 무엇을 하든지 인간에게 크나큰 도움을 주고 이 모든 일에서 구원을 얻게 하고 참된 열매를 맺게 한다. 교회사를 다 뒤져보아도 웨슬리만큼 믿음의 실천적인 면을 이만큼 중시한 사람은 없을 것이다.

칭의

값없이
용서받는 은혜

343 성서적 의미에서 칭의란 죄의 사면이요 용서이다. 그것은 아들의 피로 인한 화해의 제물 때문에 하나님께서 우리에게 유죄선고를 하지 않으시고 죄가 없는 것처럼 여겨 의롭다고 받아 주시는 것이다. 이 것은 "불법이 사함을 받고 죄를 사면 받은 사람은 행복하다. 주께서 그 죄를 인정하지 않는 사람은 행복하다."라는 말씀과 같다. 의롭다 하심을 받고 용서받는 우리에게 하나님은 이 세상에서나 장차 오는 세상에서도 유죄를 선고하지 않으신다. …… 그의 과거의 모든 죄가 덮어지고, 소멸되고, 없었던 것처럼 여기시고, 그의 아들이 피를 흘려 죄의 대가를 대신 치렀기 때문에 그 형벌의 고통을 우리에게 내리지 않는 것이다. 아들을 통하여 그 피로 하나님과 화해한 때로부터 우리를 사랑하시고 강복하시어 죄를 짓지 않은 것과 똑같이 대해 주시는 것이다. (설교, 믿음에 의한 칭의)

344 하나님의 은혜는 우리의 구원을 위하여 모든 사람 안에서 값없이 주어진다 (설교, 값없이 주시는 은혜)

345 예수의 피밖에는 하나님 나라에 들어가는 길이 없다. (임종 침대에서 남긴 말)

346 기독교의 전체 자산 중에 속죄의 교리보다 더 위대한 것은 없다. 이것이야말로 이교도와 그리스도교를 구분 짓는 본질적인 차이라고 할 수 있다. (편지, 1778. 2. 7)

347 세상의 방법으로는 우리의 한 가지 죄조차 갚지 못한다. 어떤 죄인이든 하나님과 화목할 수 있는 길은 오로지 그리스도의 피뿐이다. 모든 죄를 사면 받고 더러움을 씻을 수 있는 다른 샘은 없다. 인간의 어떤 행위도 공덕이 안 된다. 기도를 많이 해도, 성경을 많이 읽어도, 성만찬을 많이 받아도, 선을 많이 행해도 공덕이 되지 못한다. 그리스도만이 유일한 공덕이요 은혜의 방편이다. (설교, 은혜의 방편)

348 하나님은 분명히 우리에게 "회개하라. 그리고 회개에 합당한 열매를 맺으라."고 명하셨다. 우리가 이 명령을 경홀히 여긴다면 논리적으로 보아도 의롭다 하심을 얻는 것은 기대하지 말아야 한다. 그러므로 어떤 의미에서 회개에 합당한 열매를 맺는 것은 칭의에 필요하다. 그러나 이러한 열매는 믿음과 '같은 정도로' 필요한 것은 아니다. 즉 이러한 열매는 필요하지만 '조건적으로' 필요하며, 시간과 기회가 있는 한 필요하다. 그렇지 않은 경우에는 예수님 옆에서 십자가에 달렸던 저 강도와 같이 그런 것 없이도 의롭다 하심을 얻는다. (설교, 성서적 구원의 길)

349 그러나 그 강도가 믿음이 없이 의롭다 하심을 얻을 수는 없었을 것이다. 그것은 불가능하나. (우리가 강도라고 부르는 그 십자가에 달렸던 사람은 사실상 강도가 아니라 정직하고 존경받을 만한 사람이었다는 사실이 알려졌다고 한다.) 이와 같이 사람이 아무리 회개를 많이 하고 회개의 열매를 많이 맺는다고 해도 믿음을 갖기 전에는 의롭다 하심을 얻을 수 없다. 믿음이 없으면 아무 소용이 없다. 회개의 열매는 '간접적으로' 필요한 것인데 곧 믿음을 위해서 필요한 것이다. 그러므로 칭의를 위해서 '즉각적으로' 그리고 '직접적으로' 필요한 것은 믿음이다. 믿음만이 '직접적으로' 그리고 '최우선적으로' 필요한 조건이다. (설교, 성서적 구원의 길)

350 나는 우리의 칭의(칭의의 구원)에 세 가지 사실이 동반되어야 한다고 믿는다. 첫째, 하나님 편에서는 그의 크신 자비와 은혜. 둘째, 그리스도 편에서는 그가 몸을 바치시고 피를 흘리심으로 일어나는 공의와 만족. 셋째, 우리 편에서는 그리스도의 공로에 대한 참되고 살아 있는 믿음이다. (에세이, 메도디즘의 원리; 설교, 우리의 의가 되신 주)

351 믿음이 조건이다. 믿음이 칭의의 유일한 조건이다. 믿는 자가 아니면 아무도 의롭게 될 수가 없다. 누구든지 믿는 자는 의롭게 되고, 믿기 전에는 그 누구도 의롭게 되지 않는다. 누구든지 믿을 때에 의롭게 된다. (설교, 믿음에 의한 칭의)

352 기독교의 가장 크고 영원한 기초는 "너희가 은혜로 구원을 얻은 것이다(엡 2:5, 8)."라는 이 말씀에 있다. 우리가 죄와 죄책감과 죄의 세력에서 구원받으며, 하나님의 용서와 호의(사랑)를 얻으며, 하나님의 형상으로 회복되는 것은 값없이 주시는 은혜, 즉 그의 아들의 공로를 통해서 주시는 하나님의 순수한 자비에 의한 것이다. (설교, 은

헤의 반편)

353 우리의 구원은 하나님의 자비로 값없이 주어지는 은혜로만 얻는 것이다. 그리스도의 몸과 피의 공로를 믿음으로만 얻을 수 있다. 우리의 죄를 씻고 하나님의 평화를 얻으려면 자신의 행위와 의를 신뢰하거나 자랑하기를 그만하고 오직 그리스도만 믿고 의지해야 한다. 그러므로 우리는 하나님과 사람 앞에서 스스로 겸비하고 모든 영광을 하나님께만 돌려야 한다. (에세이, 메도디즘의 원리)

354 나는 내가 행한 것과 고난당한 것에 관하여 자랑할 것이 아무것도 없다. 이제 내가 할 말은 이것밖에 없다. "나는 죄인 중에 가장 큰 죄인이나 예수 나를 위해 죽으셨도다." (I, the chief of sinners am, but Jesus died for me.) (헨리 무어, 「존 웨슬리의 생애 2권」, 389)

355 성화를 지나치게 강조하는 경우에 신자들이 칭의(구원)의 기쁨을 잃어버릴까 봐 나는 걱정한다. 우리는 그런 어리석은 일이 발생하지 않도록 해야 한다. 어떤 경우에도 하나님의 사랑은 가장 강력하게 신자들을 보호하며, 칭의는 말할 수 없이 위대하고 행복한 은혜이기 때문이다. 우리는 완전한 성화의 은혜를 찬양하기 위해서 칭의의 은혜를 낮추지 말아야 하며, 성화를 말할 때에는 먼저 칭의의 은혜로 충만하여 기뻐하면서, 칭의의 위대함과 행복을 최대한 강조해야 한다. (총회 회의록)

___ 해설

구원은 칭의(稱義, justification)이다. 본래 칭의라는 단어의 의미는 '의롭게 여기다' 또는 '의롭다고 인정하다'라는 뜻이다. 죄를 지은 사람을 아무 조건 없이 용서

하고 사면하고 용납하는 하나님의 자비를 '의롭다고 여겨 주심', 즉 칭의라고 한다. 칭의는 그리스도의 화해의 제물을 받으신 하나님이 인간에게 유죄를 선고하지 않고 죄가 없는 것처럼 의롭다고 여겨 주시며 사랑스런 자녀로 받아 주시는 것으로서 전적으로 하나님의 자비로 이루어진다. 칭의는 마치 죄를 뉘우치고 아버지 집으로 돌아온 탕자를 아버지가 무조건적이고 무제약적인 사랑으로 환대하는 것과 같은 것이다.

웨슬리는 칭의를 위한 세 가지 필수요건을 다음과 같이 설명하였다. 첫째는 하나님의 자비이며, 둘째는 그리스도의 희생이며, 셋째는 인간의 참된 믿음이다. 이 세 가지는 구원을 위한 필수요건이다. 우리는 하나님의 자비를 믿어야 구원을 얻는다. 그 다음은 예수님의 십자가의 희생과 부활의 승리를 마음에 품어야 한다. 무엇보다 우리의 구원을 위해서 중요한 것은 하나님의 자비와 예수님이 우리의 죄 값을 대신 갚아 주신 은혜에 대한 참된 믿음이다.

웨슬리는 칭의의 구원을 얻는 데 인간에게 요구되는 유일한 조건은 믿음뿐이라고 여러 곳에서 반복하여 강조하였다. 칭의의 은혜를 얻기 위해 필요한 것은 예수께서 십자가에서 흘리신 피가 우리의 죄를 씻어 깨끗하게 하신다고 믿는 믿음뿐이다. 칭의는 인간의 구원과 행복의 유일하고 영원한 기초이다. 하나님이 우리에게 바라시는 것은 인간의 공로, 지식, 재물, 아름다움, 권력, 명예, 가문, 재능이 아니고, 오로지 하나님의 자비와 그리스도를 통한 칭의의 은혜에 대한 우리의 진실한 믿음이다. 하나님이 인간의 구원을 위해서 믿음을 유일한 조건으로 정한 이유는 모든 인간에 대한 하나님의 정의와 자비와 공평이다. 하나님은 어떠한 죄인이라도 구원하기를 기뻐하신다. 하나님은 지식이 있든지 없든지, 돈이 있든지 없든지, 가문이 좋든지 나쁘든지, 힘이 있든지 없든지, 장애가 있든지 없든지, 모든 사람이 구원을 얻고 참된 행복에 이르기를 바라신다. 하나님은 모든 사람을 조건 없이 사랑하시고 공평하게 대하시고 차별 없이 구원하신다. 하나님의 자비를 구하는 모든 사람에게 하나님은 '구원에 이르는 믿음(saving faith)'을 선물로 주시며, '구원에 이르는 은혜(saving grace)'를 값없이 주신다.

물론 칭의를 얻기 전에 진실한 회개가 따라야 한다. 자신이 하나님 앞에나 사람들 앞에 죄인이라는 사실을 인정하고 잘못을 반성하지 않으면 용서받지 못하는 것은 당연하다. 구원을 얻기 위해서는 모든 죄를 뉘우치고 악한 행실을 끊어 버리고 새로운 삶을 살려는 결심과 새로운 출발이 있어야만 한다. 즉 구원을 얻는다는 것은 하나님의 은혜 안에서 새로운 존재가 되는 사건이다. 그렇기 때문에 회개를 증명하는 선행의 열매도 마땅히 필요하다고 웨슬리는 말했다. 그러나 웨슬리는 칭의의 구원을 얻는 데 직접적이고 즉각적이고 최우선적으로 필요한 조건은 오직 믿음이며, 회개의 열매는 간접적인 것으로 시간과 기회가 있으면 필요한 조건이라고 설명하였다. 그는 이것을 설명하는 아주 적절한 예로서 예수님의 십자가 옆에 달렸던 강도를 들었다. 그 강도는 회개의 열매를 보일 수 있는 기회가 없었지만 구원을 얻었다고 말하면서, 만약에 그가 지상에서 더 오래 살았었다면 회개의 증거로서 선행의 열매를 맺을 수 있었을 것이라고 웨슬리는 말했다. 웨슬리는 예수 그리스도의 피의 속죄의 효능을 믿었다. 예수의 피가 아니면 우리의 죄를 씻을 방도가 전혀 없으며, "예수의 피가 아니면 천국에 들어가는 길이 전혀 없다."고 믿었다. 그리고 기독교 전체 교리 중에 속죄의 교리가 가장 중대하다고 강조하였다. 웨슬리는 임종 시에 "나는 죄인 중의 가장 큰 죄인이지만 예수 나를 위해 죽으셨도다."라는 말을 세 번 반복하며 속죄의 은혜로 구원을 얻은 감사의 고백을 남겼다. 이 말은 웨슬리가 거룩한 삶을 산 하나님의 사람이었음에도 불구하고 그가 구원을 얻기 위하여 의지할 것은 예수님의 속죄의 피밖에는 없다는 고백이었다.

신자는 천국의 문을 열고 들어갈 때까지 예수님의 십자가와 부활을 통하여 주시는 대속과 칭의의 은혜를 꼭 믿고 기억하고 붙들고 살아야 한다. 때로 우리는 내가 완전하지 못하거나 거룩하지 못해서 낙심하고 우울하여 구원의 기쁨을 잃어버리기도 한다. 그러나 칭의의 은혜는 너무나 강하고 놀랍고 위대하다. 하나님의 사랑은 언제나 신자들을 강하게 붙들어 준다. 신자는 언제나 예수님의 십자가와 부활의 능력을 굳게 붙들고 믿음에 확고하게 서서 칭의에서 얻은 기쁨과 감사를 잃지 말아야 한다. 아무리 선행과 공로가 많은 사람일지라도 예수님의 피의 공로를 믿음으로만 하나님 나라에 들어갈 수 있다.

칭의는 하나님의 무조건적인 용서의 제안에 동의하고 그의 사랑의 용서를 받아들일 때에 얻게 된다. 웨슬리의 칭의론은 신학자 폴 틸리히의 "당신이 용납되었다는 사실을 용납하라(Accept that you are accepted!)"는 말과 공통점이 많다. 즉 구원은 하나님의 은혜에 대한 신뢰와 동의와 수용과 확신을 통하여 얻어지는 것이라는 데에서 두 사람의 말은 본질적으로 상통한다. 그리스도에게 나타난 하나님의 자비를 믿는 사람은 누구든지 구원의 은혜를 얻고, 새로운 피조물이 되고, 인생을 다시 시작할 수 있고, 진정한 행복에 이르게 되고, 영원한 천국의 문이 그 앞에 열린다. 그러나 웨슬리에 의하면 칭의는 결코 구원의 종착점도 아니고 완성도 아니다. 칭의는 구원의 시작이다. 칭의와 동시에 새로운 생명이 탄생하고 그리스도의 마음과 삶을 닮아가는 성화의 길을 걸어가면서 마침내 칭의의 목표인 그리스도인의 완전에 이르러야 한다. 그런 의미에서 신자는 칭의의 구원이나 성령의 능력을 받을 때에 기뻐하고 감사하지만 결코 교만하지 말고 겸손히 성화의 길을 걸어가야 한다.

새로운 생명으로 탄생하는 기쁨

356 믿음을 통하여 의롭게 된 사람 또는 구원받은 사람은 실제로 다시 새롭게 탄생한다. 그 사람은 성령의 역사로 하나님 안에서 그리스도에게 감추어져 있는 새로운 생명으로 탄생한다. 그 사람은 갓 태어난 아기처럼 기쁨으로 순전한 젖을 받아먹으며 자라난다. 그 사람은 믿음에서 믿음으로, 은혜 위에 은혜로 온전한 사람이 되어 그리스도의 장성한 분량에까지 이르도록 성장할 것이다. (설교, 믿음으로 얻는 구원)

357 새로운 탄생(新生: new birth)은 마치 아기가 세상에 태어나는 것에 비유되는 것같이 하나님으로부터 태어나는 영적인 변화이다. 신생아는 어머니 뱃속에 있다가 세상에 출생하는 즉시 눈과 귀와 모든 감각기관이 열려서 제 역할을 하며, 그때부터 참으로 살기 시작한다. 이처럼 믿음으로 말미암아 새롭게 태어난 사람은 이해의 눈이 열려 주님의 영광스런 모습을 보며, 귀가 열려 하나님의 말씀을 들

게 된다. 이와 같이 사람이 영적으로 새롭게 태어난 후에야 닫혀 있던 모든 감각기관이 깨어나 하나님과 세상에 대하여 참된 지식과 이해를 가지며 참된 생명을 살 수 있다. (설교, 새로운 탄생)

358 그 사람은 이제 새롭게 탄생하고 참으로 살게 되었다. 그 사람은 하나님의 살리시는 영에 의하여 깨어나 예수를 통하여 하나님께 대하여 살아났다. 하나님은 그 사람의 영혼에 생명을 불어넣으시며, 그 사람의 영혼은 하나님을 향하여 숨쉬고 있다. 은혜는 마음속에 내려오고 기도와 찬양은 하늘로 올라간다. 그 사람은 이와 같은 하나님과 인간의 교제를 통하여 영적인 호흡을 함으로써 영혼 속에 하나님의 생명이 보존된다. 새로운 탄생은 하나님께서 영혼에 새 생명을 가져다주시며, 영혼을 죄와 죽음에서 건지시고, 의의 생명을 일으키실 때에 나타나는 위대한 변화이다. 신생은 그리스도 안에서 하나님의 형상을 따라서 변화하는 새로운 창조이며 영혼 위에 일어나는 변화이다. 하나님의 형상은 한 마디로 세속적이고 육욕적이고 마귀적인 마음이 그리스도의 마음으로 바뀌는 변화이다. (설교, 새로운 탄생)

359 어떤 사람도 다시 새롭게 태어나지 않고서는 행복할 수 없다. 거룩하지 않은 (죄악을 품은) 사람은 행복할 수 없기 때문이다. 거룩하지 않은 성품이 불행한 성품이며, 거룩한 성품이 행복한 성품이기 때문이다. "사악한 인간이 행복할 수 없다."라는 시인의 말은 옳다. 어떤 인간도 죄의 지배를 받는 한 불행하다. 그러므로 누구든지 이 세상과 저 세상에서 행복하려면 반드시 새롭게 탄생하여야 한다. (설교, 새로운 탄생)

360 신생의 표적은 첫째, 하나님이 자비로 인하여 하나님의 자녀가 되었 다는 확실한 믿음으로 사는 것이다. …… 둘째, 죄를 이기는 능력을 얻는다. …… 셋째, 어떤 처지에서든지 지각을 초월한 평화를 누린 다. …… 넷째, 생동하는 소망으로 넘쳐난다. …… 다섯째, 고난 속 에서도 기쁨이 가득하고 범사에 감사한다. …… 여섯째, 마음에 하 나님의 사랑이 가득 부어져 이웃을 사랑하고 열심히 선을 행한다. …… 일곱째, 무엇보다 하나님을 사랑하고 그의 계명을 즐거이 행 한다. (설교, 신생의 표적)

361 하나님께서 맺게 해주신 믿음의 즉각적인 열매는 죄를 이기는 능력 이다. 죄를 이기는 능력은 항상 있어야 하는 열매이다. 이 능력은 첫 째, 모든 외적인 죄를 이기는 능력이다. 즉 악한 말과 행실을 몰아내 는 능력이다. 둘째, 모든 내적인 죄를 이기는 능력이다. 믿음은 불 경건한 정욕과 악한 성품에서 마음을 정결하게 하기 때문이다. (설 교, 신생의 표적)

362 칭의와 신생은 시점에 있어서는 서로 분리할 수 없는 것이지만 성질 상으로는 서로 다른 것이다. 칭의는 단지 관계적인 변화이지만 신 생(새로운 탄생: new birth)은 실제적인 변화이다. 전자는 하나님과 우리의 외적인 관계를 변화시켜서 하나님의 자녀의 신분을 얻게 하 고, 후자는 우리의 영혼 깊이까지 변화시켜서 죄인이었던 우리를 하 나님의 형상으로 회복시켜 성도가 되게 한다. (설교, 신생의 표적)

___ 해설

구원은 새로운 탄생(신생: 新生/new birth)이다. 웨슬리는 구원의 순서를 설명 할 때에 칭의와 성화 사이에 '신생(新生/new birth)'을 넣었다. 이것은 종교개혁 전통에서 어느 누구도 생각하지 못했던 웨슬리의 독창적인 설명이라고 할 수 있다. 루터나 칼빈은 '중생(重生/regeneration)'이라는 하나의 용어로서 칭의와 성화를 포괄적으로 설명했지만, 웨슬리는 칭의와 신생과 성화를 명백하게 구분하여 설명하였다. 신자는 칭의되는 동시에 새롭게 탄생(新生/new birth)을 한다. 그리고 신자는 새로운 생명으로 탄생하는 즉시 은혜 안에 성장하기(grow in grace) 시작하여 계속적으로 성화의 과정을 통하여 완전에 이르게 된다고 웨슬리는 설명한다. 칭의는 하나님의 자녀로 새롭게 탄생하는 사건이다. 칭의와 신생은 시간적으로 동시적이지만 개념적으로 구별된다. 칭의는 하나님이 '우리를 위하여(for us)' 우리의 죄를 용서하신 것을 의미하며, 신생은 하나님이 '우리 안에서(in us)' 우리의 타락한 본성을 새롭게 변화시키는 것을 의미한다.

칭의는 신자가 그리스도인으로 태어나는 새로운 탄생의 사건이요 그리스도인으로서 새로운 삶의 출발이다. 그러므로 칭의는 구원의 완성이 아니다. 신자는 칭의되는 순간에 영적 신생아로 탄생한다. 웨슬리는 신생을 마치 어린 아기가 어머니로부터 태어나는 것에 비유하여 영적으로 새롭게 탄생하는 것이라고 구체적으로 설명하였다. 태아가 어머니 뱃속에 있을 때에는 눈과 귀와 코와 입이 있음에도 불구하고 제 역할을 할 수 없으나 출생하면 그때부터 제 기능을 하는 것처럼, 신자도 하나님의 은혜로 새로운 탄생을 하면 영적으로 눈과 귀와 코가 열려 하나님을 보고 듣고 경험하게 되는데 이것이 신생의 사건이라고 그는 설명하였다. 그리스도 안에서 영적으로 새롭게 탄생한 사람은 하나님의 자녀로 건강하고 행복하게 성장해야 한다. 태아가 출생하였으나 성장하지 않는다면 그것은 분명히 잘못된 것이요 불행한 것이다. 그와 마찬가지로 신자는 새롭게 태어난 때로부터 영적인 양식을 섭취하여 하나님의 온전한 자녀로 성장하기 위하여 힘써야 한다. 신자는 영적인 성장을 위하여 은혜의 방편을 적극적으로 사용하고 선행에 힘쓰면서 성화의 길을 걸어가고 마침내 완전성화의 목표를 향하여 나아가야 한다. 그렇게 하여 신자는 구원의 목적을 이루어가며 하나님의 행복한 자녀가 된다.

누구든지 하나님의 사랑을 믿음으로 인생을 다시 시작할 수 있다. 구원은 하나님의 사랑을 믿고 새로운 인생을 시작하는 은총의 사건이다. 구원을 얻는다는 것은 누구든지 하나님의 사랑을 힘입어서 새로운 생명으로 다시 태어나는 위대한 축복의 사건이다. 그것은 누구든지 하나님의 사랑을 믿음으로써 새로운 삶을 살 수 있다는 믿음을 가지고, 새로운 삶을 출발하는 것이다. 구원은 어떠한 불행에서도 구원받을 수 있다는 확신을 가지고 새로운 시작을 하는 것이다. 심지어 큰 실패를 겪은 사람, 또는 큰 죄를 저질러서 세상에서 끊어질 수밖에 없는 저주 가운데 있는 사람일지라도 언제든지 하나님의 사랑으로 "인생을 다시 시작할 수 있다(Life can begin again)."는 믿음을 가지고 새로운 삶을 출발하는 것이 구원이라고 웨슬리는 믿었다.

아기가 태어나면 온 가족과 이웃이 크게 기뻐하는 것처럼 신자는 하나님의 자녀로 태어나는 기쁨과 감격을 경험하며, 또 그를 아는 모든 사람이 기뻐한다. 이러한 기쁨이 구원의 증거가 되는 것이다. 웨슬리는 이것을 신생이라고 설명했다. 그는 신생 없는 칭의를 철저히 경계하고 반대하였다. 신생 없는 칭의는 메마르고 냉랭하고 생명 없는 교리가 되기 쉽기 때문이다. 웨슬리는 생명 있는 신앙 그리고 생명력으로 충만한 신앙을 정통 신앙으로 여겼다. 구원의 순서에서 신생의 교리는 살아 움직이는 생동하는 신앙을 중시하는 웨슬리 영성의 특징이다.

성령의 증거

구원의 확신을 주는
성령의 역사

363 어느 누구라도 자신의 마음을 의와 평화와 사랑과 기쁨으로 충만케 하는 성령의 증거가 없이는 진정한 그리스도인이 될 수 없다. (편지, 1745. 12. 30)

364 하나님께서 직접적인 영향으로 또는 설명하기 어려운 강한 작용으로 영혼 위에 역사하셔서 폭풍과 성난 물결은 지나간다. 그리하여 마음은 아주 잔잔해져서 예수님 품안에 있는 것처럼 평안해진다. 이제 죄인은 하나님과 화목하여 모든 죄가 씻겨 깨끗함을 받았음을 확신하게 된다. (설교, 성령의 증거 2번)

365 성령의 증거는 신자의 영혼에 나타나는 내적 인상(inward impression on the soul)이다. 성령은 내가 그리스도의 공로로 인하여 모든 죄의 용서를 받았고, 하나님과 화해되어 하나님의 사랑스런 자녀가 되었다는 사실을 마음속에 직접 증거한다. (설교, 성령의 증거 1번)

366 신자는 성령께서 마음속에서 일하고 계시는 은혜와 모든 인간의 지각을 초월하는 평화를 느낀다. 또한 그는 성령 안에서 말할 수 없는 영광으로 가득찬 기쁨과 마음속에 가득찬 하나님의 사랑을 경험한다. (설교, 신생)

367 내가 구원받은 하나님의 자녀라는 사실에 대해서는 성령이 증거하고 우리의 영이 성령과 함께 공동으로 증거한다. 우리의 영의 증거는 우리의 영 안에서 느껴지는 것을 곰곰이 생각하여 얻은 내적 의식이며, 우리의 생활에서 얻은 체험으로서 "나는 성령의 열매(갈 5:22~23)를 가지고 있다. 그러므로 나는 하나님의 자녀이다."라고 결론짓는 것이다. (설교, 성령의 증거 2번)

368 그것은 신앙이 아니다. 지금도 "그대의 기쁨은 어디 있는가?"라고 마귀가 속삭이는 소리를 나는 듣는다. 이런 것을 통해서 내가 발견하는 것은, 영혼의 평안과 죄에 대한 승리는 신자에게 구원의 결과로서 주어지는 보편적인 은혜이지만, 신앙의 초기에 있는 기쁨이란 하나님께서 때에 따라서 주시기도 하고 보류하시기도 한다는 사실이다. (일기, 1738. 5. 24)

369 50년 전에 내 동생과 나는 죄 용서 받았다는 사실을 알지 못하는 사람들은 저주 아래 있다고 단순한 생각으로 주장하였다. 그때 영국 사람들이 우리 형제를 돌로 치지 않은 것이 참으로 신기하다. 우리는 전과 같이 구원의 확신은 하나님의 자녀의 공통된 특권이라고 설교한다. 하지만 그것을 중요시하지 않는 자들에게 저주하면서까지 강조하지는 않는다. (설교, 성령의 증거 1번)

370 우리가 하나님의 사랑을 받는다는 느낌은 분명히 기독교 신앙의 중요한 요소이다. 그러나 감정의 요소가 신앙의 본질은 아니다. 죄 용서 받은 느낌이 사죄의 조건이 될 수는 없기 때문이다. (편지, 1745. 12. 30) 마음의 경건이나 삶의 경건은 사죄와 구원의 조건이 되지 못한다. 그리스도의 죽음과 의만이 구원에 필요한 요소이다. 그리고 구원의 조건은 마음이나 사람의 경건이 아니라 우리의 진실한 믿음이다. (잭슨, 「웨슬리 전집 14권」, 332~333)

371 얼마나 많은 사람들이 자기들의 상상이나 이상한 음성을 성령의 증거로 착각하여 악마가 하는 일을 마음대로 행하면서 하나님의 사자들이 하는 일이라고 속임수를 써서 많은 영혼에게 상처를 주었는가? 그런 사람들은 참으로 지독한 열광주의자들임에 틀림이 없다. (설교, 성령의 증거 1번)

372 나는 칭의와 확신이 필연적으로 연관된 것이라고 생각하지 않는다. 확신을 갖지 못한 사람은 저주를 받는다는 주장에 동의하지 않는다. 용서받았다는 감정이 죄 용서의 조건은 되지 않는다. 용서와 구원의 확신에는 예외가 있다고 나는 생각한다. 어떤 사람은 하나님의 총애를 받으면서도 하루 종일 슬픔에 잠겨 지내기도 한다. 그러나 이런 것은 육신의 불편이나 복음의 약속에 대하여 무지하기 때문에 일어난다. 즉 죄 용서의 심정적 체험이 구원에 이르는 신앙의 본질이 아니라고 생각한다. (일기, 1738. 1. 29)

___ 해설

성령의 증거는 신자가 구원의 은혜를 믿을 때에 마음에 나타나는 영적인 경험을 의미한다. 신자는 마음속에 죄의 용서를 받고 하나님의 자녀가 되었다는 성령의 증거를 느끼고 소유한다. 이것은 성령이 신자의 마음속에 일으키는 하나님의 사랑의 감동과 증거이며, 이러한 증거는 신자에게 구원의 확신이 된다.

웨슬리는 구원에 관한 성령의 증거와 확신의 교리를 누구보다도 중시하고 강조하였다. 하나님의 은혜로 우리가 용서받고 그의 자녀가 되었다는 사실을 성령이 우리 마음에 증거하고, 그 증거가 생활에도 나타나는 것이 정상이라고 웨슬리는 설명하였다. 마음속의 증거를 내적 증거라고 하고, 생활 속의 증거를 외적 증거라고 하는데, 내적 증거는 우리 마음의 평안과 사랑과 기쁨과 감사 같은 것이며, 외적 증거는 하나님을 사랑하고 이웃을 사랑하는 열매 또는 모든 사람에게 자비를 행하는 선행의 열매를 말한다.

내적 증거는 성령이 우리 마음속에 일으키는 역사이다. 성령이 우리 마음속에 활동하며 하나님이 나를 사랑하신다는 것을 깨달아 알게 한다. 이런 의미에서 성령은 증거의 영이라고 한다. 성령은 내가 그리스도의 피로 죄 씻음을 받고 용서를 받았고 하나님의 자녀가 되었다는 깨달음과 증거와 확신을 준다. 이것은 내적인 의식이며 우리의 생활에서 얻은 체험이라고 할 수 있고, 이것은 또한 성령의 열매라고 할 수 있다.

웨슬리는 성령의 증거를 신자의 영혼에 나타나는 내적 인상(inward impression on the soul)이라고 말하였으며, 성령이 우리의 영과 함께 공동으로 증거한다고 설명하였다. 때로는 우리 마음속에 불안과 두려움과 의심이 일어나기도 하지만, 우리가 기도하고 성경을 묵상하면서 하나님을 생각할 때에 성령은 우리 마음속에 내가 하나님의 자녀라는 사실을 증거한다. 웨슬리 형제는 1738년에 각각 성령의 증거와 죄 용서의 확신을 마음속 깊이 뜨겁게 경험하였다. 웨슬리는 성령의 증거가 구원의 확신을 동반한다고 생각하였다. 그러나 성령의 증거는 하나님의 자녀에게 일어나는 결과이지만 때로는 개인에 따라서 그것을 느끼지 못할 수도 있다고 하였다. 또 개인마다 경험의 정도가 다르다고 말하면서 인간의 감정의 경험을 절대화하는 오류를 경계하였다. 그는 개인에 따라서 확신의 단계와 정도가 다르다는 사실을 강조하면서 확신은 필수적인 것이 아니므로, 이런 것 때문에 의심하거나 낙심하지 말아야 한다고 가르쳤다. 더욱이 확신이 없으면 구원을 받지 못한 것이라고 생각하는 것은 아주 큰 잘못이라고 말하면서 인간의 감정은 본래 약하고 변화가 많기 때문에 감정에만 의존하여 판단하는 심정주의나 주관주의는 위험하다고 그는 생각하였다. 웨슬리는 성령의 증거와 구원의 확신은 인간의 감정이나 심정의 경험으로만 판단하지 말고 성경과 하나님의 말씀에 근거하여 판단하는 것이 안전하고 진실하다고 말했다.

그럼에도 불구하고 성령의 증거와 확신의 교리에서 심정의 경험을 강조하는 것은 교회사적으로 웨슬리의 위대한 독창적 공헌으로 평가된다. 이러한 교리는 신앙에 생동력과 역동성을 주는 요소로서 체험적인 영성을 중시하는 웨슬리 영성의 특징이며, 교회사적으로 다양한 부흥운동을 일어나게 하는 원동력이 되었다. 그러나 오늘날 주류 웨슬리안 교단들은 이러한 체험적 신앙을 많이 상실하였다. 반면에 성결교회(holiness church)나 오순절 계통의 교회들이 이러한 체험적 신앙을 강조하는 전통을 이어왔다. 우리는 웨슬리가 가르친 성령의 증거와 확신의 교리를 통하여 체험적이고 생동하는 신앙을 다시 일으켜서 풍요롭고 능력 있는 신앙생활을 하는 것이 필요하다.

심정에 체험하는
구원의 은혜

373 오늘 나는 내 동생 찰스가 오랫동안 영적인 고뇌와 진통을 지나 드디어 영혼의 평안을 얻었으며, 질병에서 치유되어 건강도 얻었다는 소식을 들었다. 우리 주님보다 더 좋은 분은 세상에 없다. 나는 동생을 방문하여 그의 회심을 축하하며 함께 기도하고 찬송을 불렀다. (일기, 1738. 5. 21)

374 나는 내 마음이 이상하게 뜨거워짐을 느꼈다. 나는 구원받기 위해서 그리스도, 오직 그리스도만을 신뢰하게 되었음을 느꼈다. 나는 그리스도가 내 모든 죄를 사해 주셨다는 확신을 얻었다. (I felt my heart strangely warmed. I felt I did trust in Christ, Christ for salvation; and an assurance was given me that He had taken away my sins, even mine, and saved me from the law of sin and death.) (일기, 1738. 5. 24)

375 나는 악의적으로 나를 괴롭힌 사람들을 위해서 힘을 다하여 기도하

였다. 나는 처음으로 내가 느낀 것을 사람들 앞에 간증하였다. ……
집에 돌아온 후 나는 여러 가지로 시험을 당했다. 몹시 괴로웠으나
큰 소리로 기도하였더니 시험도, 괴로움도 모두 사라졌다. 그 시험
이 다시 돌아왔다. 나는 그때마다 눈을 들어 주님을 향하였고 ……
있는 힘을 다하여 싸웠다. 과거에는 가끔 승리하였지만 현재는 늘
승리한다. (일기, 1738. 5. 24)

376 잠에서 깬 순간 '예수, 나의 주님'이라는 고백이 나의 마음과 입 속에
가득차 있었다. 나의 눈은 오로지 주님만을 향하고, 내 영혼은 주님
만을 사랑하고, 내 모든 힘은 주님만을 섬기는 데 사용되기를 바라
고 있었다. (일기, 1738. 5. 25)

377 내가 바라는 신앙은 그리스도의 공로를 통하여 나의 죄를 용서받고
내가 하나님과 화해되었다는 확실한 신뢰이다. …… 아무도 자기가
소유했다는 사실을 알지 못하고는 소유할 수 없는 바로 그 신앙을
나는 원한다. …… 신자는 자신에게 부어진 성령을 통하여 의심에서
해방되며 그 마음을 하나님의 사랑으로 가득 채운다. 성령께서 그
사람이 하나님의 자녀임을 그 마음에 증거한다. (일기, 1738. 5. 24)

378 나는 웨슬리 목사님을 생각하면 하나님께 감사하게 된다. 지난 번
목사님이 볼튼에 오셨을 때, 나는 이 지역에서 유명한 술주정뱅이였
고 탕자였다. 그런데 창가에 붙어서 목사님의 설교를 듣는 중에 하
나님께서 나의 마음을 찌르셨다. 나는 그때 술을 끊을 수 있는 힘을
달라고 열심히 기도하였다. 그런데 하나님은 내가 구한 것보다 더
큰 은혜를 주셨다. 술을 끊을 수 있는 힘뿐만 아니라 술을 마시고 싶
은 마음까지도 완전히 없애 주셨다. …… 그때부터 하나님의 사랑
이 나의 마음에 가득찼다. (일기, 1751. 4. 11)

1738년 5월 24일 웨슬리는 "나는 내 마음이 이상하게 뜨거워지는 것을 느꼈다."라는 말로 시작하여 자신에게 일어난 마음의 경험과 변화에 대하여 일기에 기록하였다. 웨슬리의 이러한 경험은 후대에 그의 회심(回心)으로 기념되어 교회사에서 위대한 회심의 이야기로 전해지게 되었다. 그때 웨슬리는 이미 영국국교회 성직자로서 옥스퍼드대학교 교수였고 미국에 선교사로 갔다 온 사람이었는데, 그가 회심했다는 것이 무슨 의미인지 실제적인 이해가 필요하다. 그의 회심은 무신론자와 타종교인의 회심도 아니고, 낙심한 사람이나 탕자의 회심도 아니다. 웨슬리의 회심은 예수 그리스도의 구원하는 은혜(saving grace)를 믿음(saving faith)으로 구원을 경험한 복음적인 회심(evangelical conversion)이다.

웨슬리는 이미 13년 전에 자신의 삶을 하나님께 바치기로 거룩한 결심을 하였다. 그때에 그는 생애 전부를 하나님께 드렸고, 완전한 성화의 목표를 세웠고, 그것에 도달하기 위해서 거룩한 삶에 정진하고 있었다. 그 후 웨슬리 형제는 미국에 선교사로 갔다가 실패하고 돌아온 후 날마다 죄의식과 모욕감과 좌절과 고통 속에 침체되어 있었다. 더욱이 두 형제는 건강이 악화되었고 특히 동생 찰스는 병이 깊어져 곧 죽을 것이라고 생각하며 우울하고 두려운 마음으로 지내고 있었다.

두 형제가 회심을 체험하는 데 가장 큰 도움이 된 사람은 존 웨슬리보다 아홉 살이나 어린 모라비아교 목사 피터 뵐러였다. 그는 웨슬리 형제의 영적인 멘토(mentor)가 되어 늘 곁에서 함께 기도하고 조언을 하며 격려하였다. 웨슬리는 나이와 경험, 그리고 학문이나 경건에 있어서 뵐러보다 월등한 사람이었다. 그러나 피터 뵐러는 웨슬리에게 예수가 자신의 죄를 용서하였다는 믿음의 증거와 구원의 확신을 마음속에 체험하고 소유하는 것이 필요하므로 그 은사를 구하라고 끈질기게 요구하였다. 두 형제가 이러한 영적인 체험을 하는 데에는 오랜 시간이 걸렸다.

찰스가 먼저 회심을 체험하였다. 당시 그는 막노동자 브레이 씨 집에서 신세를 지고 있었다. 브레이 씨는 글을 읽지도 못할 정도로 무식하고 가난하고 예수 말고는 아무것도 모르는 사람이었다. 그러나 예수 안에서 모든 것을 바르게 판단하고 행복하게 살아가면서 쉬지 않고 기도하며 항상 기뻐하고 범사에 감사하고 늘 찬송을 부르는 믿음과 성령의 사람이었다. 찰스는 그의 모습을 보며 영적인 감화를 받아 "찰스야, 일어나라. 너의 모든 죄는 씻김을 받았고 너는 죽을병에서 나았다."라고 누군가 외치는 소리를 듣고서 즉시 병에서 놓여 건강해졌고 영혼의 평안을 얻었다. 이 날은 1738년 5월 21일 오순절 주일이었다. 바로 이 날 찰스가 회심을 체험하였고, 이 날은 곧 찰스의 오순절이 되었다.

형님은 동생을 찾아와서 그의 성령 체험을 축하해 주고 함께 기도하고 찬송을 불렀다. 그리고 3일 후, 존 웨슬리 역시 '마음이 이상하게 뜨거워지는 것'을 체험하면서 예수가 자신을 위해서 죽으심을 믿게 되었고 곧 죄 용서와 구원의 확신을 얻게 되었다. 그는 이제 구원을 얻기 위해서는 자신의 도덕적 공로와 선행이나 그밖에 다른 것을 의지해서는 안 되고 '그리스도, 오직 그리스도만(Christ, Christ alone)'을 믿어야 한다는 것을 마음이 뜨거워지도록 느꼈다. 웨슬리는 이러한 체험을 통하여 '나를 위한 예수(Jesus for me)', 즉 예수를 '나의 구주(my Saviour)'로 믿고 체험하게 되었다. 웨슬리에게 이런 영적 체험은 처음이었고, 더욱이 하나님의 사랑을 마음이 뜨거워지도록 체험한 것은 처음이었다.

웨슬리가 이날 체험한 '마음 뜨거움(warm-heartedness)'은 메도디스트 신앙의 특징이 되었다. 이때부터 웨슬리는 회심의 체험과 심정의 체험을 중요시하였다. 이와 같은 뜨거운 심정의 체험은 기도, 찬송, 예배, 설교, 전도, 성례전, 성도의 교제 등 모든 면에서 메도디스트 신앙의 특징이 되었고, 영성생활의 생동력으로 작용하였다. 이후로 웨슬리는 하나님의 사랑과 예수님의 구원의 은혜를 마음에 체험하는 심정적 복음주의(emotional evangelicalism) 신앙을 소중하게 여기고 체험적 영성과 구원의 확신을 강조하였다. 그리고 이와 같은 심정적 체험주의 신앙은 교회사를 통하여 위대한 전통으로 발전하였다.

웨슬리 형제는 성령을 체험한 후에도 13년 전에 세운 '완전한 성화'라는 삶의 목표를 결코 버리지 않았고 오히려 더욱 열심히 그 목표에 도달하기 위해서 노력하였다. 그들의 목표는 여전히 마음과 삶의 거룩함이었다(Still holiness was their point). 마음이 이상하게 뜨거워짐은 하나님의 사랑, 예수님의 속죄의 은혜, 성령의 증거를 마음속에 깊이 느낀 심정적 체험이었다. 그러나 이 경험을 통해 모든 은혜와 능력을 다 얻은 것도 아니고 신앙의 완성을 이룬 것도 아니며 이러한 특별한 체험이 모든 문제를 다 해결해 주는 티켓을 얻게 해준 것도 아니었다. 이후 그들은 경건생활에 더욱 힘쓰고, 가난하고 약한 사람들과 불쌍한 죄수들과 고아들과 장애인들을 더 잘 돌보면서 더 많은 선을 행하였다. 동시에 그들은 성령의 능력을 의지하면서 하나님과 이웃에 대한 완전한 사랑(perfect love)의 목표에 도달하기 위하여 경건의 훈려과 자비의 실천에 힘썼다. 이와 같이 웨슬리의 회심은 하나님과 이웃을 더 많이 사랑하고 선을 행하는 거룩한 삶을 이루어나가는 뜨거운 동기와 열심이 되었다. 오늘의 신자들에게는 웨슬리처럼 마음이 뜨거워지도록 하나님의 사랑을 느끼고 구원의 확실한 증거를 소유하며 구원의 기쁨을 가득히 품고 살아가는 분명하고 온전한 회심의 체험이 필요하다.

나는 내 마음이 이상하게 뜨거워짐을 느꼈다. 나는 구원
받기 위해서 그리스도, 오직 그리스도만을 신뢰하게 되
었음을 느꼈다. 나는 그리스도가 내 모든 죄를 사해 주셨
다는 확신을 얻었다.

은혜 안에
성장하는 행복

379 우리가 칭의를 얻는 바로 그 시점부터 우리의 성화(聖化)가 시작된
다. 우리는 칭의를 얻는 그 순간에 성령에 의하여 위로부터 다시 새
롭게 탄생(신생)한다. 칭의는 하나님과 우리 사이의 관계적인 변화이
며, 성화는 실제적인 변화이다. 의롭다 여김을 받는 순간부터 우리
는 하나님의 능력에 의하여 내적으로 새로워지며, 성령의 능력으로
하나님의 사랑이 마음속에 부어져 모든 인류에 대한 사랑을 생산하
며, 동시에 세속에 대한 애착과 악한 성품과 모든 죄악을 버리고 그
리스도의 마음을 닮아 변화된다. (설교, 성서적 구원의 길)

380 우리가 믿음으로 칭의를 얻는 순간, 우리의 영혼에 하나님의 모든
덕이 뿌려지며 그때부터 우리는 점진적으로 죄에 대하여 죽고 은혜
안에 성장한다. 그렇지만 우리의 영과 혼과 몸이 온전히 성화될 때
까지는 모든 죄의 씨가 우리 안에 남아 있다. 그러므로 우리는 점진
적인 성화와 동시에 순간적인 성화를 사모하고 기대해야 한다. (총

회 회의록; 설교, 성서적 구원의 길)

381 우리는 그리스도를 믿는 믿음이 칭의의 유일한 조건이라고 확언한
다. 그렇지만 시간과 기회가 있는 한 회개의 증거로서 믿음의 열매
와 선행을 보여야만 한다. (총회 회의록; 설교, 성서적 구원의 길)

382 신자의 성화(거룩한 변화: 영적 성장)는 점진적이며 순간적이다. 칭의
를 얻는 순간부터 성화가 시작된다. 즉 죄를 짓지 않으려고 깨어 있
으며, 은혜 안에 성장하고 열심히 선을 행한다. 신자들이 점진적으
로 성화되기를 원한다면 순간적 성화를 열심히 구하도록 촉구해야
한다. (논문, 그리스도인의 완전에 대한 평이한 해설)

383 신자의 성화(영적인 성장)는 경건의 행위(works of piety)와 자비의 행
위(works of mercy)로 이루어진다. 경건의 행위란 기도, 성경탐구,
가족예배, 공중예배, 성례전, 금식 그리고 속회와 성도의 교제 등
모든 은혜의 방편을 사용하는 것과 순종과 계명 지키기와 십자가를
지는 것과 모든 거룩한 예법을 지킴으로써 이루어진다. 동시에 자
비의 행위는 모든 이웃을 사랑하되 가난한 이웃에게 온갖 선을 행
하는 것인데, 먹이고 입히고 돌보고 치료하고 위로하는 일이며, 복
음을 전하든지 어떤 방법으로든지 그들을 죄와 죽음에서 구해 주는
것이다. 경건의 행위가 개인적이라면 자비의 행위는 사회적이다.
(에세이, 메도디스트의 특징)

384 올바른 기초 위에 확고히 서는 것이 얼마나 필수적인가! 올바른 기
초란 우리가 은혜를 믿음으로 의롭다 여김을 받고, 그 다음에는 성
화로 나아가야 한다는 것이다. (임종 침대에서 남긴 말)

385 완전한 성화란 우리의 모든 생각과 말과 행동에서 죄를 몰아내는 순수한 사랑(love excluding sin)이요, 하나님과 이웃에 대한 완전한 사랑이다(perfect love). (논문, 그리스도인의 완전에 대한 평이한 해설)

_____ 해설

구원은 성화(聖化)이다. 성화는 예수 그리스도의 마음을 품고 그가 걸어가신 길을 따라가는 삶이다. 신자는 믿는 순간부터 성화의 길을 걸어간다. 칭의는 하나님의 은혜 안에서 새로운 생명으로 탄생하여 새로운 삶을 출발하는 구원의 사건이다. 칭의에는 신생이 따르고 칭의되는 즉시 성화가 시작된다. 성화는 하나님의 값없이 주시는 구원의 은혜에 감사하여 하나님께 순종하고 섬기는 삶이다. 즉 성화는 하나님의 위대하신 사랑에 대한 감사와 보은의 삶을 살아가는 것이다. 그리스도인의 삶의 목표는 그리스도의 인격과 성품을 닮아 하나님의 형상을 회복하고 '마음의 성화와 삶의 성화'를 이루는 것이다.

웨슬리는 진실한 신자라면 점진적으로 성화(gradual sanctification)되어 가는 것이 정상이며, 점진적으로 성화하는 중에 순간적으로 성화(instantaneous sanctification)한다고 주장했다. 신자는 경건의 훈련과 성령의 역사를 통하여 점진적으로 성화하고 순간적으로 성화하는데, 어떤 순간에는 성령의 역사로 인하여 큰 폭으로 성화하고 완전한 성화를 경험하게 된다고 웨슬리는 믿었다. 그는 점진적 성화만 바라지 말고 순간적인 성화를 기대하고 완전한 성화를 얻기 위하여 기도에 힘쓰라고 신자들에게 촉구하였다. 그리고 목회자들에게도 신자들이 순간적 성화를 경험하고 완전한 성화에 도달하도록 격려하라고 요구하였다. 그는 설교자들이 점진적 성화만을 말하고 순간적인 성화를 강조하지 않는다면 신자들은 게을러지고 영성생활이 퇴보한다고 말했다.

한국적으로 말하면 성화는 성실(誠實)이다. 성화는 하나님 앞에서 그리고 사람들 가운데서 의와 평화와 사랑과 겸손과 선과 거룩함을 이루며 성실하게 사는 삶이다. 성화는 하나님과 이웃을 사랑하는 삶이다. 성화는 하나님의 말씀과 뜻을 행하며 의롭고 진실하고 선을 행하며 성실하게 사는 것이다. 웨슬리가 순간적 성화를 강조한 이유는 인생을 허비하지 말고 가능한 한 일찍부터 성실하게 살아서 하나님을 영화롭게 하고 가족과 이웃을 행복하게 하라는 뜻이다. 순간적 성화는 아직 시간과 건강과 재물과 능력이 있을 때에 모든 악을 버리고 성실하고 온전한 사람으로 변화되는 것이다. 순간적인 성화는 자신의 노력으로만 되는 것이 아니므로 열심히 기도하여 성령의 역사를 통하여 어느 순간에라도 속히 진실하고 성실한 사람으로 변화되는 것이다.

전통적인 개신교회는 오랫동안 칭의를 지나치게 강조하고 칭의에 너무 무거운 짐을 실어놓았다. '오직 믿음으로' 구원받는 교리를 정통 신앙으로 주장하면서 성화에 대하여는 소홀히 할 뿐 아니라 구원의 교리에서 성화의 자리를 내어주지 않으려고 하였다. 웨슬리는 오랫동안 잃어버렸던 성화를 성경과 교회전통에서 다시 찾았다. 성화는 성서적인 교리이며, 초대교회로부터 이어져 내려온 정통 교회의 신앙이다. 웨슬리는 칭의와 성화를 기독교 정통 신앙의 두 기둥으로서 다시 세워놓았다. 웨슬리는 "믿음은 칭의를 낳고 칭의는 성화를 낳는다."는 구원의 원리와 질서를 확립하였고 목회에서 실험하고 신자들의 삶에서 경험하도록 적극적으로 도왔다. 그러므로 성화는 칭의의 뿌리에서 자라나서 맺는 열매이다. 성화는 신자의 삶 속에서 나타나는 구원의 증거이다. 웨슬리의 구원론에서는 칭의 없는 성화가 없고, 성화 없는 칭의도 없다. 웨슬리가 오랫동안 개신교회가 지나쳐 버린 성화를 재발견함으로써 개신교 구원론을 완성했다고 하는 평가는 아주 옳다고 생각된다.

신자는 구원의 은혜를 믿음으로 의롭다 여김을 받아(칭의) 하나님의 자녀로 새롭게 탄생하고 이때부터 그리스도를 닮아 성화하기 시작한다. 아기는 탄생하는 즉시 성장하기를 시작하여 어른으로 성숙해간다. 어린아이는 건강하게 성장하면서 행복하게 되고 부모와 가족과 이웃들에게 기쁨이 된다. 만일 어린아이가 성장하지 못하면 자신을 비롯하여 모든 사람에게 고통이 된다. 이와 마찬가지로 정상적이고 진실한 신자는 하나님의 진리와 사랑으로 성장하고 하나님을 아는 지식에서 성장하고, 또한 하나님을 사랑하고 이웃을 사랑하는 사람으로 성장한다. 진실한 신자는 그리스도의 마음과 삶을 닮아 성장하고 성화되어 온전한 그리스도인으로 성화되어 간다. 이러한 성화는 구원의 실제적인 증거요 열매로서 신자의 행복이다.

웨슬리는 칭의가 하나님의 자녀가 되는 신분의 변화라고 한다면 성화는 마음과 생활에서 보이는 실질적인 변화라는 점을 강조하였다. 정통 신앙은 마치 나무가 자라서 꽃을 피우고 열매를 맺는 것처럼 영적으로 성장하여 의와 사랑과 선행의 열매를 맺는다. 언제나 신앙의 실천적 증거를 중시하는 웨슬리는 칭의의 구원을 얻은 후에 시간과 기회가 있음에도 불구하고 성화를 보이지 않는다면 그는 진정으로 구원을 받지 못한 사람이거나 구원의 은혜를 상실한 사람일 수 있다고 설명한다. 참된 구원은 신생을 동반하고 반드시 성화를 생산한다. 그리고 이것만이 진정한 기독교의 구원이며, 정통의 신앙이다. 만약에 시간과 기회와 환경이 허락되는 경우에도 신생과 성화를 낳지 못하는 것은 진정한 기독교도 아니고 예수 그리스도의 구원이 아니라고 할 수 있다.

성화II

거룩한 성품
행복한 성품

386 자비로우신 하나님은 인간의 이념보다 인간의 성품과 삶을, 그리고 머리의 명석함보다 마음의 선량함을 더 중시하신다. (설교, 하나님 없이 사는 것에 관하여)

387 그리스도를 통하여 얻는 구원은 거룩한 마음과 거룩한 삶을 형성하는 것이며, 그것만이 참된 행복에 이르는 길이다. 성결이 행복이다. (Holiness is Happiness.) (에세이, 메도디스트의 성격)

388 구원을 단순히 통속적으로 지옥에서 구출 받는 것, 또는 하늘나라에 올라가는 것으로만 이해해서는 안 된다. 다시 말하자면 구원이란 죄악에서의 현재적인 구원이며, 영혼의 본래 상태인 원초적 순결을 회복하는 것이며, 하나님의 형상을 본받아 우리의 영혼을 갱신하는 것으로서 의와 진리, 사랑과 평화 등 모든 거룩한 하늘의 성품(성결)을 이루는 것이다. 그러므로 성결과 구원은 동의어라고 할 수 있다. (논

문, 이성적이고 종교적인 사람들에게 보내는 추가적 호소; 설교, 성서적 구원의 길)

389 그리스도의 의는 우리의 이름을 천국에 등록시키는 데(entitle) 필수적이며(칭의), 우리의 거룩한 생활은 천국 시민의 품격을 갖추는 데(qualify) 필수적이다(성화). (설교, 결혼 예복에 관하여)

390 우리가 이 삐뚤어진 세대로부터 우리를 구원하지 않는다면, 우리가 믿음의 선한 싸움을 싸우지 않는다면, 우리가 좁은 문으로 들어가기를 힘쓰지 않는다면, 우리 자신을 부인하고 날마다 우리의 십자가를 지지 않는다면, 우리의 부르심과 선택받음을 확실하게 하지 않는다면, 하나님은 우리를 구원하지 않으실 것이다. 하나님은 우리 없이 우리를 구원하지 않으신다. (설교, 우리 자신의 구원을 이룸에 대하여)

391 구원은 칭의와 성화라는 두 개의 큰 줄기로 이루어진다. 우리는 칭의에 의하여 죄의 가책에서 구원받으며 하나님의 사랑을 회복한다. 그리고 성화에 의하여 우리는 죄의 세력과 죄의 뿌리에서 구원을 받아 하나님의 형상을 회복한다. 성경과 경험으로 보아 성화는 순간적이며 또한 점진적인 사건이라고 할 수 있다. 작은 겨자씨가 큰 나무로 성장하는 것처럼 신자는 모든 죄에서 깨끗해지며, 하나님과 사람을 사랑하는 순수한 사랑으로 충만하게 되어 그리스도의 장성한 분량에까지 성장한다. (설교, 우리 자신의 구원을 이룸에 대하여)

392 믿음으로 의롭다 함을 얻는 것에 관하여 마틴 루터보다 더 잘 쓴 사람이 누가 있겠는가? 또 성화론에 관하여 마틴 루터보다 더 무식하거나 그 의미에 관하여 혼동하고 있는 사람이 어디 있겠는가? …… 로마교회도 칭의와 성화를 혼동하고 있다. 그러나 하나님께서 우리

메도디스트들에게 칭의와 성화에 관하여 충분하고 명확한 지식을 수셔서 이 두 가지는 서로 다르다는 사실을 알게 하셨다. …… 그들은 하나님이 이 두 교리를 짝지어 주신 사실을 잘 안다. 하나님이 짝지어 주신 것을 결코 나누면 안 된다. (설교, 하나님의 포도원)

393 로마 가톨릭교회도 마틴 루터도 칭의와 성화를 똑같은 것인 줄 알았기 때문에 오해하고 혼동하였다. 전자는 칭의에 대하여, 후자는 성화에 대하여 분명히 알지 못한다. 그러나 메도디스트들은 이 두 가지가 서로 다르다는 것을 주장하면서 또한 동일하게 강조한다. 이 두 가지 교리는 하나님이 짝지어 주신 것인데 사람이 결코 섞거나 분리하지 말아야 한다. 메도디스트들은 하나님이 값없이 주시는 은혜로 얻는 칭의, 그리고 마음과 생활의 성화, 이 두 가지를 조화롭게 열심히 지켜나간다. (설교, 하나님의 포도원)

394 우리의 주요 교리는 회개와 믿음과 성결이다. 집에 비유해 본다면 회개는 기독교의 현관에 들어서는 것이요, 믿음은 기독교의 문을 여는 것이요, 성결은 기독교의 집 안에 들어가서 생활하는 것이다. (Our main doctrines, which include all the rest are three: repentance, faith and holiness. The first of these we account, as the porch of religion, the next the door, the third religion itself.) (편지, 1746. 2. 17; 총회 회의록)

___ 해설

구원은 성화(聖化)이다. 성화는 그리스도의 마음과 삶을 본받는 그리스도 모방이며, 인간의 마음과 삶에 하나님의 형상을 회복하는 것이다. 웨슬리는 성화의 소극적 의미는 죄악을 이기고 몰아내는 것이며, 적극적 의미는 하나님과 이웃을 사랑하는 것이라고 말하였다. 그는 정통 신앙이란 하나님과 이웃을 사랑하는 에너지로 가득찬 믿음이며, 참된 믿음은 언제 어디서나 어떤 환경에서라도 하나님을 사랑하고 이웃을 사랑하는 성화의 에너지를 생산한다고 강조하였다.

하나님은 당신의 형상대로 처음 인간 아담을 지으셨지만 아담이 타락하여 하나님의 형상을 잃어버렸다. 모든 인간은 하나님의 형상을 상실한 채로 태어난다. 그렇지만 인간은 하나님의 형상을 희미하게 기억하고 있다고 웨슬리는 믿었다. 그리고 모든 인간은 거룩함에 대한 향수(nostalgia for holiness)를 갖고 있다고 웨슬리는 생각했다. 거룩함은 하나님의 성품이며 하나님의 나라의 삶이다. 그래서 모든 인간은 하나님과 함께 있고자 하는 향수와 하나님과 함께 거룩하게 살고자 하는 소원을 갖고 있다. 그래서 웨슬리는 지속적으로 "성결이 행복이다." 또는 "성화가 행복이다." 라고 주장하였고, 얼마만큼 그리스도의 마음을 닮고 그리스도의 생활을 닮았는지가 그리스도인의 행복의 척도가 된다고 가르쳤다. 그러므로 웨슬리에게서 참된 행복이란 마음의 성화와 삶의 성화와 정비례하며, 성화되지 못하면 행복하지 못한 것이다. 거룩하지 못한 사람, 악한 사람, 거짓된 사람은 불행한 사람이다. 반면에 믿음 안에서 의와 사랑과 선을 행하는 사람은 행복한 사람이다.

웨슬리에 의하면 신자의 성화는 경건의 행위(works of piety)와 자비의 행위(works of mercy)로 이루어진다. 경건의 행위는 내적인 성화를 가져오고 자비의 행위는 외적인 성화를 가져온다. 경건의 행위는 기도와 말씀과 성만찬과 금식 등이요, 자비의 행위는 굶주리고 목마르고 헐벗고 갇히고 병들어 고통당하는 사람들을 돌보는 것이다. 신자는 경건의 행위와 자비의 행위를 끊임없이 실천함으로써 성화되어 간다. 성화는 끊임없는 훈련을 통하여 이루어지는데, 곧 성화는 거룩한 성품을 낳고 거룩한 성품, 즉 성화된 성품은 행복한 성품을 낳는다. 따라서 거룩하지 못한 성품, 성화되지 않은 성품은 불행한 성품이다. 누구든지 성화된 만큼 행복하며, 성화되지 못하는 만큼 불행하다. 웨슬리의 가르침에서 믿음은 사랑의 기초이며, 사랑은 성화의 통로이며, 성화는 행복으로 가는 수단이다.

웨슬리의 설명에 의하면 가톨릭교회와 루터가 칭의와 성화의 의미와 둘의 관계에 대하여 오해하고 혼동하였는데, 가톨릭교회는 칭의에 대하여 잘못 알고 칭의를 성화에 섞어 버렸고 루터는 성화에 대하여 잘못 알고 성화를 칭의에 섞어 버렸다. 즉 가톨릭교회에서 칭의는 최소화되고 제자리를 잃어버렸으며, 루터에게는 성화가 최소화되어 제자리를 상실하였다. 웨슬리는 칭의와 성화는 결코 하나로 섞어서도 안 되고 완전히 분리해서도 안 되며, 칭의와 성화는 하나님이 짝지어 주신 교리로서 마치 신부와 신랑같이 서로 다르지만 언제 어디서나 항상 함께 있어야 하며, 함께 있음으로써 온전해지는 것이라고 주장하였다. 그는 가톨릭교회와 개신교회의 구원론의 약점을 각각 수정하고 보완하여 양쪽 교리의 창조적 종합을 이루어냈다. 그리고 이것은 웨슬리의 위대한 신학적 공헌으로 평가된다. 웨슬리는 구원을 설명하는 주요 교리 세 가지에 대하여 집의 비유를 들어서 그림을 그리듯이 분명하고도 실제적으로 설명해 주었다.

첫째, 회개는 구원의 현관에 들어서는 것.
둘째, 칭의는 구원의 문을 여는 것.
셋째, 성화는 구원의 집 안에 들어가서 사는 것.

성화는 하나님의 나라 안에 들어가서 생활하고 즐거워하는 것이다. 칭의와 성화를 집에다 비유하자면 칭의는 집의 기초를 놓고 기둥을 세우고 벽을 쌓아 지붕을 올려놓는 것과 같다고 할 수 있다. 그러나 성화는 지어진 집 안에 창문을 달고, 옷장도 만들고, 주방기구와 거울과 텔레비전과 냉장고와 세탁기를 두고, 또 아름다운 그림도 벽에 걸어서 행복한 생활을 할 수 있도록 우아하고 편리하고 안락하게 집 안을 꾸미고 그 안에서 사는 것과 같다고 할 수 있다. 이런 의미에서 성화는 하나님 안에서 거룩하고 행복한 삶을 사는 것을 의미한다.

또한 웨슬리는 칭의와 성화를 정원에 비유하였다. 칭의는 땅을 고르고, 평탄하게 하고, 울타리도 쳐서 정원의 모양을 만들어 놓는 것이라고 할 수 있으며, 성화는 그 정원 안에 장미와 데이지 등 여러 가지 아름다운 꽃을 심고, 사과나무와 복숭아나무도 심어서 아름다운 꽃이 가득히 피어나게 하고 탐스러운 과일이 가득하게 익어가는 정원으로 가꾸고 그 정원에서 즐거운 생활을 하는 것과 같다는 웨슬리의 설명은 참으로 성서적이고 감동적이다. 칭의가 진정한 행복의 기초라면 성화는 진정한 행복을 누리는 삶이라고 할 수 있다.

완전한 성화

지금 여기서
완전한 사랑을

395 완전한 성화란 그리스도의 마음을 품고 그리스도가 걸어가신 길을 따라가는 것으로서 그리스도의 마음과 삶을 완전히 모방하는 것이다. (논문, 그리스도인의 완전에 대한 평이한 해설)

396 내 삶의 모든 것을 하나님께 제물로 바쳐야 한다. 만일 어떤 부분이라도 하나님께 바치지 않은 것이 있다면 그것은 곧 마귀에게 바친 것이 된다. 내 삶에서 하나님 섬기기와 마귀 섬기기의 중간은 없다. 진실한 믿음을 가진 사람이라면 누가 하나님 섬기기와 마귀 섬기기의 중간에 설 수 있겠는가? (일기, 1738. 5. 24)

397 나에게는 절반의 그리스도인(half a Christian)도, 거의 된 그리스도인(almost Christian)도, 95% 그리스도인도 없고, 오로지 전적인 그리스도인(altogether Christian)만이 있을 뿐이다. (논문, 그리스도인의 완전에 대한 평이한 해설)

398 나는 당신이 절반의 그리스도인(half a Christian)이 아닌, 전적인 그리스도인(altogether Christian)이 되기를 바란다. (편지, 1781. 8. 4)

399 그리스도인의 완전이란 1) 온 마음을 다하여 하나님과 이웃을 사랑하는 것이다. 2) 마음과 삶을 하나님께 바치는 것이다. 3) 하나님의 형상을 우리의 마음과 삶 속에 이루는 것이다. 4) 그리스도의 마음을 지니는 것이다. 5) 그리스도께서 걸어가신 길을 따라가는 것이다. 진정한 그리스도인이라면 누구도 여기에 대하여 반대하지 못할 것이다. (일기, 1769. 6. 27)

400 그리스도인의 완전이란 그리스도가 품으셨던 마음을 품고 그리스도가 걸으셨던 길을 걸어가면서 마음과 삶의 성화를 이루기 위하여 쉬지 않고 기도하며, 범사에 감사하며, 항상 기뻐하면서, 모든 일에서 하나님께 순종하고 삶 전체를 드려 하나님을 사랑하는 것이다. (에세이, 그리스도인의 완전)

401 신자의 완전성화는 죽음 직전이나 죽음의 순간에 오는 것이 일반적이지만, 죽기 10년 전, 20년 전, 몇 달 전, 며칠 전 또는 몇 시간 전에 올 수도 있다. 그러므로 신자는 완전성화가 죽음의 순간에 오기를 기대하지 말고 지금 여기서 속히 얻기를 기대해야 한다. (논문, 그리스도인의 완전에 대한 평이한 해설)

402 '완전한 성화'의 교리는 하나님께서 메도디스트들에게 맡기신 위대한 사명이다. 그리고 하나님은 이것을 가장 중요하게 여기고 전파하기 위해서 그들을 불러 세우셨다. (This doctrine is the grand depositum which God has lodged with the people called Methodists; and for the sake of propagating this chiefly He appeared to have raised us

403 완전한 성화란 우리의 마음속에 하나님의 사랑이 가득히 부어져서 모든 죄를 몰아내는 거룩하고 위대한 변화를 의미한다. 교황주의자들(가톨릭주의자들)은 우리가 연옥불 속에서 정화될 때까지 이것은 불가능하다고 가르치고, 칼빈주의자들은 우리의 영혼이 몸을 떠나는 사별 전까지는 불가능하다고 주장한다. 그러나 메도디스트들은 우리가 죽기 전에 이룰 수 있으며, 죽음 이후는 너무 늦다고 고백한다. 우리는 죽기 전에 가능한 일찍이 모든 죄에서 구원받아 완전히 성화되기를 구해야 한다. 그리고 우리는 완전성화로 가는 점진적 변화와 순간적 변화, 이 두 가지를 모두 강조해야 한다. (논문, 그리스도인의 완전에 대한 평이한 해설)

404 그(존 플레처)는 매우 온유해서 다른 사람들에게 모든 것, 곧 시간, 재능, 물질을 다 바쳤다. 그의 모든 지식과 가르침과 건강과 돈은 매일매일 인류의 행복을 위해서 사용되었다. 그는 쉬지 않고 기도하고 글을 쓰고 설교했다. 병든 사람들과 건강한 사람들을 방문하고 대화하고 도와주고 돌보고 일하고 고생하였다. 봄, 여름, 가을, 겨울 내내, 밤이나 낮이나 그렇게 살았다. 결국 그의 건강은 위협받았고 파괴되었다. 그는 그렇게 거룩한 사랑과 하나님의 영광을 나타내면서 거룩한 생을 마치었다.

그의 모든 발걸음에는 은혜가, 눈에는 천국이,
모든 몸짓에는 거룩함과 사랑이 가득하네.
(전기, 존 플레처의 생애)

405 그(존 플레처)는 자신의 유익을 저버리고 주님의 유익만을 구하며 살았다. 그래서 자기가 가진 사랑, 평화, 지식, 거룩함, 기쁨을 최대한 멀리까지 전하려고 애썼다. 그렇게 하기 위해 부지런히 성경을 연구하였고, 하나님 나라와 그의 영광만을 기쁘게 전하였다. 그가 온유와 평화의 사람이었다는 것은 모든 이가 다 아는 것이다. 그는 평화가 깨어진 곳에 찾아가서 평화를 회복시켜 주기 위해서 자신의 몸을 아끼지 않았다. 그의 온화한 성품과 순수한 사랑의 이야기는 이미 세상에 많이 알려졌다. (전기, 존 플레처의 생애)

___ 해설

완전한 성화는 진실한 신자의 목표이며 드높은 이상(lofty ideal)이다. 진실한 신자라면 일평생 성화의 길을 걸어가면서 마침내 완전한 성화에 이르기를 사모한다. 완전한 성화란 그리스도를 완전히 모방하는 것이며, 하나님과 이웃을 완전한 사랑(perfect love)으로 사랑하는 삶이다. 진실한 신자는 점진적 성화와 순간적 성화를 통하여 마침내 완전한 사랑을 경험하고 인생의 완성을 바라본다.

웨슬리는 1725년 22세로 옥스퍼드대학을 졸업하던 해에 자신의 생애 전체를 하나님께 제물로 바치는 거룩한 결심을 하였다. 그는 몸과 마음과 영혼과 시간과 물질 그리고 자기의 모든 소유와 재능과 힘을 주님께 드려서 하나님을 사랑하고 이웃을 사랑하고 마음과 삶의 완전한 성화를 이루기로 확정하였다. 그는 절반의 그리스도인이나 95% 그리스도인이나 거의 다 된 그리스도인(almost Christian)이 되는 것을 원하지 않았고, 오로지 전적인 그리스도인(altogether Christian)이 되기를 원하며, 그것을 위해서 모든 노력을 다할 것이라고 고백하였다. 그는 자기 인생의 목표를 '그리스도인의 완전(Christian perfection)'으로 정하였다. 즉 완전한 성화를 인생의 가장 고상한 목표로 바라보고 그것을 실현하기 위해서 매일의 경건훈련과 이웃에게 자비를 실천하기 위한 계획과 규칙을 세우고 그때부터 일평생 거룩한 길을 걸어갔다. 웨슬리는 완전성화란 모든 죄를 몰아내는 사랑(love excluding sin)이며, 하나님과 이웃에 대한 완전한 사랑(perfect love)이라고 가르쳤다. 이것은 진정 위대한 신앙이다.

이보다 더 좋은 신앙은 어디에도 없을 것이다. 그는 하나님과 이웃을 사랑하되 진실한 사랑, 순수한 사랑, 완전한 사랑으로 사랑하는 그리스도인의 완전성화를 자기의 삶에서 실현하기 위하여 모든 노력을 다하였다.

옛날 수도자들은 죄의 유혹을 피하고 거룩한 삶을 살기 위하여 세속을 떠나서 광야나 산속 수도원으로 들어갔다. 그러나 웨슬리는 세속 한복판에서 거룩한 삶을 살며 완전한 성화를 이루는 것을 목표로 삼고 실천하였다. 그는 동료들과 '거룩한 모임(Holy Club)'을 결성하여 그리스도인의 완전성화와 완전한 사랑의 목표에 닿기 위해서 함께 거룩한 생활을 훈련하였다. 그들은 거룩한 삶을 위한 시간표와 규칙을 만들어 엄격하고 정확하게 지켰다. 그것은 마치 '세속 속의 수도원'과 같았다.

현대의 기독교인들은 성화의 행복과 목표를 잃어버렸다. 현대 교회는 거룩함에 대한 관심보다는 오히려 세속적인 성공이나 세속적인 즐거움에 더욱 심취해 있다. 웨슬리와 초기 메도디스트들은 세속 속에 살면서도 거룩함에 깊은 관심을 가졌고 거룩함이 가장 좋은 행복이라고 믿었고 완전성화를 소유하기 위하여 기도하고 노력하였다. 그들은 신자가 세속 속에서 성화의 삶을 살고 현세에서 완전한 성화를 경험하고 이루는 것이 가능하다고 믿었다. 그리고 신자들에게 죽기 전에 가능한 한 일찍 건강과 시간과 기회와 힘이 있는 동안 완전히 성화되기를 구하고 노력하라고 강권하였다. 이것은 실로 위대한 신앙이다.

웨슬리는 그리스도인의 완전이란 어디까지나 무지와 부지중의 실수와 오류가 없는 절대적 완전을 뜻하는 것이 아니며, 전혀 죄가 없는 천사와 같은 완전은 없다고 설명하였다. 그는 그리스도인의 완전이란 순수한 마음과 생각과 의도와 동기와 태도에 있어서 '완전'이라고 말하며 완전의 의미는 순수성이라고 설명하였다. 그는 또한 완전을 하나님을 사랑하는 '한 가지 마음을 갖는 것(single-mindedness)' 또는 '마음 전체를 드리는 것(whole-heartedness)'이라는 용어로도 설명하였다. 완전한 성화는 점진적으로 얻을 수도 있고 순간적으로도 얻을 수 있으나 진실한 신자라면 순간적 완전성화를 열심히 구하라고 웨슬리는 신자들에게 강권하였다. 당시에 많은 사람들이 웨슬리의 '그리스도인의 완전'의 교리를 비판하였다. 이 교리를 따르는 메도디스트들은 열광주의자들이며 교황주의자들이라고 공격하였다. 하지만 웨슬리는 이 교리가 성경이 가르치는 교리이며 하나님이 명하신 신앙이라고 반론하면서 결코 이 교리를 양보하지 않았다.

웨슬리는 자신의 후계자로 생각했던 존 플레처 목사를 첫 번째 메도디스트 성자로 여겼다. 메도디스트 역사에서 플레처는 진정 완전한 사랑으로 하나님과 이웃을 사랑하며 완전성화를 살았던 성자로 기억되었다. 그는 매일 기도와 금식과 절제로 거룩한 삶을 살았고, 특별히 자기의 유익을 구하지 않고 오로지 가난한 사람들과 함께 살면서 거룩하고 순전한 사랑을 실천하였다. 그는 수많은 사람들에게 그리스도의 마음과 생활을 온전히 본받은 모습을 나타내 보였다. 플레처뿐만 아니라 초기 메도디스트들 중에는 완전성화를 살았던 성자들이 많이 있었다. 그들의 거룩한 삶으로 인해 메도디스트 운동은 교회사에 거룩한 역사로 기억되고 있다. 루터는 성화에 대하여 바르게 알지 못하였고 가톨릭교회는 칭의에 대하여 바르게 알지 못하였다고 웨슬리는 판단했다. 또한 완전한 성화에 대하여 루터와 칼빈은 영혼이 몸을 떠나서 내세에 들어가기 전에는 불가능하다고 가르쳤고, 가톨릭교회는 연옥 불에 정화된 후에만 가능하다고 가르쳤다. 하지만 웨슬리는 이 세상에 사는 동안 언제라도 완전성화의 은사를 얻을 수 있으며, 하나님과 이웃을 완전히 사랑하는 것이 가능하다고 믿었다. 그들은 이 신앙을 실로 열심히 전파하였다. 웨슬리는 하나님이 이 신앙과 실천을 온 세상에 전파하기 위하여 메도디스트들을 부르셨다고 매년 총회에서 선언하였다. 초기 메도디스트들은 완전성화를 얻기 위해서 실제로 열심히 기도하고 경건의 훈련과 사랑의 실천에 정진하였다. 이 신앙이 실로 위대하고 또 거룩하고 아름답고 존경스럽다. 어느 시대나 교회들이 하나님과 사람 앞에 바르고 진실하고 성실하게 살아 성화되기를 열심히 구하고 완전한 성화에 도달하기 위하여 기도하고 노력한다면 기독교인들이 행복하고 온 세상이 행복하게 될 것이다.

영화

영광의 몸을 입고
영원한 나라에서

406 하나님은 모든 믿는 자를 아시고, 그들이 죄에서 구원받기를 바라시고, 의롭다 하시고, 성화시키시고, 영화(榮化)롭게 하신다. (설교, 예정에 대하여)

407 아담이 타락하지 않았더라면 그리스도는 세상에 오지 않았을 것이며, 하나님의 가장 큰 사랑도 우리에게 나타나지 않았을 것이다. 그러므로 아담의 타락으로 말미암아 우리는 타락 이전보다 더욱 거룩하고 복된 존재가 될 수 있는 기회를 얻었으며, 천국에서 우리가 누릴 영광이 더욱 크게 되었다. (설교, 타락한 인류를 향한 하나님의 사랑)

408 부활의 때에 우리가 소유할 몸은 죽지 않고 썩지도 않을 것이다. 이것은 죄가 세상에 가져온 육체의 모든 악과 질병과 고통으로부터 우리가 완전히 자유롭게 되는 것을 의미하는 것이다. 우리의 몸은 영광중에 일으킴을 받을 것이다. 그때에 의인들이 아버지의 나라에서

해같이 빛날 것이다. 이와 비슷한 것을 우리는 모세가 산에서 하나님과 대화하고 있을 때에 그의 얼굴에 나타난 광채에서 본다. (설교, 죽은 자의 부활)

409 우리가 세상을 떠나서 영화로운 나라에 들어가면 아담이 낙원에서 향유한 것보다 훨씬 더 좋은 성결과 행복을 얻을 것이다. 이제 모든 고통은 끝났으며, 거기에는 하나님과의 완전하고 영원한 교제만 있다. 삼위일체 하나님과 함께 그의 모든 피조물이 영원한 기쁨으로 충만할 것이다. (설교, 보편적 구원)

410 인자가 영광중에 오셔서 각 사람에게 상을 주실 때에 그 기준은 다음과 같을 것이다. 1) 우리의 내적인 성화: 우리가 얼마나 하나님의 형상을 닮았는가에 따라서. 2) 우리의 선행: 우리가 얼마나 많은 선을 행했는가에 따라서. 3) 의를 위한 우리의 고난: 우리가 주님을 위해서 당한 고난의 정도에 따라서. 그러므로 시간 안에서 우리가 당한 고난은 영원에서 말할 수 없는 유익이 될 것이다. (편지, 1790. 12. 15)

_____ 해설

죽음은 인간 존재의 끝이 아니라 영원한 시작이다. 신자에게 죽음은 허무한 종말이나 멸망이나 저주가 결코 아니고, 부활하신 그리스도의 몸과 같이 영광스럽게 변화되는 영화로 들어가는 통로이다. 신자는 죽음을 통과하여 또 다른 세계, 즉 영원한 나라로 들어간다. 신자는 죽음 후에 영원한 하나님의 나라에 들어가서 영화된다. 신자는 죽음을 넘어서 영원한 하늘나라에 들어가서 부활하신 예수 그리스도의 영광스런 몸과 같이 변화한다. 영화는 죄악과 죄악으로 인한 고통이 없는 하나님의 나라에 들어가서 하나님과 함께 영광스런 삶을 영원히 사는 것이다. 이와 같은 영화는 구원의 순서에서 최종 단계이고 구원의 완성이라고 웨슬리는 믿었다.

웨슬리는 이 세상에서는 아담이 타락하기 이전에 가졌던 전혀 죄가 없는 천사적인 '완전'은 없다고 분명히 말했다. 인간은 원죄를 타고났으며 전적으로 타락한 본성을 가지고 태어나기 때문에 죄악에서 완전히 자유로워지는 것이 불가능하다고 말했다. 죄 없는 완전은 현재의 몸이 죽고 예수의 부활의 몸을 입을 때에만 이루어진다. 그때 우리는 모든 죄악과 모든 고통을 완전히 벗어버리고 부활하신 예수의 영광의 몸, 즉 썩지 않고 쇠하지 않는 영광스런 몸을 입고 영원한 하나님의 나라에서 살게 되는데, 웨슬리는 이것을 영화라고 칭하였다. 그리고 이러한 영화의 복은 오직 전능하신 하나님의 능력으로만 되는 것이라고 그는 믿었다.

웨슬리는 우리가 누릴 영화의 복은 아담이 타락하기 전에 가졌던 것보다 훨씬 더 좋은 것이라고 생각했다. 그리스도가 오심으로 우리는 에덴동산에 있었던 것보다 더 좋은 거룩함과 행복을 누리게 되었다고 웨슬리는 말하였다. 이러한 영광의 세계에서 영원한 생명을 사는 것이 영화(榮化; glorification)이다. 우리가 영화롭게 될 때에 비로소 우리의 구원은 완성에 이르게 되고, 그때 우리는 영원한 나라에서 삼위일체 하나님의 거룩하심과 영광 속에 거하며 하나님과 영원한 교제를 갖게 될 것이라고 그는 믿었다. 그러나 영화의 세계는 하나님의 영원한 신비에 속한 것이며, 성경이 계시하는 것 이상으로 인간의 이성과 지식으로 이해하거나 설명할 수 없는 것이기에, 우리는 다만 영화의 소망 가운데 하나님의 영광을 찬양해야 한다고 웨슬리는 믿었다.

웨슬리는 신자가 천국에 들어가서 영화롭게 될 때에 각자가 상을 얻게 되는데, 각자의 영화는 동일하지 않고 각자 받는 상급도 다르다고 보았다. 영화에서 신자의 상급은 다음 세 가지 기준에 따라서 구분된다. 첫째는 각 사람의 인격과 성품의 성화의 수준, 둘째는 하나님과 인류를 위한 선행의 분량, 셋째는 주님을 위하여 당한 고난에 따라서 각 사람에게 영원한 상급이 주어진다고 생각했다. 주님을 위한 고난 중에는 순교의 영광이 가장 높은 위치에 있다고 웨슬리는 생각했다. 그러므로 이 세상에서 힘을 다하여 성화를 이루고 가능한 많은 선을 행하며 그리스도의 고난에 동참하여 영원한 행복과 행복한 영원에 들어가기를 힘쓰며, 영화를 바라보는 소망 가운데 살아야 한다고 웨슬리는 가르쳤다.

나는 당신이 절반의 그리스도인(half a Christian)이 아닌,
전적인 그리스도인(altogether Christian)이 되기를 바란다.

천국엔
꼭 들어가야

411 나? 나는 어떤 존재인가? 분명히 나는 내 몸과 다른 존재이다. 내 몸
이 죽어도 나는 죽지 않고 죽음 이후에도 존재할 것이다. 잠시 동안
나의 몸은 영혼과 아주 긴밀히 결합되어 있기 때문에, 나는 영과 육
으로 구성되어 있다. 그러므로 나는 부활 이후 다시 영과 육을 가지
고 영원토록 존재할 것이다. (설교, 인간이란 무엇인가? 2번)

412 하늘에서 오신 성자는 창세 전에 있었던 영광스런 하늘 가는 그 길
을 우리에게 가르쳐 주러 오셨다. 그는 영원한 생명의 길, 즉 천국
가는 길을 우리에게 안내하기 위해 오셨다. 성자께서 보여 주신 그
길 외에 다른 길은 없으니, 다른 길은 멸망으로 가는 길이다. (설교,
산상설교 1번)

413 하늘나라와 하나님 나라는 동일한 것에 관한 두 개의 용어이다. 그
것들은 하늘에서 누릴 수 있는 상태로서 인간의 심령 속에 있는 영

광스런 하나님 나라를 의미한다. 이것은 또한 지상에서 하나님의 자녀들이 마음을 보아서 하나님의 뜻을 이루어 드리는 그의 백성들의 나라를 의미한다. 먼저 지상에서 이루어지고 다음으로 하늘의 영광 중에 하나님과 함께 있게 될 것이다. 성경은 두 개의 하나님 나라, 즉 지상의 하나님 나라와 천상의 하나님 나라를 가르친다. (신약성서 주해, 마태복음 3장)

414 천국은 신자의 마음속에 이루어지는 것으로서 이 땅 위에서부터 시작하는 것이며, 예수 그리스도를 통하여 하나님께서 온 우주의 통치자로 임하는 것이다. 무엇보다 인간의 심령을 정복하시어 그리스도께 복종하게 하사 온 인류가 주님을 왕으로 모시는 나라이다. (설교, 산상설교 6번)

415 "아버지의 나라가 오게 하시며"라는 기원은 이 땅 위에 있는 은혜로운 나라의 연속이며 완성으로서의 영원한 영광의 하늘나라의 도래를 바라는 것이다. 하나님께서 만물을 새롭게 하심으로 모든 죄와 불행과 연약함과 죽음에 종지부를 찍어 만유를 그의 손으로 통치하시는 나라를 대망하는 기원이다. (설교, 산상설교 6번)

416 아무도 80년을 산다는 보장이 없다. 누가 80년을 불행하게 살고 또 영원히 불행하게 되겠는가? 누가 80년을 행복하게 살다가 영원히 행복하게 되겠는가? 지금 지옥을 조금 맛보고 영원히 천국에서 살겠는가? 아니면 지금 지옥을 조금 맛보고 또 영원히 지옥에서 살겠는가? 당신은 이 세상에서나 저 세상에서나 지옥에 살 것인가? 아니면 이 세상에서나 저 세상에서나 천국에 살 것인가? (Will you have two hells, or two heavens?) (설교, 중대한 질문)

417 인생은 꿈과 같다. 시인 카울리의 말이 맞다.

"인생은 무(無)의 동생이 꿈과

너무나 닮아서

우리는 이 둘을 혼동한다."

잠 속의 꿈과 인생이란 꿈 사이에는 유사성이 있다. 꿈이 실재가 아닌 것처럼 인생도 한순간에 영원히 그림자와 안개처럼 사라지는 것이다. 그렇다. 가족과 친구, 금과 은, 돈과 귀중품, 권력과 명예, 행복과 불행, 사랑과 아름다움, 미움과 다툼 등 이 모든 것이 꿈처럼 사라지고 다시 오지 않는 그저 아련한 기억만 남는 것이기에 정말 인생은 꿈이 아니겠는가? 그러나 영혼만은 남을 것이다. 그러므로 악몽같이 허망한 인생이 아니라 길몽같이 행복한 인생을 살아야 하지 않겠는가? (설교, 꿈과 같은 인생)

418 종교의 본질은 시간과 영원을 연결하고 보이는 세계와 보이지 않는 세계를 연결하는 것인데, 기독교는 이 둘을 연결하는 임마누엘이다. 우리가 임마누엘 은총으로 인생이라는 꿈을 통과하여 행복하고 영원한 천국에서 깨어난다면 얼마나 기쁘겠는가? (설교, 꿈과 같은 인생)

419 인생이란 공중을 날아가는 화살처럼 세상의 촌음을 스쳐가는 피조물에 불과하다고 나는 생각한다. 나는 삶과 죽음 사이의 막대한 틈새를 한순간 맴돌다 더 이상 보이지 않고 마침내 영원 속에 물 한 방울처럼 떨어지고 말 것이다. 그러나 나의 영혼은 하나님께로부터 왔고 하나님께로 돌아가는 존재이기에 이 한 가지만은 꼭 알고 싶다. 영원한 하늘나라로 들어가는 그 길! (표준설교집, 서문)

420 나와 죽음 사이에는 몇 발자국뿐이다. 이제 내가 할 말은 이것뿐이다. 나는 죄인 중에 가장 큰 죄인이지만 예수 나를 위해 죽으셨도다.

나의 구원을 위해서 예수는 전부이고 나는 아무것도 아니다. (헨리 무어,「존 웨슬리의 생애 2권」, 389)

421 당신은 땅 위의 나그네와 하숙생 같은 미미한 피조물이지만 이제 영원한 존재로 새로운 출발을 하게 되었다. 서두르라! 영원이 바로 눈앞에 있다. 영원은 지금, 이 순간에 열리기도 하고 닫히기도 한다. 영원한 행복이냐 아니면 영원한 불행이냐가 지금 여기에서 당신의 선택에 따라 결정된다. (설교, 잠자는 자여 일어나라)

422 당신이 만나는 모든 사람을 여기로 초대하라. 완전한 사랑으로, 그리고 현재적이면서 영원한 천국으로! (편지, 1774. 9. 16)

423 지금 일하라. 멀지 않아 영원히 쉬게 된다. (편지, 1789. 9. 11)

____ 해설

인간은 너무나 짧은 인생을 살지만 에덴동산과 영원한 하나님 나라에 대한 기억을 갖고 있으며, 꿈과 같은 희미한 기억이지만 그 기억 때문에 영원한 천국을 동경하고 소망하고 있는 것이라고 웨슬리는 믿었다. 그리고 그리스도는 천국에 대한 인간의 희미한 기억을 확실히 해주고 천국으로 가는 그 길로 인도하기 위해서 세상에 오셨다고 웨슬리는 믿었다. 즉 모든 인간은 천국을 향하여 가는 순례자들이며 그리스도는 그 길의 안내자라고 그는 믿었다.

웨슬리는 죽음이 인간의 끝이 아니라 또 다른 세계로 들어가는 통로요 천국의 문을 여는 순간이며 이 지상에서 천상으로 이동하는 사건이라고 믿었다. 그는 신자의 영혼은 죽음을 통하여 육체를 벗어나 자유를 얻어 영원한 세계로 들어가 영화의 삶을 살게 된다고 믿었다. 웨슬리는 옥스퍼드대학을 졸업하던 해 22세 때에 '죽음과 구원'이라는 제목으로 설교하였고 이후에도 종말과 천국에 대한 설교를 여러 번 하였다. 그는 죽을 수밖에 없는 인간의 허무성과 그 죽음을 두려워하는 인간의 비참함에 대해 간파하면서, 영원한 천국에 대한 믿음과 소망을 확고하게 하고, 천국의 소망과 위로 가운데 살아가는 것 외에는 다른 길이 없음을 역설하였다.

또 그는 '꿈과 같은 인생(Life A Dream)'이라는 설교에서, 꿈과 인생은 유사성이 많다고 하면서 꿈이 실제가 아닌 것처럼 인생도 영원에 비하면 그림자와 안개처럼 한 순간에 사라지기 때문에 인생이 꿈과 같다고 표현하였다. 그는 인생의 모든 것은 꿈처럼 사라지고 다시 오지 않으며, 단지 아련한 기억만 남는 것이기에 정말 인생이 꿈과 같은 것이지만, 그럼에도 불구하고 영혼만은 남을 것이라고 믿었다. 그는 악몽같이 괴롭고 허망한 인생을 살 것이 아니라 길몽 같은 행복한 인생을 살아서 영원한 천국으로 들어가야 한다고 말했다. 웨슬리는 비록 인생이 꿈처럼 한순간에 지나가는 것이지만 꿈에서 깨어나듯이 죽음 후에 천국에서 깨어난다면 우리가 바라는 영원한 행복이 된다고 했다.

웨슬리는 종교의 역할은 시간과 영원을 연결하는 것이라고 생각하였으며, 시간 속에서 영원한 나라에 연결하여 살고, 또한 죽음 이후에 영원한 천국으로 들어간다고 믿는 것은 그렇게 믿지 않는 것보다 말할 수 없이 좋은 것이라고 생각했다. 웨슬리는 죽음 후에 오는 영원한 천국을 믿었다. 그는 천국을 믿지 않고 천국이 없는 것처럼 산 사람에게 나중에 천국이 정말 있는 것으로 밝혀진다면 그는 이 세상과 오는 세상에서 영원한 천국을 잃어버리고 말 것인데, 그것이 영원한 불행이라고 생각했다.

웨슬리는 천국이란 눈으로 볼 수 없는 신비한 나라이며, 인간의 이성이나 상상력이 닿을 수 없는 시간을 초월한 영원에 속하는 나라라고 하면서 그 나라가 어떤 곳인지, 우리가 그 나라에 가서 무엇을 하게 되는지는 하나님의 영원한 신비이기 때문에 다 알 수 없고 언어로는 설명이 불가능하다고 생각했다. 웨슬리는 순박한 신앙을 가진 사람들이 영혼이 육체를 잠시 동안 벗어나서 세상과 전혀 다른 영적인 세계를 경험하는 입신(入神/transition)의 현상을 목격하였을 때에 이러한 경험과 현상이 영원한 세계에 대하여 하나님이 특별한 계시로 보여 주는 것이며, 영원한 천국의 실재에 대한 증거일 수도 있다고 생각했다. 그는 하나님이 인간을 자기 형상대로 창조하였고 인간과 교제하고 당신의 영광을 찬양하는 존재로 만들었기 때문에 하나님과 인간의 교제는 이 세상에서 끝나는 것이 아니라 죽음 후에도 천국에서 영원히 계속되는 것이라고 믿었다. 그는 천국이 없다면 인생은 한없이 허무하고 절망스러운 것이라고 하면서 인간은 지금 여기에서 바로 눈앞에 있는 영원한 행복과 영원한 불행 중에 한 가지를 선택하고 결정해야 한다고 촉구하였다.

웨슬리는 여러 편의 설교에서 천국의 소망 중에 평안하게 죽음을 맞이하기 위하여 복음에 대한 확실한 믿음을 가질 것과 선을 많이 행할 것을 촉구하였다. 그는 인간이 이 세상에서 영원한 나라로 옮겨갈 때에 결코 빈손으로 가지 말고 반드시 주님께 드릴 거룩한 선물을 가지고 가야 한다고 믿었다. 신자가 천국에 가지고 가야 할 선물은 인격의 성화와 사랑의 선행과 주님을 위한 고난이라고 말했다. 그러므로 그는 인간이 세상의 순간적 즐거움에 탐닉하지 말고 천국에서 영원한 행복을 얻기 위해서 세 가지를 가능한 많이 예비해야 하는 것이 가장 지혜로운 인생이라고 믿었다.

웨슬리는 천국이란 현재적이며 동시에 미래적이기 때문에 이 세상에서 하나님의 뜻과 하나님의 일을 충실히 행하며, 성실하고 행복하게 사는 사람이 가는 곳이라고 믿었다. 또한 그는 이 세상의 좋은 것들과 아름다운 것들과 행복한 것들은 우리가 영원한 천국에서 누릴 행복에 비하면 너무나 작은 부분일 것이며, 세상에서 누리는 작은 행복은 천국에서 누릴 완전한 행복을 미리 맛보는 것에 불과하다고 말하면서 이 땅에서 우리는 매우 짧은 시간밖에 머무르지 못하는 나그네이지만 영원한 나라를 향해서 걸어가는 행복한 순례자로 살아야 한다고 말했다.

예정과 선택

하나님의 사랑을
믿는 사람은 누구나

424 선택이든 탈락이든 예정이든 유기이든 영원한 저주이든 어떠한 용어로 표현하든지, 구원받은 사람이 이미 정해졌다는 이중예정론은 모든 설교와 복음과 전도를 소용없게 만들고, …… 하나님의 사랑과 정의와 …… 모든 성결과 선행의 열심과 행복에 정면으로 위배되고 …… 하나님을 거짓말쟁이로 만들고 …… 모든 성경의 계시를 무효로 만들고, …… 다수의 인류를 영원한 저주와 절망에 떨어뜨리고 모든 사람이 회개하고 구원받기를 바라는 하나님의 소원에 위배되는 마귀의 교리이다. (설교, 값없이 주시는 은혜)

425 칼빈주의자들은 절대적 예정을 믿고 아르미니우스주의자들은 조건적 예정을 믿는다. 전자는 하나님이 영원으로부터 어떤 사람은 구원하고 그 밖의 모든 사람을 버리기로 작정하였기 때문에 그리스도는 이렇게 선택된 자들만을 위해서 죽었고, 그 밖의 사람들과는 아무런 상관이 없다고 주장한다. 후자는 "독생자를 믿는 자는 누구든

지 구원받을 것이고 믿지 않는 자는 구원받지 못할 것이다."라는 성
경대로 하나님이 믿는 모든 사람을 구원하기로 영원으로부터 작정
하였기 때문에 그리스도가 모든 사람을 위해서 죽었으며(Christ for
all), 그러므로 모든 사람이 구원받을 수 있다고 주장한다. 전자는 예
정과 선택이 절대적이라고 믿고 후자는 조건적이라고 믿는다. (에세
이, 아르미니안이란 누구인가?)

426 사도 바울은 하나님이 세상을 창조하기 전에 어떤 사람들을 무조건
적으로 선택하여 특정한 일에 사용하도록 계획하셨다고 말했다. 하
나님은 어떤 민족들을 무조건적으로 선택하여 특별한 권리를 부여
하셨다. 유대민족이 그렇다. 또 무조건적으로 선택하여 복음을 받게
하셨는데, 잉글랜드와 스코틀랜드, 그리고 많은 민족들이 그렇다.
(일기, 1743. 8. 24)

427 선택의 예정을 주장하면서도 유기의 예정을 주장하지 않는 사람들
이 많다. …… 그들은 그렇게 하여 무조건적 선택의 결정을 억지로
변호하려고 한다. 그러나 선택과 유기는 분리될 수 없다. 전자는 후
자를 함축하고 있기 때문에 하나를 주장하면 둘 다 주장하게 된다는
사실을 알아야 한다. 칼빈도 하나님은 영원히 구원받을 자와 멸망할
자를 한꺼번에 예정하셨다고 말했다. 선택은 인정하고, 유기는 부인
하는 것은 어리석은 생각이다. 그런 주장은 전혀 성립되지 않는다.
선택과 유기는 하나이지 둘이 아니다. (논문, 예정론에 대한 진중한 고찰)

428 사도 바울은 "선택받은 그릇"이라고 말했다. 그렇다면 성경에서 '선
택'은 무엇을 의미하는가? 첫째로, 어떤 특정한 개인이나 공동체를
세상에서 특별한 사명을 수행하도록 하나님이 세우시는 것이다. 이
런 선택은 절대적이고 무조건적이다. (논문, 예정론에 대한 진중한 고찰)

429 둘째로, 나는 하나님의 선택이 어떤 사람들을 영원한 행복에 이르도록 세우시는 것을 의미한다고 믿는다. 그러나 이 선택은 조건적이며, 또한 유기도 조건적이라고 믿는다. 나는 양편 모두에 관한 영원한 결정이 다음의 말씀에 정확하게 표현되어 있다고 믿는다. "믿는 자는 구원을 얻을 것이요 믿지 않는 자는 정죄를 받으리라." 하나님은 이러한 결정을 영원히 바꾸지 않으실 것이다. 물론 사람이 바꿀 수도 없을 것이다. 모든 참된 신자들은 그들의 믿음 때문에 선택된 자라고 불릴 것이며, 불신자들은 그들의 불신앙 때문에 유기된 자라고 불릴 것이다. (논문, 예정론에 대한 진중한 고찰)

_____ 해설

모든 종교는 본질적으로 죽음 이후의 내세에 대한 신앙을 갖고 있다. 그러나 사후의 일에 관해 누구도 정확히 말할 수 없다. 그럼에도 불구하고 대부분의 종교는 내세 신앙에 관한 교리를 체계화하고 강화해왔다. 이 분야에서는 기독교가 대표적이다. 18세기 영국에서는 웨슬리안들과 칼빈주의자들 사이에 당시 기세를 떨치던 예정론에 대한 교리적 논쟁이 치열했다. 두 진영의 논쟁은 감정대립으로 발전했고 마침내 분열을 초래하였다. 논쟁의 중심에는 웨슬리와 그의 제자이며 동역자인 조지 휫필드가 있었다.

처음부터 예정의 교리는 목양적 교리로 형성되었고 발전하였다. 본래 예정론의 목적은 영혼의 어두운 밤을 맞이하여 죽음의 두려움과 내세에 대한 불안 속에 있는 신자들에게 구원의 확신과 영혼의 위안과 천국의 소망을 주려는 목양적인 배려에서 나온 것이다. 성경에서 말하는 하나님의 예정은 하나님께서 예수 그리스도를 보내셔서 그를 믿는 모든 사람을 '그의 사랑 안에서' 선택하시고 구원하기로 예정하셨다는 진리에 근거한다. 사도 바울의 '그리스도 안에서'라는 말은 '하나님의 사랑 안에서'라는 말과 같은 의미이다. 그리고 이러한 성서적이고 복음적인 예정의 신앙은 모든 신자에게 영원한 생명과 천국에 대한 확신과 소망 그리고 말할 수 없이 큰 위안을 주는 것이다. 또한 예정과 선택의 교리는 경험 이전에 판단하고 말할 교리가 아니라 경험 이후에 간증하고 감사하는 고백의 교리이다. 또한 그것은 신자가 하나님의 구원의 은혜에 감사하고 영광을 돌리는 고백적인 신앙을 의미하는 것이어야 하며 결코 선택받았다는 우월감이나 교만의 근거가 되어선 안 된다.

예정과 선택의 교리를 일종의 운명론으로 오해하는 것은 참으로 큰 잘못이다. 이 교리가 운명론으로 오용될 때에는 무자비한 신의 무서운 교령(horrible decree)으로 변질되어 여러 가지 부정적인 요소와 부작용을 낳을 수 있다. 당시의 예정론 논쟁의 핵심은 신이 세상을 창조하기도 전에 미리 어떤 사람들은 영원한 천국에 가도록 결정해 놓았고, 어떤 사람들은 영원한 저주에 떨어지도록 결정해 놓았다는 이중적 예정에 관한 것이었다. 무엇보다도 이 교리에서 가장 심각한 점은 신의 무조건적 선택과 무조건적 유기였다. 아직 태어나지도 않고 아무런 잘못도 하지 않은 사람을 영원한 저주에 던진다는 유기론은 무슨 방도로도 설명할 수 없는 예정론 교리의 가장 큰 문제로 보였다. 이것은 하나님의 정의나 사랑이나 공정성에도 정면으로 위배되는 것이기 때문이다.

웨슬리는 이와 같은 이중예정론을 반대했지만 성서적이고 복음적인 예정론은 믿었다. 그는 성서적 예정과 복음적 선택의 교리를 믿었다. 성서적 예정의 교리란 하나님이 '예수 그리스도 안에서' 각 사람을 선택하고 구원하기로 예정하셨다는 신앙이다. 웨슬리는 하나님께서 모든 사람을 위해서 그리스도를 보내셨으며, 그리스도를 믿는 모든 사람을 선택하신다는 '그리스도 안에서의 예정과 선택'을 믿었다. 웨슬리는 '만인을 위한 예수'를 믿었고 칼빈주의 예정론자들은 '선택된 자들만을 위한 예수'를 믿었던 것이다. 칼빈주의자들은 무조건적 선택을 주장하였고, 웨슬리는 조건적 선택을 주장하였다. 웨슬리는 그리스도를 믿는 모든 사람이 선택받는다고 주장함으로써 믿음이 선택과 구원의 유일한 조건이라고 주장하였다. 이런 의미에서 웨슬리는 '그리스도 안에서' 만인구원론자이다.

웨슬리가 가르친 예정론에는 세 가지 특징이 보인다. 첫째, 예정론에서 가장 중요한 요소는 하나님의 사랑이라고 생각했다. 하나님의 사랑을 믿고 받아들이는 사람은 선택을 받고 구원을 얻는다는 성서적 진리를 전했다. 하나님의 사랑은 예수 그리스도 안에서 나타났으므로 웨슬리의 구원론은 그리스도 중심에 확고하게 서 있다. 둘째, 웨슬리는 선택의 목적을 중시하였다. 하나님의 선택의 목적은 선택받은 백성들을 칭의하고 성화하여 선을 행하는 백성이 되게 하려는 것이다. 예정의 목적은 바로 선택받은 백성의 거룩한 삶과 선행에 있는 것이다. 셋째, 그는 섭리적 예정을 믿었다. 하나님께서 어떤 사람이나 어떤 공동체, 또는 어떤 민족을 당신의 거룩한 사업을 위하여 당신의 일꾼으로 예정하시고 선택하신다는 성서적인 신앙이다. 이러한 모든 하나님의 선택과 예정은 궁극적으로 하나님을 영화롭게 하고 그것을 통하여 인간이 참되고 영원한 행복을 얻게 하는 것이다.

우리는 성경에 밝히 계시되지 않는 것을 인간의 마음대로 추상하고 하나님의 영역과 영원한 세계의 중심까지를 들여다보고 모든 것을 다 아는 것처럼 언행하지 말아야 한다. 그것은 무지한 인간의 오만과 편견일 수밖에 없다. 영원의 세계는 하나님만이 아는 신비의 영역이며, 인간이 죽음 이전에 결코 경험하지 못할 세계이기 때문이다. 다만 우리는 성경을 통하여 하나님께서 우리에게 계시해 주신 것만을 말할 뿐이다. 또 하나님께서 우리가 죽음 이후에 누릴 영원한 생명과 영원한 나라를 예비하셨다는 약속을 믿을 뿐이다. 우리는 세상의 누구라도 그리스도 안에서 하나님의 사랑을 믿으면 하나님은 그 사람을 선택하시고 구원하신다는 복음을 믿으며, 우리는 이와 같은 참으로 성서적인 예정과 선택의 신앙으로 언제나 큰 확신과 위로와 소망을 얻는다.

복음적인 목사

복음 전체를 설교하는
목사가 누구인가?

430 용서와 성화, 이 두 가지 말의 의미가 은혜라는 하나의 단어 안에 다 들어 있다는 것이 얼마나 놀라운지! (편지, 1781. 4. 2)

431 우리는 부자와 가난한 자, 유식한 자와 무식한 자의 입에서 흘러 나오는 다음과 같은 탄식 소리를 얼마나 자주 듣는가! 많은 신자들 이 자기들의 교회에는 진정으로 복음적인 목사(a gospel minister) 가 없기 때문에 진정으로 복음적인 목사를 찾으려고 애쓰고 있다. (에세이, 누가 복음적인 목사인가?)

432 '복음적인 목사'라는 말의 의미는 과연 무엇인가? 누가 복음적인 목 사인가? 영원한 예정, 하나님의 주권, 값없이 주시는 은혜, 무조건 적 선택, 불가항력적 은혜 그리고 성도의 견인에 대하여 설교하는 사람이 '복음적인 목사'가 아니다. 그리스도의 의와 보혈 등 귀중한 교리에 대하여 진지하고 감동적으로 생생하게 말한다고 해도 듣는

사람들의 양심에까지 넣어 주지 않고, 그리스도의 고난과 인간이 행할 의무를 충분히 가르치지 않는다면 이 세상과 저 세상에서 그들을 결코 생명의 길로 인도하지 못할 것이다. (에세이, 누가 복음적인 목사인가?)

433 온갖 약속만 달콤하게 말하면서 율법의 두려움을 숨기고, 불경건과 불법에 대한 하나님의 진노를 살며시 피해가면서 상처를 입지도 않은 자들을 치유하고자 애쓰는 자는 '복음적인 목사'가 아니다. 은혜로운 약속만 좋아하고, 하나님의 요구를 외면하고, 죄인들을 그리스도에게로 돌리기 위해서 온갖 방법을 다 써가면서 감미롭게 수천 번 표현한다고 해서 복음적인 목사라고 할 수 없다. (에세이, 누가 복음적인 목사인가?)

434 이신칭의를 설교하는 자라고 모두 다 복음적인 목사가 아니다. 그 이상 앞으로 나아가지 못하고 성화와 신앙의 열매를 강조하지 않는 자는 복음적인 목사가 아니다. 그러면 누가 성서적 의미에서 복음적인 목사인가? 어느 교파에 속하든지 하나님의 말씀 전체를 설교하고, 칭의와 성화를 모두 다 설교하며, 영광에 이르는 복음 전체를 설교하는 목사이다. (에세이, 누가 복음적인 목사인가?)

435 복음이 모든 사람을 위한 기쁜 소식이라면, 동시에 모든 죄에서 돌이켜 예수의 마음을 품고 살아가는 '위대한 구원'을 선포하며, 이 구원이 모든 사람에게 값없이 주어진다는 진리를 선포하는 자들만이 진정한 의미에서 복음적인 목사이다. (에세이, 누가 복음적인 목사인가?)

436 '복음적인 목사'란 하나님께서 결합해 놓으신 칭의와 성화를 분리하지 않는다. 또 우리를 위해서 죽으신 그리스도를 설교하며 동시에

우리 안에 사시는 그리스도를 모두 설교한다. 뿐만 아니라 그리스도가 걸어가신 길을 성실하게 걸어간다. 이런 사람만이 복음적인 목사라는 호칭을 받을 자격이 있다. (에세이, 누가 복음적인 목사인가?)

_____ 해설

어느 시대나 사람들은 순수한 복음을 진실하게 전하고 실천하는 '복음적인 목사(a gospel minister)'를 그리워하고 찾는다. 웨슬리 시대도 그러했다. 웨슬리는 "누가 복음적인 목사인가?"라는 제목의 에세이를 발표하여 복음적 목사의 의미를 분명하게 그려 주었다. 그는 하나님의 주권, 은혜, 축복, 예정과 선택, 그리스도의 보혈과 의, 천국 같은 주제에 관하여 아무리 아름답고 훌륭하게 말해도 하나님의 은혜에 응답하는 인간의 책임과 거룩한 생활을 가르치지 않는 자는 복음적인 목사라는 칭호를 얻을 자격이 없다고 단언하였다. 또 그는 은혜와 약속과 축복만을 좋아하는 목사도 복음적인 목사가 아니며, 인간에 대한 하나님의 요구와 인간의 책임을 분명하게 설교하는 자가 복음적인 목사라고 정의하였다. 더 나아가 칭의와 성화를 조화롭게 설교하는 자가 복음적인 목사이며, 하나님의 말씀 전체와 복음 전체를 설교하는 자가 복음적인 목사라고 주장하였다. 그는 복음의 어떤 요소나 일부분에만 치우쳐 설교하는 자는 결코 복음적인 목사가 아니라고 공언하였다.

더 나아가서 웨슬리는 예수 그리스도의 마음을 품고서 그리스도가 걸어가신 길을 따라 꾸준히 걸어가는 사람만이 복음적인 목사라는 호칭을 얻을 자격이 있다고 말하였다. 또한 그는 하나님께서 만민이 다 구원받기를 바라시며, 동시에 하늘에 계신 아버지의 온전하심같이 온전하기를 바라는 진리를 설교하는 사람만이 복음적인 목사라고 주장하였다. 웨슬리는 당시에 일부 영국고교회(high church)주의자들과 잘못된 예정론자들과 정통주의자들, 그리고 모라비아교 신비주의자들이 무율법주의에 빠져 칭의에 과도하게 치우쳐 믿음과 은혜와 약속과 축복만을 설교하면서 반면에 사랑과 선행과 성화를 설교하지 않아 교인들이 병들고 장애가 된 신앙을 낳게 된 것을 비판하고 경계하는 목적에서 이 에세이를 써냈다. 오늘날에도 복음적인 목사라고 주장하면서도 사실은 그와 반대편으로 가는 사람들을 상당히 많이 본다. 오늘날 교회들은 웨슬리가 찾았던 복음적인 목사를 애타게 찾고 있다.

복음 전파

모든 사람을 찾아서
어디든지

437 나는 온 세계를 나의 교구로 바라본다. 이렇게 말하는 것은 내가 온 세상 어디에나 구원의 기쁜 소식을 들을 필요가 있는 모든 사람에게 찾아가서 전하고 싶다는 뜻이다. (I look upon all the world as my parish; thus far I mean, that in whatever part of it I am, I judge it meet, right, and my bounden duty to declare unto all that are willing to hear the glad tidings of salvation.) 그리고 이 일은 하나님께서 나에게 맡기신 의무이며 축복이다. …… 나는 앞으로도 교구를 맡지 않을 것이다. …… 하나님께서 나를 모든 다른 일에서 손을 떼게 하시고 오직 한 가지 일, 곧 '두루 다니며 선을 행하는 일'에만 전념하도록 만드셨다. (일기, 1739. 6. 11)

438 교회 밖의 너무 많은 사람이 일 년에 한 번도 교회에 나오지 않기 때문에 나는 잃어버린 양들을 찾기 위해 교회 밖으로 나갔다. 길거리와 공장으로 그리고 들로 산으로 갔다. 왜냐하면 우리 주님이 그렇

게 하셨으며, 또 우리도 그렇게 하기를 원하시기 때문이다. (논문, 이성적이고 종교적인 사람들에게 보내는 추가적 호소)

439 나는 어디를 가든지 공포와 절망과 죽음으로 내려가는 사람들을 본다. 내 직업은 잃어버린 영혼을 구원하는 것이다. 교회 안에서든지 교회 밖에서든지 나의 책임은 영혼을 구원하는 것이다. (편지, 1739. 3. 20)

440 죄인들이 스스로 우리에게 찾아오기를 앉아서 기다리지 말고 그들에게 찾아가라. 그것이 우리가 할 일이다. 우리 주님도, 사도들도 그렇게 하셨다. 우리는 죄인들을 찾아가서 복음을 전하는 사람이 되어야 한다. (총회 회의록)

441 복음을 전하는 사람은 섬기는 모든 사람의 종이 되어야 한다. (총회 회의록; 설교자 규칙)

442 너무 무서워서 누구도 접근하지 못하는 사람에게 가서 복음을 전하라. 하나님이 그에게 전할 말씀을 너에게 맡기셨음을 믿고 가라. (편지, 1775. 2. 11)

443 기회가 찾아올 때에는 고통과 슬픔을 당하더라도 말씀을 전파하라. 시간이 지나면서 너는 점차 강해질 것이다. (편지, 1775. 2. 11)

444 당신의 의무는 영혼을 구원하는 일밖에 없다. 그러므로 이 일을 위해 당신의 모든 것을 사용하고, 주님께서 당신을 사용하시게 하라. (총회 회의록; 설교자 규칙)

445 어디든지 가라! 당신을 좋아하는 사람들보다 당신을 가장 필요로 하는 사람들에게 먼저 가라 (총회 회의록; 설교자 규칙)

446 우리는 온 세상에 빚진 자들이다. 우리는 각 사람에게 하나님의 모든 좋은 것을 전하고 나누도록 부름을 받았다. 이런 마음을 갖고 무슨 방도로든지 몇 사람이라도 도울 수 있다면 얼마나 좋은 일인가? (편지, 1772. 2. 11)

447 세상의 불경건한 사람들을 불쌍히 여기라. 하나님이 바로 그런 사람들을 위해 죽으셨으니 그들이 멸망하기를 바라지 말고 그들을 도울 수 있는 좋은 방법을 생각하라. (설교, 분열에 대하여)

448 오늘 나는 레드루쓰 읍내 근처 괘납피트 광산 웅덩이에서 설교하였다. 그곳에 약 3만 명이 모였다. 이것은 지금까지 하나님께서 나를 세우신 야외설교 집회 중에서 가장 많은 수가 모인 것이다. 그런데도 맨 가장자리에 앉은 사람까지 내 설교를 똑똑히 알아들은 것은 참으로 신기한 일이다. 70세 노인의 설교를 3만 명이 동시에 들을 수 있었다는 것도 역사상 처음일 것이다. (일기, 1773. 8. 21)

449 나는 나의 생명이 얼마 남지 않은 것을 느낀다. 그래서 나는 더 멀리 가지 못하더라도 더 많은 글을 써서 하나님의 사랑을 전하고 싶다. 만일 하나님께서 시간을 주신다면. (편지, 1777. 10. 18)

450 나는 지난 30년간 말을 타고 가면서 흔들리지 않고 책을 읽을 수 있는 비법을 연구해왔다. 늘 긴 시간 말을 타는 나는 그렇게 하여 말 잔등에서 더 많은 독서를 할 수 있었다. 나는 경험에 의하여 말고삐를 말목에 걸어놓고 말이 천천히 걸어가도록 하는 것이 최선이라는

것을 알아냈다. 말고삐를 놓고서 독서에 열중하면서 16㎞를 가는 동안 말이 비틀거리거나 넘어지는 일이 없었다. 넘어지지 않기 위해서 말고삐를 꽉 잡아야 한다고 주장하는 것은 큰 착오이다. 이 분야에서는 나를 따라올 사람이 없다. (일기, 1770. 3. 21)

451 당신이 타고 다니는 말에게 자비를 베풀고 말이 과로하지 않게 하라. 부리지만 말고 부드럽게 쓰다듬어 주고 씻어 주고 잘 먹이고 잘 재워라. (총회 회의록; 설교자 규칙)

_____ 해설

웨슬리는 하루에 평균 3번 이상 설교하였고, 일평생 40,000번 이상 설교하였다. 그는 2년에 한 번씩 말을 타고 영국 본토와 아일랜드 섬 전체를 돌았으며, 매년 평균 72,420㎞를 여행하였고 50여 년 동안 약 2,250,000㎞를 전도 여행하였다. 이것은 지구를 약 10바퀴 도는 거리이다. 웨슬리가 한 일이 다양하지만 그중에서도 가장 많이 한 일은 복음을 전파하는 일이었다. 그래서 사람들은 웨슬리를 사회 개혁자, 목사, 학자, 교수, 신학자라고 칭하기도 하지만 무엇보다도 위대한 전도자라고 부르는 것이 가장 적절하다.

웨슬리는 예배당 안에서도 설교하였지만 예배당 밖에서 훨씬 더 많이 설교하였다. 왜냐하면 그는 더 많은 사람들에게 복음을 전하기 위해서, 특별히 교회에 나오지 못하는 대다수 사람들을 만나기 위해서 사람들이 있는 곳 어디나 찾아가서 전하였다. 영국국교회는 웨슬리를 열광주의자라고 비난하고 그가 교구교회에서 설교하는 것을 금지시켰다. 그래서 웨슬리는 더 이상 영국의 교구교회 안에서 설교할 수 없었고 교회 밖으로 나가 평생 야외에서 설교하였다. 그는 자신이 교회 밖으로 나간 것에 대하여 비난하는 사람들에게 그 이유를 분명하게 말하였다. 그는 대부분의 사람들이 교회를 찾아오지도 않고 예배당 안에 들어오려고 하지 않기 때문에 자신이 먼저 세상으로 들어가 사람들에게 찾아가서 복음을 전하는 것이 야외설교의 목적이라고 공언하였다. 웨슬리는 자신은 예배당 안에서 사람들이 찾아오기를 기다리는 사람이 아니라 사람들을 찾아 교회 밖으로 나가고 세상 속으로 들어가서 복음을 선하는 선도사라고 말하셨다.

메도디스트들은 사람들이 교회 안으로 들어오기를 앉아서 기다리지 않고 교회 밖으로 사람들을 찾아나갔다. 그들은 앉아서 기다리는 교회가 아니라 교회 밖으로 나가서 사람들을 찾아가는 진정으로 선교적인 교회(missionary church)를 탄생시켰다. 웨슬리는 이것이 예수님의 전도 방법이요 사도들과 어거스틴과 그의 제자들 그리고 성 프란체스코와 그의 제자들의 전도 방법이었다고 말하였다. 그는 예수님과 사도들의 본을 따라 길거리나 시장터, 바닷가, 공장 마당, 밭, 공원 등에서 말씀을 들을 필요가 있는 모든 사람을 찾아가서 만났고 그들에게 복음을 전파하였다. 그는 가능한 한 더 많은 지역을 찾아가려고 노력하였다. 더 많은 사람을 만나기 위하여 꾸준히 모든 지방과 모든 동네를 분주히 다녔다. 또한 그는 더 많은 사람들을 돕기 위해서 교회 안에서 교회 밖으로 나간다고 말하였다. 교회 밖으로 나가는 전도는 특별히 교회에 찾아오기 어려운 처지에 있는 가난하고 약한 사람들을 찾아가서 만나기 위한 최선의 방법이라고 그는 확신하였다. 당시에 많은 교회들이 가난한 사람들을 좋아하지 않았기 때문에 웨슬리는 더욱 그렇게 하였다. 자신의 가장 큰 의무는 가능한 한 많은 영혼을 구원하는 것이기 때문에 "온 세계를 자신의 교구로 바라본다."고 선언하였다. 그는 잃어버린 영혼에게 복음을 전해야 한다면 세계 어디든지 기꺼이 가는 것이 자신의 의무라는 의미로 그렇게 선언하였다.

웨슬리의 시대는 산업혁명이 일어나는 시대였다. 농촌에서 산업지대와 산업도시로 노동자들이 몰려가는 시대였다. 그래서 그는 특히 공장지대나 광산지대에 가서 설교를 많이 하였다. 그는 영국고교회의 성직자이며 옥스퍼드대학 교수였지만 자신의 모든 명예와 권위를 던져 버리고 스스로 낮아져서 가난한 사람들과 노동자들 그리고 소외된 사람들 가운데로 내려가 그들에게 복음을 전하고 그들의 목자와 친구가 되었다.

복음을 전하는 사람은 모든 사람을 겸손히 섬기는 종이 되어야 한다고 웨슬리는 말했다. 또한 웨슬리는 설교자들에게 자기가 좋아하는 사람들보다 복음을 가장 필요로 하는 사람들에게 먼저 찾아가라는 규칙을 정하고 지키게 하였다. 웨슬리는 참으로 용기 있는 사람이었다. 18세기 영국은 도덕적으로 타락한 폭도들과 강도들이 들끓는 사회였다. 그들은 극심하게 웨슬리의 전도를 방해하고 위협했지만, 오히려 웨슬리는 그들과 대면하여 용감하게 설교하였다. 이때 많은 폭도들이 회개하고 좋은 신자로 변화하였다. 그는 주로 설교로써 복음을 전했지만, 또한 편지로도 복음을 전했으며, 여러 가지 자선 공동체를 만들어서 복음을 전했다.

웨슬리는 여행 전도자였다. 평생 말을 타고 영국 전역을 다니면서 설교하였다. 그래서 웨슬리를 '말을 탄 주님의 사람(Lord's horseman)'이라고 불렀다. 초기 메도디스트 설교자들은 '순회 전도자(circuit rider)'라고 불리었는데, 이것은 '말을 타고 다니면서 설교하는 사람들'이라는 뜻이다. 초기 메도디스트 예배당 입구에는 설교자들의 마구간이 있었다. 웨슬리 부흥 운동에서 말의 공로는 위대하였다. 웨슬리는 평생 18마리의 말을 탔다. 어떤 말은 늙어서 더 이상 일하지 못하게 되었고, 어떤 말은 병들어 죽기도 하였고, 어떤 말들은 달리다가 넘어져서 다리가 부러지기도 하였고, 배가 터지기도 하였고, 어떤 말들은 달리다가 나뭇가지에 찔려서 장님이 되기도 하였고, 어떤 말들은 폭도들에게 공격을 당해 죽기도 하였다. 웨슬리는 여행 중에 폭도들에게 말을 뺏기기도 하였고, 폭도들이 말에게 돌을 던지고 큰 막대기로 때려서 죽이기도 하였다. 이와 같이 웨슬리의 말들은 전도 여행에서 웨슬리와 함께 형언할 수 없을 만큼 많은 고생을 하였으니, 알고 보면 말들이 더 많은 고생을 하였던 것 같다. 그래서 웨슬리는 말을 지극히 사랑했다. 웨슬리는 총회에서 설교자들에게 말을 부려먹으며 타지만 말고 자비를 베풀며, 자주 쓰다듬어 주고, 잘 재우고, 잘 먹이고, 친절하게 대해 주어야 한다고 말했다. 초기 총회 회의록의 설교자 규칙을 보면, 말을 빈틈없이 잘 돌보아야 하는 규칙을 철저하게 지킬 것을 강조하였다. 웨슬리는 말을 도둑질 당하거나, 말이 병들어 걷지 못하게 되면 밤새도록 걷기도 하고 다음 설교 장소까지 온종일 걸어가기도 하였다. 스코틀랜드를 여행하던 중 폭우를 맞게 되었을 때, 웨슬리는 말이 너무 고생한다고 생각하여 말을 잠시 쉬게 하고 동네에 들어가 좋은 건초를 얻어다 먹인 다음 말을 타지 않고 폭우 속을 12마일이나 걸어가기도 했다. 이처럼 웨슬리는 말을 동역자와 친구와 가족처럼 소중히 여겼다. 그는 평생의 전도 여행에서 말과 동고동락하였다.

웨슬리는 50대에 들어서면서 마차를 이용하기 시작했다. 젊어서는 말을 타고 다니다가 늙어서는 마차를 타고 다니면서 전도 여행을 하였다. 웨슬리의 마차는 수레, 기도실, 독서실, 침실, 안식처 그리고 식당이었다. 웨슬리는 말을 타고 다닐 때나 마차를 타고 다닐 때 항상 성경을 읽으며 큰 소리로 찬송을 부르기도 하였다. 그는 실로 복음적인 낭만주의자였다. 그는 말을 타고 여행하면서 아름다운 자연경치를 감상하고 노래 부르기를 즐겨하였다. 그는 말을 타고 가면서 말 잔등 위에서 흔들리지 않고 책을 읽는 비법을 습득하였다. 그는 16km 이상이나 흔들리는 말 잔등 위에서 비틀거림 없이 독서를 한다고 자랑하면서 말 타기에서 나를 따라올 사람은 세상에 아무도 없다고 뽐내기도 하였다. 그는 때로 말이 병들거나 사고가 나서 아플 때에는 말에게 안수 기도를 하여 즉각적으로 말의 병을 고쳐 주었고, 그래서 여행을 계속할 수 있었다고 여러 번 일기에 기록하였다. 그는 말과 함께 여행하고 공부하고 설교하면서 행복한 인생을 살았다. 그는 말뿐만 아니라 모든 동물이 불행에서 구원받아야 한다고 생각했으며, 특별히 인간은 동물에게 자비를 베풀고 돌보아야 할 의무가 있다고 가르쳤다.

어디든지 가라! 당신을 좋아하는 사람들보다 당신을 가장 필요로
하는 사람들에게 먼저 가라.

설교

나는
설교함으로 산다

452 즉시 이런 생각이 내 머리를 스쳤다. "설교를 그만 두어라. 너 자신이 믿음이 없는데, 누구에게 설교하려느냐?" …… "믿음을 얻을 때까지 설교하라. 그리고 믿음이 생기면 그 믿음에 대하여 설교하라." (일기, 1738. 3. 4)

453 여러분의 설교 중에서 단 한 번의 설교에서라도 결코 회중을 실망시키지 말라. 정해진 시간에 정확하게 시작하고 끝내라. 진지하고 품위 있는 태도를 가지라. 설교의 주제를 언제나 회중에게 맞추라. 가능한 평이한 본문을 선택하라. 설교 중에 너무 감정에 몰입되지 말라. (총회 회의록)

454 복음적 설교에서 가장 좋은 방법에는 네 단계가 있다. 첫째, 초청하라. 둘째, 그리스도를 제시하라. 셋째, 확신시키라. 넷째, 성화의 생활로 세워 주라. 정도의 차이는 있을지라도 모든 설교에서 이 방법

을 실천하라. (총회 회의록)

455 많은 설교자들이 회중을 더욱 기분 좋게 하려고 설교를 화려한 언어로 장식하지만, 나는 회중을 생명의 양식으로 먹이는 데 집중한다. (표준설교집, 서문)

456 우리의 중대한 의무는 설교를 잘하는 것이 아니라 가능한 한 많은 영혼을 구원하는 것이다. (총회 회의록)

457 신자의 생활이 그 사람이 가진 신앙을 확증할 때에 하나님은 그 사람이 속한 교회의 목사의 설교를 인정하신다. (편지, 1784. 6. 21)

458 나는 아무런 예고 없이 런던으로 갔다. 그런데 사람들이 너무 몰려와서 집 안에 서 있을 자리도 없었다. 그래서 나는 길거리로 나가 설교하였다. 그날 밤과 다음날 새벽 5시에도 설교하였다. 그런데 밤이나 새벽이나 달빛이 워낙 환히 비추어 줘서 고요한 중에 편안히 설교할 수 있었다. (일기, 1752. 9. 23)

459 나는 한 주간에 스무 번 이상 설교한다. 설교는 나에게 건강을 지켜주는 음식이며 양약이요 운동이다. 언제나 나는 설교함으로 산다. (I live ever by preaching.) (다우티, 「설교자 웨슬리」, 152)

___ 해설

교회사에서 위대한 설교자를 꼽으라면 존 웨슬리를 결코 빼놓아선 안 될 것이다. 웨슬리는 한 마디로 열성적이고 위대한 설교자였다. 사실 웨슬리는 지극히 이성적이고 내향적인데다가 전통과 규칙을 중시하는 고교회주의자(high churchman)

였기 때문에 성격상으로나 신분상으로 도저히 야외설교에 어울리지 않는 것처럼 보였지만, 세서미어 총료인 소시 횟필드의 강력한 권유에 끌려 야외설교를 하게 되었다. 그는 고교회 성직자와 옥스퍼드대학 교수의 특권과 명예를 던져 버리고 거리의 설교자로 나섰다. 그는 얼마든지 우아한 도시의 안정된 교구의 사제가 될 수 있었지만, 그러한 크나큰 기득권을 포기하고 교회 밖에서 험난한 길거리 노방설교자의 길을 갔다. 이런 결단과 실천은 참으로 드문 일이며, 거룩한 선택이었다. 예배당 밖에서 교양 없고 가난한 사람들에게 설교하고 그들의 목자가 된 사건은 올더스게이트 회심 사건보다 더 의미가 크다고 생각하는 학자들도 있다. 그러한 학자들은 메도디스트 부흥운동은 올더스게이트 사건이 없었더라도 야외설교 사건만으로 얼마든지 일어났을 것이라고 생각했다. 교회 밖으로 나가서 사람을 만났고 예배당 밖에서 설교했다는 사실은 그만큼 중요한 의미를 갖는다. 사실상 그가 야외설교를 하지 않았다면 부흥운동이나 메도디스트 교회는 결코 일어나지 않았을 것이다.

횟필드의 설교는 남성적이고 부성적인 반면에 웨슬리의 설교는 여성적이고 모성적인 것이 특징이었다. 그의 설교는 논리적이고 교육적이며 설득력이 강했는데, 이것은 다른 사람이 능가하기 어려운 그의 타고난 장점이었다. 횟필드의 설교를 화산에 비유하고 웨슬리의 설교를 이슬비에 비유한 것은 참으로 적절하다. 두 사람의 서로 다른 성격과 은사는 이상적인 조화를 이루어 메도디스트 부흥운동을 성공적으로 이끌었다.

야외에서 웨슬리는 원고가 없는 설교를 하였다. 그는 원고 대신 요점만 적은 메모 한 장을 손에 쥐고서 설교하거나 작은 성경책을 손에 들고서 설교하였다고 전해진다. 또 그는 원고를 읽는 설교로는 한 영혼도 구원하지 못할 것이라고 말하면서 설교자들은 회중의 얼굴을 바라보면서 설교하라고 가르쳤다. 그렇다고 그가 원고를 쓰지 않은 것은 아니었다. 그가 쓴 표준설교는 사실상 메도디스트 교리요 교회교의학과 같은 것으로서 설교 내용의 교리적인 뼈대가 되었지만 실제 설교현장에서는 청중과 상황에 따라서 이야기식 설교를 하였다. 당대의 대문학가 월터 스코트 경은 웨슬리의 설교를 듣고서 "그의 설교는 대부분이 온화한 대화 같고 빛나는 지성과 실생활에 유익한 말씀으로 이루어져 있어서 나도 모르게 빠져 들었다."라고 증언하였다.

웨슬리에게 설교는 하나님이 제정하신 위대하고 실제적인 은혜의 방편이었다. 하나님의 말씀의 감화력을 통해서 복음을 직접 전달하고, 칭의하는 은혜를 전달하며, 회심을 일으키고 구원의 확신을 경험하게 하는 강력한 도구였다. 셀 수 없이 많은 사람이 그의 설교를 듣고서 회개하고 확신을 경험하고 변화되었다. 그의 설교가 큰 역사를 이루는 데 작용한 요소는 다음과 같다. 그의 설교는 첫째로, 성경 본문에 충실하였다. 둘째로, 인간의 영혼 구원에 집중하는 복음적인 것이었다. 그의 설교의 중심은 언제나 칭의와 신생과 성화의 은혜를 분명하고 효과적으로 전달하는 것이었다. 셋째로, 인간의 죄와 고통과 불행을 정확하게 진단하고 복음적 해답을 제시하였다. 넷째로, 그의 설교의 전형적 구조는 은혜와 요구(grace and demand)를 균형 있게 하는 것이었다. 다섯째로, 논리적 전개가 명확하고 설득력이 강했다. 여섯째로, 실생활에 적용하는 데에 탁월하였다. 일곱째로, 교리적인 요소와 윤리적인 요소를 적절하게 조화시켰다. 여덟째로, 그리스도인의 삶의 행복과 비전을 분명하게 제시했다.

무엇보다도 그의 설교는 회심의 체험, 그리고 실제적인 삶의 변화에 목적을 두었다. 그의 설교를 들은 사람들은 삶이 변화되었고, 이것이 그의 설교의 강력한 힘이 되었다. 웨슬리에게 설교는 인간의 삶을 변화시키는 강력한 은혜의 도구였다. 그에게 좋은 설교란, 설교를 들은 사람이 그 자리를 떠나면서 "설교를 잘했다. 설교가 감동적이고 훌륭하다."라고 말하는 것이 아니라 "이제부터 나도 그렇게 살아야겠다."라고 말하면서 결심하는 것이라고 하였다. 그래서 그는 복음적인 설교의 마지막 단계는 "거룩한 삶으로 세워 주라(build up in holiness)."는 것이라고 하였다.

웨슬리는 설교를 듣고 회심한 신자들을 작은 모임에 넣어서 양육 받게 하여 거룩하고 행복한 삶을 살 수 있게 도와주었다. 웨슬리는 설교는 끝이 아니며 새로운 시작이고, 새로운 삶으로 나아가도록 돕는 수단이라고 하였다. 그리고 설교자는 결코 설교로 책임을 다한 것이라고 생각하지 말고 자기가 한 설교에 대하여 계속 책임을 져야 한다고 말했다. 그 말의 의미는 설교자 자신이 자신의 설교를 실천해야만 그 설교의 진실성이 드러난다는 것이다. 그리고 웨슬리는 설교를 들은 사람이 좋은 변화를 보일 때에만이 하나님은 그 목사의 설교를 인정하신다는 말로 설교자들을 깨우쳤다. 이 가르침은 설교의 의미와 목적을 잘 나타낸다. 또한 설교의 목적은 설교를 잘하는 것이 아니라 많은 영혼을 구원하는 것이라는 웨슬리의 가르침은 참된 설교란 무엇인지 정확하게 보여 주고 있다.

웨슬리는 평균 매일 세 번씩, 한 주간에 20번 이상, 일평생 40,000번 이상을 설교하는 열정적인 설교자로 살았으니, 그는 실로 설교하기를 좋아하였고 설교를 즐거워하는 열정적이고 행복한 설교자였다. 그는 아무리 괴롭고 고단하고 마음이 상해도 열심히 설교할 때 곧 자신의 몸과 영혼이 살아남을 경험하였다. 그래서 그는 설교란 건강을 지켜 주는 음식과 같고 양약이요 운동이라고까지 말했다. 웨슬리는 "나는 언제나 설교함으로 산다(I live ever by preaching)."라고 말했다. 이 말은 곧 그는 설교할 때에 살아난다는 말이다. 또한 이 말은 그는 설교함으로 힘을 얻고 건강해지고 행복해진다는 뜻이다.

은혜의 방편

은혜를 전달하는 수레

460 은혜의 방편(means of grace)이란 하나님께서 제정하신 외형적 표시와 말씀과 활동으로서 선행적(先行的)인 은혜(prevenient grace)와 칭의하는 은혜(justifying grace)와 성화하는 은혜(sanctifying grace)를 사람들에게 전달하는 평범한 통로들이다. (설교, 은혜의 방편)

461 제정된(instituted) 은혜의 방편은 첫째, 기도이다.(개인, 가족, 공중, 탄원, 간구, 중보, 감사) 둘째, 성경탐구이다.(읽기, 묵상, 듣기) 셋째, 성만찬이다. 넷째, 금식이다. 다섯째, 그리스도인의 교제(Christian conference)이다. (총회 회의록)

462 성경탐구의 방법은 이와 같다.

1. 읽기: 매일 일정한 분량씩,
   규칙적으로 정한 시간에 차례대로,

주의깊게 뜻을 찾아가면서,

구절들을 상호연관하면서,

전후 기도하고 진지하게,

자기성찰하면서,

읽은 것을 즉시 실천하기로 결단하면서,

열매를 맺으면서 읽어야 한다.

2. 묵상: 정한 시간에 전후 기도하고,

집중하여 말씀을 음미하고,

하나님의 음성을 들으면서 묵상하여야 한다.

3. 듣기: 매일 아침 전후 기도하고,

즉시 실천하면서 들어야 한다.

(총회 회의록)

463 은혜의 방편을 사용할 때에 은혜를 바라는 사람은 첫째로 기도로써 대망하여야 한다. …… 둘째로 성경을 탐구함으로써 대망하여야 한다. 셋째로 주의 성찬에 참여함으로써 대망하여야 한다. (설교, 은혜의 방편)

464 당신들은 일 년에 몇 번이나 금식합니까? 성찬식에 정성으로 참석합니까? 매일 성경을 읽고 묵상합니까? 기회 있는 대로 공중기도나 개인기도를 열심히 합니까? 기도하지 않는 날은 없습니까? 하루에 몇 시간, 일주일에 몇 시간, 한 달 중에 얼마 동안이나 은밀한 중에 계신 하나님과 교제하며 기도합니까? (설교, 산상설교 5번)

465 여러분은 체력이나 힘이 되는 대로 한 주간에 두 번 이상 금식하십시오. 만약 체력이 약하여 할 수 없거든 힘닿는 대로 금식하십시오. 공중기도나 개인기도로 하나님과 가까이 지내십시오. 성찬으로 그

리스도의 몸과 피를 받아 거룩한 교제를 가지십시오. 성경을 매일 부지런히 읽고 묵상하십시오. 성직자들이 전하는 말씀을 들을 기회에 기쁨으로 나아가 들으십시오. 하나님의 도움 없이는 아무것도 할 수 없음을 알고 무엇이든 그분이 내리시는 능력으로 하십시오. (설교, 산상설교 5번)

466 은혜의 방편을 사용할 때에는 하나님만을 구하라. 오직 하나님의 능력과 그리스도의 공로에만 집중하고 그 행위 자체에 집착하지 말라. …… 모든 것에서 모든 것을 통하여 모든 것 위에 하나님께만 눈길을 두어야 한다. 그리고 은혜의 방편은 영혼이 은혜 안에서 성장하고 도움을 얻게 하는 도구로만 사용하여야 한다. 그렇지 않으면 그것들은 배설물이요 찌꺼기가 되고 만다. (설교, 은혜의 방편)

467 광야에서 홀로 내면으로 기도하는 것만이 영과 진리로 예배하는 것이 아니다. 묵상은 영과 진리로 예배하는 여러 가지 방법 중에 하나일 뿐이다. 이 방법에만 전념한다면 그것은 하나님께서 받으실 만하고 또한 우리의 영혼에 유익한 많은 영적인 은사들을 잃어버리게 된다. (설교, 산상설교 4번)

____ 해설

저수지나 호수에서 물을 끌어오려면 수도관이 필요하고 전기를 끌어오려면 전선이 필요하다. 보이지 않는 전파를 잡기 위해서는 안테나와 수신기가 필요하다. 이와 마찬가지로 보이지 않는 하나님과 연결하고 시간에서 영원으로 발돋움하려면 그것을 가능하게 하는 어떠한 매개체와 방편이 필요하다. 이것을 위해서 영적인 도구나 영적인 통로가 필요하다. 이를 위해 가톨릭교회에서는 전통적으로 일곱 가지 성사(聖事: sacraments/세례, 성만찬, 견진 성사, 고해 성사, 결혼 성사, 성품 성사, 종부

성사)를 제정하여 사용하였으나 개혁자들은 세례와 성만찬 두 개만 남겨 놓고 나머지 나섯 가지를 성경에 근거가 없다는 이유와 여러 가지 오·남용에 대한 석성과 오해 때문에 버렸다.

개신교회는 다섯 가지 성사를 잃어버린 것과 세례와 성만찬을 경시하는 습관 때문에 영성생활에서 그만큼 손상을 입었다고 할 수 있을 것이다. 물론 개신교회는 오직 성경으로 말씀의 영성을 강화하여 다른 성사의 자리를 충분히 메꾸었다고 말할 수도 있지만, 개신교 영성의 불균형과 약점을 비판하는 소리가 갈수록 크게 들리고 있다.

웨슬리는 당시 교회의 영성생활의 피폐함을 발견하고 그것을 최대한 충족시키기 위하여 새로운 영적인 도구들을 만들었다. 신자들이 영적 유익을 얻으며 은혜 안에 성장하도록(grow in grace) 도왔다. 웨슬리는 이것을 은혜의 방편(means of grace)이라고 불렀다. 사실상 웨슬리에게서 은혜의 방편은 신자들의 영적인 훈련을 위한 것이다. 은혜의 방편의 사용은 웨슬리의 영성목회라고 할 수도 있다. 웨슬리가 만든 3대 은혜의 방편은 기도와 말씀과 성만찬이고 5대 은혜의 방편은 금식과 그리스도인의 교제(Christian conference)를 더한 것이다. 다섯 가지 은혜의 방편에 세례를 더할 수 있고, 찬송을 더할 수 있다. 세례는 유일회적인 사건이기 때문에 은혜의 방편 목록에 포함시키지 않았지만 분명히 중요한 은혜의 방편이다. 찬송은 기도의 한 가지 요소라고 생각했기 때문에 목록에 포함시키지 않았지만 중대한 은혜의 방편이다. 특별히 초기 메도디스트들에게 찬송은 말할 수 없이 유익한 은혜의 방편이었다. 그러므로 세례와 찬송을 더하면 7대 은혜의 방편이 된다.

웨슬리는 제정된(instituted) 은혜의 방편과 상황적(prudential) 은혜의 방편을 구분하였다. 제정된 것은 예수님이 제정하신 것과 성경에 근거를 둔 것들을 의미하고, 상황적인 것은 어떠한 환경에 따라서 그때마다 필요하고 유익한 은혜의 방편을 만들어 사용하는 것을 말한다. 그는 제정된 것만이 아니라 신자들의 필요에 따라서 유익한 은혜의 방편들을 창의적으로 고안해내어 신자들의 영적 성장을 적극적으로 도왔다. 특별히 신도회, 속회, 반회, 선발신도회, 참회자반, 애찬회, 철야기도회, 새벽말씀기도회, 계약예배, 편지의 날, 독서모임 등 실로 다양한 상황적 은혜의 방편을 창의적으로 고안하였다. 그는 실로 개신교 역사에서 영성목회의 선구자라고 할 수 있다.

인간은 영원하신 하나님과 교제하고 그분의 은혜를 얻기 위하여 거룩한 은혜의 방편을 사용하는 것이 필요하다. 이 방편들은 하나님과 교제하는 거룩한 통로요 도구들이다. 이러한 영적인 매개체를 사용하여 우리는 하나님을 만나고 하나님의 은혜 안에서 성장한다. 웨슬리는 은혜의 방편을 창조적으로 만들고 적극적으로 사용하여 신자들의 영성생활을 깊게 하고 풍성하게 하였다.

이것을 먼저 하고
구하라

468 하나님께서 나를 통해서 하신 일을 나의 공로로 돌린 적은 없는가? 나는 하나님의 영광이 아니라 나 자신의 영광을 위해 거리낌 없이 나 자신을 칭찬하고 나 자신의 의를 드러내지 않는가? 나는 하나님의 영광보다 나 자신의 영광을 위해서 살지는 않는가? (자기성찰표)

469 나는 사람들의 칭찬을 받을 목적으로 어떤 말이나 일을 한 적은 없는가? 나는 사람들의 칭찬을 기대하고 갈망하고 즐기지는 않는가? (자기성찰표)

470 나는 내가 잘못했다는 생각이 들 때에 "제가 잘못했습니다."라고 지체 없이 말했는가? (자기성찰표)

471 나는 다른 사람에게 비난을 받았을 때에, 첫째로 나 자신이 실족하거나 용기를 잃지 않기를, 둘째로 상대방을 원망하지 않기를, 셋째

로 이런 일을 통하여 나의 교만함이 치유되고 더욱 겸손해지기를 간
구했는가? (자기성찰표)

472 당신 자신을 알아야 한다. 그리고 당신이 죄인임을 깊이 느끼고 인
정하라. …… 당신 자신을 질타하라. 먼지와 재에 앉아서 당신 자신
이 얼마나 비열하고 악한 존재인가를 깨달으라. …… 당신은 가련
하고 악하고 죄 많은 벌레 같은 존재이며, 바람에 이리저리 뒹구는
낙엽이며, 안개같이 있다가 사라질, 죽을 존재이다. 먼저 자신의 눈
에 있는 들보를 빼내라. 그 후에 다른 사람의 눈에서 티를 볼 수 있
다. 먼저 당신의 영혼을 살핀 후에 다른 사람을 어떻게 대하여야 할
지를 생각하라. (설교, 산상설교 10번)

473 지금 여기에서 즉시 나의 잘못을 발견하고 개선하는 것이 얼마나 중
요한 일인지! (편지, 1771. 9. 1) 나이가 들수록 우리의 인생을 교정하
기에는 더 어려워진다. (설교, 가정종교에 관하여)

474 누구든지 옳은 길을 가려고 한다면 다른 길은 버려야 한다. 아무도
두 가지 길을 걸을 수 없으며, 자신의 길과 하나님의 길을 동시에 따
라갈 수는 없다. (설교, 자기 부정)

475 하루에 세 번씩 자신을 성찰하라. 하루에 세 번은 내가 지금 어디서
무엇을 하며 어디로 가고 있는지 분명히 확인하고, 너의 마음과 삶
을 올바른 방향과 목표에 바르게 맞추어야 한다. (찰스 월러스, 「수산
나 웨슬리의 묵상집」, 218)

476 자기를 부정하지도 않고, 절제하지도 않는 사람은 메도디스트가 아
니다. 이것을 모든 신도회에 강조하고 가르치라. (편지, 1782. 6. 18)

477 성경을 읽는 중에 당신 자신을 말씀의 거울에 비추어야 한다. 그리고 성경을 읽으면서 자주 멈추어 자신의 마음과 생활을 살피고 주님께 맞추라. (설교, 믿음으로 얻는 구원)

478 나는 자기 부정이 결핍된 사람에게 그 무엇을 증가시키라고 말할 수 없다. 자기 부정이 없는 그리스도인은 성장할 수 없고, 다른 사람이 아무리 도와주더라도 한 걸음도 전진하지 못한다. (일기, 1790. 3. 13)

479 탐욕은 우리가 받은 좋은 선물들을 도둑질하고 좋은 삶을 파괴한다. 우리가 모든 탐욕을 즉시 떨쳐버리는 것 외에 탐욕에서 도망칠 수 있는 길을 나는 알지 못한다. (편지, 1777. 4. 26)

480 누구든지 자기를 부정하지 않으면, 즉 하나님 안에서의 기쁨이 아닌 다른 기쁨을 부정하지 않으면, 육체적으로 아무리 힘든 일이라고 해도 자기를 부정하지 않으면, 그는 예수의 제자가 아니며 하나님의 나라에 들어가지 못한다. (설교, 부에 대하여)

_____ 해설

신자의 영성생활에서 가장 기본이 되는 것은 자기성찰이다. 자기성찰은 자신의 내면세계를 살피고 자기의 생활을 살피어 생각과 말과 행동에서 잘못된 것이나 악한 것을 찾아내는 일이다. 자기 자신을 알지 못하는 사람은 하나님도 알지 못하고 또한 다른 사람도 알 수 없다. 기독교 영성생활은 자신을 성찰하는 것에서 시작한다. 자신을 성찰함으로써 자기의 참된 모습을 발견하는 것은 영성생활에서 첫 단추를 끼는 것과 같다. 웨슬리는 자신의 내면과 외면을 성찰하여 자신을 살핀 후에야 비로소 하나님의 뜻을 발견하게 된다는 사실을 잘 알았다. 자신을 알지 못하고는 하나님의 뜻을 결코 발견할 수 없다. 기도할 때에 자신에 대해서 묵상하는 것과 하나님에 대해서 묵상하는 것은 별개가 아니라 사실상 같은 일이다.

　신자는 하나님께 무엇을 요구하기 전에 반드시 자신에게 무슨 잘못이 있는지 하나님과 이웃과의 관계가 어떠한지를 먼저 살핀 다음 진정 자신에게 무엇이 필요한지를 알고 하나님께 구해야 한다. 그래서 웨슬리는 자기성찰과 자기부정을 하지 않는 사람에게는 무엇을 더 해줄 수 없고, 그런 사람은 영적으로 성장하지 못하고, 다른 사람이 도와주더라도 한 걸음도 전진하지 못한다고 분명하게 말하였다.

　수산나는 자녀들에게 하루에 세 번씩 자신을 성찰하라고 했다. 내가 지금 어디에 있으며 무엇을 하고 어디로 가고 있는지를 확인하고, 마음과 삶의 방향을 올바르게 맞추어야 한다고 수산나는 가르쳤다. 웨슬리에게 성경을 읽는 시간은 동시에 기도와 성찰의 시간이었다. 그래서 성경을 읽는 중에 계속 읽지만 말고 자주 멈추어 자신을 말씀의 거울에 비추어 살펴야 한다고 강조하였다. 웨슬리는 자신을 성찰하지도 않고 부정하지도 않고 절제하지도 않는 사람은 참된 신자도 아니고 진정으로 기도하는 사람이 아니라고 말했다. 흙탕물이 깨끗한 물이 되었는지를 아는 것은 그 물에 하늘의 흰 구름이 비치거나 자기의 얼굴이 선명히 비춰질 때이다. 마찬가지로 인간은 자신을 살펴서 악하고 더러운 것을 씻어버린 후에야 그 마음속에서 자신의 모습을 보고 동시에 하나님을 보게 된다.

　웨슬리는 자기성찰을 정원을 가꾸는 일에도 비유하였다. 자기성찰은 정원에 있는 잡초를 뽑고 벌레를 제거하고 꽃나무들을 잘 가꾸고 돌보아 아름다운 정원으로 만드는 것과 같다. 만약에 정원을 돌보지 않고 내버려 두면 정원이 더러워지고 잡초 밭이 되는 것처럼 우리의 마음도 그와 같다. 영성생활은 정원을 아름답게 가꾸는 것과 같이 마음과 영혼과 삶을 거룩하고 아름답게 가꾸어가는 것이다. 여기에서 제일 중요한 일은 매일 자기를 성찰하여 악하고 불행한 것들을 씻어버리는 것이다. 또한 자기성찰은 집 안의 창문을 잘 닦아서 창문을 통하여 밖의 아름다운 세계를 보는 것과 같다. 창문이 더러우면 창밖의 아름다운 자연을 볼 수 없는 것같이 우리의 마음이 더러워지면 마음속에서 자신을 보지 못하고 하나님도 보지 못하기 때문이다. 자기성찰을 통하여 자기의 마음을 깨끗이 하고 맑게 해야 거기서 하나님을 볼 수 있고 천국을 볼 수 있고 모든 이웃을 볼 수 있고 세계를 볼 수 있다. 즉 먼저 자기성찰과 자기부정을 잘해야 하나님과 올바른 관계 속에서 진실하게 기도할 수 있게 된다. 웨슬리에게서 자기성찰과 자기부정은 모든 간구에 앞서는 필수 요건이며, 영성생활의 기본이다.

절제하고 끊으면
살아난다

481 금식의 이유와 목적은 지은 죄를 슬퍼하고 반성하여 진심으로 회개
하는 것이며, …… 하나님의 심판을 두려워하여 음식을 거부하는 것
이며, …… 절제하고 조심하며, …… 육체의 정욕을 죽이고 어리석
고 악한 욕망을 끊어내는 것이다. 또한 금식은 음식을 먹지 않음으
로 스스로 벌을 받는 것이며, …… 하나님의 자비를 간구하며, ……
마귀를 굴복시키는 믿음을 얻는 수단이 된다. (설교, 산상설교 7번)

482 금식할 때에는 우리 눈을 오직 그분께만 고정시켜서 우리의 금식이
오직 주님께만 드려지도록 해야 한다. 금식의 오직 한 가지 의도는 하
늘에 계신 하나님께만 영광을 돌리는 것이다. 간혹 자신의 의도와 상
관없이 금식한다는 사실이 알려지는 것은 괜찮다. 그러나 의도적으
로 사람들의 칭송을 기대함으로써 당신의 금식이 주님께 역겨운 것이
되지 않게 해야 한다. 아무도 알아주지 않을지라도, 은밀히 보시는 주
님은 당신의 순수한 금식을 아시고 상을 주신다. (설교, 산상설교 7번)

483 사람이 죄로 인한 슬픔에 압도되어 깊은 고난 아래에 있을 때에, 또한 하나님의 진노를 두려워할 때에, …… 쾌락을 주는 음식이나 필요한 음식도 금식하게 된다. (설교, 산상설교 7번)

484 산해진미의 음식은 우리의 육체와 영혼을 상하게 하는 감각적 쾌락이 될 수 있다. 그래서 지혜로운 사람은 이런 것을 삼가며 절제한다. 영혼을 타락하게 하는 저열한 욕망에 탐닉하는 어리석음을 배격한다. 이것이 금식하는 이유와 근거이다. (설교, 산상설교 7번)

485 육체와 영혼을 파괴하는 음식을 피하고, 어리석고 해로운 육욕과 악하고 헛된 욕망을 물리치기 위하여 금식하는 것이다. (설교, 산상설교 7번)

486 만일 금식이 단지 다른 사람에게 보이기 위한 외면적인 행동에 그친다면 그것은 무익한 수고이며, 육체에 괴로움만 주고 영혼에는 아무런 유익이 못 된다. …… 또한 우리의 육체를 지나치게 괴롭힘으로써 우리의 소명을 행하는 데 방해만 되므로 이것을 경계해야 한다. 우리의 건강은 하나님이 주신 선물이므로 귀하게 보존해야 한다. 우리가 금식할 때에 우리의 건강을 상하지 않도록 적절하게 해야 한다. (설교, 산상설교 7번)

487 우리는 금식을 공로라고 생각하여 금식만 하면 무조건 은혜를 받을 것이라고 여기지 말아야 한다. 또한 마음이나 몸을 지나치게 괴롭게 함으로 복을 받는다고 생각하지 말아야 한다. 금식할 때에는 영혼 전체를 하나님 앞에 쏟아놓으며, 모든 죄악과 부족과 무능력을 고백하여야 한다. (설교, 산상설교 7번)

488 주님께서 받으실 만한 금식은 반드시 선행이 따라야 한다. 힘이 있는 대로 이웃의 몸과 영혼을 위하여 자비를 베풀어야 한다. 주님은 이러한 제사를 기뻐 받으신다. 주님께서 고넬료에게 "너의 구제와 기도가 하나님께 상달되었다."라고 말씀하신 것과 같다. (설교, 산상설교 7번)

_____ 해설

웨슬리는 일생 동안 매주 수요일과 금요일에 규칙적으로 금식하였다. 그는 단식은 하지 않고 약식과 절식을 하였으며, 금식하는 날에는 오후 3시 이후부터 아무것도 먹지 않았다. 그러나 그는 대부분 공장 노동자들인 신자들에게는 건강이 상하지 않도록 주로 약식을 권장하였다. 웨슬리가 만든 '5대 은혜의 방편' 목록 중에 금식은 네 번째에 있다. 웨슬리는 영성생활에서 금식에 깊은 관심을 갖고 있었으며, 그는 '산상설교 7번'에서 금식의 역사, 목적, 필요성, 방법 그리고 유익에 관하여 논리적으로 자세히 설명하였다. 아마도 금식에 대하여 이보다 더 좋은 글은 찾기 어려울 것이라 생각된다.

웨슬리는 금식이 구약시대 이후 어느 시대에서나 신자의 경건생활을 위해서 보편적으로 행해졌고, 특별히 초대교회의 전통에 의하면 성탄절을 제외한 매주 주일과 매주 금요일 그리고 사순절기와 엄숙한 절기에 금식하였다고 말한다. 영국교회는 거의 초대교회의 전통을 따라서 매주 주일과 매주 금요일, 사순절기와 특별한 절기에 금식하였다는 사실을 중시하였고, 또 가톨릭교회에서는 금식이 고해성사에서 기본적으로 처방되는 참회를 위한 고행으로 사용되었다는 것도 상기할 필요가 있다고 하면서 메도디스트에게 금식은 참회를 위한 고행과 같은 의미가 있다고 웨슬리는 생각했다.

웨슬리는 금식을 해야 하는 여덟 가지 이유를 들었다. 첫째로 금식은 죄를 뉘우치고 슬퍼하는 것이다. 즉 금식은 진정한 회개의 표식과 같다. 금식이란 지은 죄에 대하여 애통하기 때문에 모든 식욕을 버리게 되고 하나님의 심판을 두려워하기 때문에 음식에 대한 생각조차 내려놓으며, 하나님의 용서와 자비를 구하는 진실한 회개의 모습이라고 웨슬리는 생각했다. 둘째로 금식은 미식과 과식 그리고 음식에 대한 욕구와 세속에 대한 저급한 팀닉과 모든 더러운 징욕을 끊어내는 절제이다. 셋째로 금식은 영혼을 타락하게 하는 육체의 정욕을 스스로 죽이고(mortification) 영혼을 살리는(vivification) 행위이다. 금식을 통하여 신자는 더욱 깊이 죄를 뉘우치고 진정한 참회의 길을 걸어간다. 넷째로 금식은 성화의 길을 가는 은혜의 방편이다. 금식은 전적인 순종과 겸비를 배우는 성화의 훈련이다. 다섯째로 금식은 기도에 도움이 된다. 금식을 할 때 더욱 깊고 진지하고 간절한 마음으로 기도하게 되며 순수한 믿음으로 하나님을 의지하게 만든다. 여섯째로 다윗과 히스기야와 다니엘과 요나의 경우처럼 금식은 하나님께서 진노와 형벌을 거두시게 한다. 일곱째로 금식은 기도와 함께 마귀를 쫓아내는 믿음을 얻는 수단이 된다. 여덟째로 금식은 가난한 이웃을 돕는 자비의 행위이다.

웨슬리는 금식이 이렇게 영적으로 유익하지만 지나치게 육체를 괴롭게 하여 건강을 상하게 하지 말 것과 금식 자체가 죄를 씻거나 복을 받는 공로라고 생각하지 말아야 한다는 사실을 분명하게 가르쳤다. 그리고 일부러 다른 사람에게 금식한다는 사실을 알림으로써 금식을 일종의 공로로 생각하거나 가식적으로 하지 말고 금식은 은밀한 중에 오직 하나님만 바라보고 하여야 한다고 강조하였다. 이처럼 금식은 신자의 영성생활에서 빼놓을 수 없이 중요한 경건이요 성화에 이르는 연습이다.

기도 I

하나님과
은밀히 교제하라

489 기도할 때에 무의미한 말을 되풀이해서는 안 된다. 우리의 기도는 하나님께 진심을 토로하는 것이다. 그렇지 않은 기도는 위선이 되기 쉽다. 그러므로 기도할 때, 우리는 하나님과 사귐을 유일한 목적으로 삼아서 마음과 정성을 하나님께 드려야 한다. (설교, 산상설교 6번)

490 기도의 종류에는 개인기도와 가족기도와 공중기도가 있다. 그리고 기도의 방법에는 탄원, 간구, 고백, 회개, 중보, 외침, 묵상, 감사 그리고 찬양이 있다. (총회 회의록)

491 기도는 마치 하나님께서 우리의 부족함을 모르는 것처럼 생각하여 하나님을 가르치는 것이 아니다. 오히려 우리 자신을 깨우치는 것이며, 우리의 부족함을 깊이 느끼게 하며, 우리의 필요를 공급하시는 하나님을 지속적으로 의지하는 것이다. (설교, 산상설교 6번)

492 하나님은 언제나 우리가 구하는 것보다 더 많이 준비하고 계신다. 기도는 하나님을 움직이는 것이라기보다 오히려 우리 자신이 변화되어 하나님께서 준비하신 것들을 받을 만한 사람이 되게 하는 것이다. (설교, 산상설교 6번)

493 기도의 위대한 목적은 우리가 구하는 것들에서 주님의 뜻을 발견하고 이루는 것이며, 그것을 향한 우리의 소원을 증진시키는 것이다. (신약성서주해, 마태복음 6:8)

494 묵상기도는 하나님을 영과 진리로 예배하는 여러 가지 방법 중에 하나이다. 그러므로 하나님을 예배하는 데 이 한 가지 방법에만 의존하는 것은 하나님이 받으실 만하고 유익한 다른 방법을 버리는 것이 된다. 하나님께서 다른 방법과 종교의 외적 행동도 명하셨으니 …… 무슨 일을 하든지 말이나 일이나 주님을 섬기는 마음으로 우리의 눈을 하나님께만 집중한다면 우리의 마음을 분산시키는 일은 없을 것이다. (설교, 산상설교 4번)

495 나는 기도 모임을 사랑한다. 온 세상 온 동네마다 기도 모임이 세워진다면 얼마나 좋을까? (편지, 1772. 12. 11)

496 단순하라. 하나님 앞에서 어린아이와 같이 되어라. 그리고 많이 읽고 많이 기도하라. 그대가 진정 부요하게 되리라. (텔포드, 「웨슬리의 어록」, 33)

해석

　기도는 인간이 하나님과 교제하고 대화하는 영적인 방법이다. 기도는 인간이 하나님을 만나고 경험하는 은혜의 방편이다. 인간은 기도를 통하여 자신의 진실한 모습을 발견하고 자신의 부족을 깨닫고 하나님의 뜻을 발견하고 하나님의 도움을 얻는다. 웨슬리는 실로 기도의 사람으로 살았다. 그는 기도 시간을 정해 놓고 규칙적으로 기도하였다. 매일 오전 4시 30분에 기상하여 기도로 하루의 생활을 시작하고 일상에 큰 변화가 없는 한 매일 세 시간마다 기도하였다. 그리고 매일 저녁 잠자기 전에 약 두 시간 동안 성경 읽기와 자기성찰과 간구의 기도를 하였다.

　웨슬리는 신자들에게 자신을 위한 기도보다 중보기도를 더 많이 할 것을 강조하였다. 그는 자신의 기도 수첩에 많은 중보기도 대상을 정해 놓고 기도하였다. 그는 개인적으로 또는 동료와 함께 규칙에 따라서 중보기도를 하였다. 그는 신도회 안에 중보기도의 날을 정하고 기도가 필요한 사람들의 이름과 중보기도의 내용을 미리 알리고 기도하였다. 신도회는 각 요일별로 중보기도가 필요한 사람들의 이름과 그룹을 정해 놓고 기도하였다. 웨슬리와 신도회의 중보기도 대상에는 다양한 사람들이 들어 있었으며, 특별히 죄수들, 장애인들, 낙오자들, 가난한 노동자들과 집 없는 사람들과 신도회 안의 가난한 사람들, 가난한 집 아이들, 메도디스트들을 괴롭히는 폭도들, 그리고 신도회의 봉사자들과 지역사회 안의 봉사자들이 포함되었다.

　웨슬리의 일기와 편지를 읽어 보면, 그는 일상생활에서 나타나는 기도의 유익과 효능을 실제로 믿었고 언제나 그런 기대를 가지고 기도하였다는 것을 발견하게 된다. 그는 기도가 시간과 영원을 잇는 줄이요, 인간의 이성과 능력과 방법을 초월하여 하나님의 능력과 지혜와 방법을 얻을 수 있는 통로라고 믿었다. 그래서 그는 기도하는 사람은 언제나 인간의 기대보다도 훨씬 더 많은 것들을 준비하신 하나님의 도움을 얻는다는 사실을 스스로 경험하며 살았다. 그는 일생 기도의 사람으로 살았다. 웨슬리에게 기도는 하나님을 만나는 영적인 체험, 매일의 영적인 양식, 건강을 지키는 의약, 고난을 이기는 능력, 미움을 이기는 사랑, 자신의 죄와 연약함을 아는 거울, 자기의 내면을 보는 현미경, 성화를 이루는 연습, 하나님의 영광을 보는 눈, 하나님의 음성을 듣는 귀, 하나님의 뜻을 배우는 학교, 문제 해결의 열쇠, 한계를 초월하는 기적, 하늘을 보는 망원경, 영원과 신비를 경험하는 통로, 하나님과 천국을 보는 창문, 평안을 누리는 쉼, 그리고 삶의 지혜와 힘과 위로를 얻는 방편이었다.

기도 II

수천 가지 방법을
가지신 주님께

497 그러므로 성경말씀을 듣고 깊이 묵상하고 금식하고 성만찬을 받는
     가운데 구하라. 그러면 …… 세상을 이길 믿음을 얻을 것이며, 세상
     이 주지 못하는 평안도 사랑도 얻는다. 다만 명심할 것은 기도로 구
     하고 찾고 두드리되 피곤하여 물러서지 말아야 한다. 하나님의 약
     속은 강철같이 강하고 확실하여 천지는 없어지더라도 그의 말씀은
     이루어질 것이다. (설교, 산상설교 10번)

498 우리는 너무 많이 아래를 내려다본다. 반면에 너무 적게 위를 본다.
     (편지, 1771. 2. 16)

499 낙심하지 말고 푯대를 향하여 나아가라. 소극적 태도를 버리고 주님
     께서 복을 주실 때까지 매달리라. 그러면 그의 자비와 거룩함과 축
     복의 문이 열릴 것이다. (설교, 산상설교 10번)

500 자주 위를 바라보아라. 그리고 언제나 신선한 은혜를 공급받으라. (편지, 1773, 3, 2)

501 어린아이처럼 위를 바라보아라. 너의 도움이 너를 구원하신 주님의 손안에 가득하다. (편지, 1764. 5. 7)

502 우리에게는 그 어려운 문제를 해결할 한 가지 방법조차 없을지라도 하나님께는 수천 가지 방법이 있음을 기억하고 결코 낙망하지 말며, 오직 너의 의무에 성실하고 믿음으로 기도하라. (수산나 웨슬리의 편지, 1724. 8. 19)

503 너의 고통을 숨겨 두지 말고 너의 하나님께로 가져가라. 하나님께서 네 고통 위에 복을 내리시리라! (편지, 1791. 1. 29)

504 만일 진정으로 믿음이 강한 두세 사람이 있다면, 그들은 담대한 기도로 하나님과 씨름할 것이며, 그들의 기도로 우리 모두에게 복이 내릴 것이다. (편지, 1779. 2. 11)

505 기도는 영원토록 가장 좋은 의약이다. 인간의 생명에 대하여 절대 능력을 가진 주님께 믿음으로 기도하는 것은 마음과 몸의 건강을 지키기 위한 기본이다. (원시의학)

506 당신의 기도가 하나님 앞에 충분한 호소력을 가지려면 당신이 모든 사람과 사랑의 관계에 있는지 먼저 살펴야 한다. 그렇지 않다면 축복 대신 저주가 당신에게 내릴지도 모른다. 이웃에 대한 사랑이 없다면 하나님의 축복을 기대해서는 안 된다. 그러므로 당신은 먼저 이런 장애물을 제거하고 그대가 모든 사람을 사랑하는지 확인하고

구해야 한다. (설교, 산상설교 10번)

507 오늘 나는 네 시간 동안 말을 타고 달려서 뉴웰헤이에 도착하여 설교를 시작하였다. 햇볕이 내 머리에 어찌나 뜨겁게 내리쪼이던지 설교를 오래 못할 것 같았다. 그래서 나는 햇빛으로부터 나를 보호해 달라고 기도하였다. 조금 후에 구름이 나타나서 예배가 끝날 때까지 해를 가려 주어서 상쾌한 기분으로 설교를 다 하였으며, 회중도 시원한 날씨에 설교를 잘 들을 수 있었다. 다른 사람들은 이것을 우연이라고 하겠지만 나는 나의 기도에 대한 하나님의 응답이라고 믿는다. (일기, 1754. 4. 21)

___ 해설

웨슬리는 일평생 정한 시간에 규칙에 따라서 기도하였다. 그는 일상에 변화가 없는 한 기도시간을 정확히 지켰다. 중요한 일이나 어려운 일이 있을 때에는 그 일을 하기 전에 특별히 시간을 정해 놓고 기도하였고, 하나님의 뜻을 살피면서 도우시는 은혜를 구했다. 그의 일기에는 전도 여행에서나 야외설교에서 위험한 일을 당했을 때마다 더욱 간절하게 기도하였다는 기록이 자주 발견된다. 그는 빚을 지고 갚지 못해서 고민할 때에, "우리에게는 한 가지 방법도 없지만 주님은 천 가지 방법을 가지고 있다."는 어머니의 말에 깊은 영적 감화를 받았으며, 이 말은 웨슬리가 기도에 대한 믿음을 갖게 하는 중요한 동기가 되었다.

웨슬리는 기도문을 사용하는 기도와 기도문이 없는 기도를 병행하였다. 그는 영국국교회의 기도서를 가지고 정한 시간에 규칙적으로 기도하였으며, 상황에 따라서 기도문 없이 소리 내는 기도도 하였다. 또한 그는 성경을 읽으면서 묵상하기를 즐겨했고, 때로 무거운 일을 당할 때에는 탄원의 기도와 뜨거운 간구를 하였다.

웨슬리는 불안이나 두려움이 닥쳐올 때, 또는 감당하기 힘든 문제에 부딪혔을 때에는 큰 소리로 외침의 기도를 하였다. 예를 들면 그는 때로 '할렐루야', '아멘', '주님,

나를 도우소서.', '주님을 찬양합니다.', '주께서 영광 받으소서.', '주님, 축복하소서.', '주님, 성령을 토해수소서.', '주님, 감사합니다.', '주님께 감사', '놀라우신 은혜에 감사합니다.' 등 외마디 짧은 외침의 기도를 하였다.

기도의 종류에는 탄원과 간구와 묵상과 자기성찰과 감사와 찬송이 있으며, 신자는 시간을 정하여 규칙적으로 상황에 따라서 필요한 대로 기도하여야 한다고 웨슬리는 격려하였다. 그는 기도도 많이 하였지만 찬송 부르기를 좋아하였다. 그는 일상에서 찬송을 자주 많이 불렀고 마음이 상하거나 고통스러운 일이 생각날 때에는 더 큰 소리로 찬송을 불렀다. 그에게 찬송은 곡조 있는 기도였다. 또한 찬송은 영과 혼과 힘을 다하여 드리는 기도로서, 어거스틴의 말과 같이 "찬송은 말로 하는 기도보다 두 배에서 열 배까지 드리는 기도"라고 생각하였다.

웨슬리는 기도할 때에 먼저 자신이 하나님과 이웃을 대하는 관계에서 가로막힌 어떤 장애물이 있는지를 조사하고 그 장애물을 제거하는 것이 필요하다는 것을 강조하였다. 또 기도할 때에는 이웃을 미워하거나 이웃에게 어떤 악을 행하고 있다면 먼저 이웃과 화해하고 모든 사람을 사랑하는 마음을 가지고 구하여야 우리의 기도가 하나님께 올라가고 응답이 빠를 것이라는 사실을 강조하였다.

자주 위를 바라보아라. 그리고 언제나 신선한 은혜를
공급받으라.

성만찬 I

영혼의
만나

508 성찬은 모든 신자의 거룩한 의무이므로 가능한 모든 기회에 지속적으로 받아야 한다. 그렇게 하지 않고서는 아무도 그리스도인의 참된 경건을 소유할 수 없다. (설교, 지속적인 성찬의 의무)

509 이 성례전은 내적인 은혜의 외적인 표시이며, 그리스도의 몸과 피인 떡과 포도주를 먹고 마심으로써 그리스도의 죽음과 부활을 언제까지나 기억하게 하려는 것이다. (설교, 지속적인 성찬의 의무)

510 성찬을 받고자 하는 자들은 주님의 엄숙한 계명에 따라 주님의 살과 피를 받기에 합당한 자가 되기 위해서 시간이 허락하는 대로 자기 성찰을 해야 하며, 또 기도로 준비하여야 한다. 그러나 이것은 절대적으로 필요하지는 않다. 그러나 성찬에 임하면서 누구든지 자신이 바르게 준비되었는지를 살펴보아야 한다. (설교, 지속적인 성찬의 의무)

511 성찬이 거룩한 의무인 이유는 첫째, 이 세상 끝날까지 주의 죽으심을 기념하기 위하여 떡과 포도주를 받는 것이 그리스도의 명령이기 때문이다. 둘째, 이것을 행하는 모든 사람이 얻는 은사가 너무도 크기 때문이다. (설교, 지속적인 성찬의 의무)

512 초대교인들이 매주일 행하였던 것처럼 할 수 있는 대로 자주 성찬에 참여함으로 그대의 영혼을 돌아보아야 한다. 초대교회는 수세기 동안 거의 매일 성찬을 받았다. (설교, 지속적인 성찬의 의무)

513 주의 만찬에 참여함으로써 우리는 과거에 지은 모든 죄의 용서를 받으며, 현재 우리의 영혼을 새롭게 하며, 또한 우리의 영혼을 강하게 하는 은총을 얻는다. 성찬 예식을 통하여 하나님은 우리의 죄가 용서되었다는 확신을 주시며, 또한 죄를 이기는 힘도 주신다. 우리의 몸이 떡과 포도주를 먹음으로 강건해지는 것처럼 우리의 영혼이 주의 살과 피를 먹고 마심으로 강건해진다. 그러므로 주의 만찬은 우리를 위한 영적인 양식이다. (설교, 지속적인 성찬의 의무)

_____ 해설

그리스도는 성찬(a sacrament of the Lord's supper)을 제정하셨고 처음 교회를 성례전적 공동체(sacramental community)로 만들어 주셨다. 예수의 부활 이후에 모이기 시작한 초대교회는 모일 때마다 성찬을 행함으로써 성례전적 공동체로 확고해졌다. 신자는 성찬에서 떡과 포도주를 받아먹고 마심을 통해 그리스도의 살과 피를 먹고 마신다. 그리고 성찬에서 신자는 그리스도와 연합한다. 신자가 성찬에서 받는 떡은 십자가에서 찢어진 그리스도의 몸이요 포도주는 십자가에서 흘린 그리스도의 피이다. 그러므로 신자는 성찬에서 그리스도의 살과 피를 먹고 마심으로 죄를 씻어 주시고 죄를 이기게 하는 그리스도의 속죄의 은혜를 체험하고 동시에 신자는 구원의 은혜를 확신하고 영혼의 건강과 힘과 평안을 얻는다. 성찬은 신자에게 영혼의 만나이다. 마치 이스라엘 백성이 광야에서 하나님이 내려 주신 만나를 먹고 살았던 것처럼 신자는 성찬에서 떡과 포도주를 먹고 마심으로써 영혼이 그리스도와 연합하고 하나님 나라의 영원한 생명과 평안과 기쁨을 경험한다. 신자가 성찬을 통해서 그리스도와 연합하는 것은 인간이 다 알 수 없고 표현할 수 없는 전적으로 거룩하고 신비한 하나님의 은혜이다. 하나님은 인간의 연약함과 어리석음을 아시기 때문에 가장 쉽고 단순한 방법을 사용하여 인간에게 자비를 내리시고 구원의 은혜를 주시기를 기뻐하셨다. 즉 하나님은 인간이 날마다 먹고 마시는 떡과 포도주라는 양식을 사용하여 신자에게 거룩하고 신비한 하늘의 만나를 먹여 주시어 신자의 영혼이 살아나고 영원한 하나님의 나라에 들어가도록 도우셨다. 그래서 성찬은 위대하고 신비한 은혜의 방편이다.

웨슬리는 일평생 열성적인 성례전주의자로 살았다. 그는 설교도 많이 했지만 누구보다도 성찬을 많이 시행하며 성례전적 영성으로 살았다. 그는 매주일과 모든 가능한 기회에 성찬을 받았으며, 일생 동안 평균 4일에 한 번 성찬을 받았으며, 회심을 체험한 이후에는 더 자주 성찬을 실행하였다. 그는 죽기 전 마지막 두 달 동안은 한 주간에 두 번 성찬을 받았다. 그는 진정한 그리스도인은 매주일 성찬을 받아야 하고 모든 가능한 기회에 성찬을 받아야 한다고 가르쳤다. 왜냐하면 성찬을 행하는 것은 그리스도의 명령이며 성찬을 통하여 얻는 영적인 유익이 너무나 크기 때문이며, 성찬은 신자의 거룩한 의무라고 여겼기 때문이다. 그는 매주일 성찬을 받지 않는 사람은 진정한 의미에서 그리스도인이 아니라고 주장할 정도로 성찬의 의무를 강조하였다.

웨슬리는 성찬이 보이지 않는 실재의 '보이는 표식'이라고 믿었고, 또한 성찬은 내적인 은혜의 외적인 표적이라고 믿었다. 우리는 보이는 물질적 표적을 통하여 보이지 않는 영적인 은혜를 얻는다. 하나님은 영적이고 초월적인 분이시며, 영원하시고 신비에 둘러싸인 분이시다. 인간이 다가가기에는 너무나 멀고 크고 깊고 거룩하고 영원한 존재이다. 하나님에 비해 인간은 매우 작고 약하며, 더욱이 죄악으로 더러워졌기 때문에 하나님을 직접 만날 수가 없다. 인간은 이성이나 지식이나 어떤 능력으로도 하나님을 만나기에는 턱없이 부족하고 불가능하다. 그런데 하나님께서 인간의 연약함을 아시고 자비를 베푸시어 아주 평범하고 쉽고 간단한 방법으로 하나님을 만날 수 있게 해주셨다. 그의 신비하고 놀라운 사랑을 경험하고 얻을 수 있는 아주 단순한 방법을 제정해 주셨다. 이것이 바로 성례전이다.

웨슬리는 성찬이 은혜의 방편이라는 사실을 대단히 강조하였다. 그는 성찬이 신자에게 말할 수 없이 유익한 영혼의 양식이라고 믿었다. 성찬은 예수님께서 직접 제정하신 은혜의 방편으로서 하나님께서 인간에게 은혜를 주시는 통로요 수단이기 때문이라고 그는 말했다. 인간의 연약함을 돕기 위해서 하나님은 무척 쉬운 방법을 사용하셨다. 신자는 성찬을 받음으로써 하나님과 연합하고 영혼의 양식을 얻어 강건해지고 은혜 안에 성장하여 성화에 이르기 때문에 성찬의 기회를 거부하거나 놓치지 말아야 한다고 웨슬리는 지속적으로 가르쳤다. 이처럼 그는 열성적인 전도자이면서 동시에 성례전적 영성과 성례전적 삶을 추구하였던 보기 드문 사도였다.

주님의
옷자락

514 우리가 그리스도의 명령과 유언을 귀중하게 여긴다면 결코 주의 성
    찬을 가볍게 여기지 말아야 한다. 우리는 하나님께서 기회를 주시
    는 대로 성찬을 받아야 한다. 이것이 진정한 법이다. 나는 성찬을 지
    속적으로 받는 것을 주장한다. 가끔씩 받는 것을 주장하지 않는다.
    성찬을 가끔씩 받는 것은 아주 어리석은 것이다. 누구든지 자신의
    영혼을 사랑하는 사람은 성찬을 지속적으로 받고자 한다. 초대교회
    신자들은 거의 매일 성찬을 받았다. 성인의 날에는 한 주에 네 번 성
    찬을 받았다. (설교, 지속적인 성찬의 의무)

515 하나님께서 우리에게 성찬을 받게 하시는 것을 그분의 자비라고 생
    각해 보라. 만유를 선대하시되 특별히 그의 자녀를 선대하시는 하나
    님은 인간이 행복할 수 있는 길이 하나님처럼 거룩함에 있다는 것을
    알고 계시다. 하나님은 인간이 자신의 힘으로는 그의 거룩함에 이
    르 수 없다는 것을 잘 알고 우리에게 도움을 줄 수 있는 확실한 은혜

의 방편을 마련해 주셨다. 왜 여러분은 이와 같은 하나님의 자비를 받아들이지 않는가? 하나님께서 복을 주시려는데 왜 거부하는가? (설교, 지속적인 성찬의 의무)

516 성만찬에서 그리스도의 신성이 우리와 연합한다. 성만찬에 참여할 때에는 우리가 그리스도의 십자가의 은혜와 부활의 능력을 믿는 참다운 수찬자가 되어야 한다는 것이다. 우리가 성만찬을 바르게 행할 때에 성령의 역사로 그리스도가 실제로 임재하는 것(real presence in spiritual way)을 나는 믿는다. 그러므로 나는 성찬에서 표식으로만이 아니라 실제로 그리스도의 살과 피를 받는다. 그러므로 성만찬에서 그리스도와 우리의 연합은 전적으로 신비이다. (편지, 1732. 2. 28)

517 우리는 성만찬 예식에서 영광스런 기회를 가졌다. 바위들이 산산조각 부서졌다. 한 사람이 말씀을 통해서 구원받았고, 한 사람이 성찬을 통해서 구원받았다. (찰스 웨슬리의 일기, 1746. 6. 15)

518 우리는 주님을 만나러 하늘에 올라갈 필요가 없다. 주님은 자신의 성찬에 모든 사람을 초대하시고 지금 여기에 우리와 함께 계셔서 믿는 자들을 만나신다. (성만찬 찬송집, 서문; 잭슨, 「웨슬리 전집 7권」, 13~14)

519 성찬은 가장 위대한 신성의 표현이요 신비이다. 가장 거룩한 복음의 잔치(gospel feast)이다. 이 거룩한 상에서 성도는 하나님께 예배하고 하나님은 그의 자녀들에게 복을 주신다. 이 성례전에서 우리는 그의 살과 피를 받으며 동시에 우리는 우리의 몸과 영혼을 희생제사로 드린다. 성찬은 하나님의 현존의 거룩한 상징이요 신비한 구원의 역사이다. 이것은 마치 모세에게 나타났던 떨기나무에 붙은 불과 같

오며, 광야에 나타났던 구름과 만나와 같으며, 무세의 손에 들려 지팡이와 같다. 또한 이것은 예수의 우자락이나 그림자와도 같다. (성만찬 찬송집, 서문)

_____ 해설

신자는 성찬을 통하여 구원의 은혜와 구원의 확신을 얻는다. 웨슬리는 성찬이 선행하는 은혜와 칭의하는 은혜와 성화하는 은혜를 전달하는 복음적 성례전이라는 사실을 줄기차게 강조했다. 그의 일기에는 어디에서 몇 명에게 "나는 그리스도를 주었다(I offered Christ)."라는 기록이 여러 번 보이는데, 이 말은 성찬을 주었다는 뜻이다. 웨슬리는 설교를 할 때와 같이 성찬을 줄 때에도 그리스도의 복음을 주고 구원의 은혜를 주는 것으로 여겼다. 그는 야외설교 집회에서 "어떤 사람들은 설교를 통해서 구원을 얻었고 또 다른 사람은 성찬을 통해서 구원을 얻었다."고 일기에 기록하였다. 그는 신자들이 성찬을 받을 때에 일어나는 놀라운 사건에 대하여 "바위가 산산조각 부서지고 많은 사람이 주께로 돌아왔다."라고 생생하게 전하였다. 또 성찬에서 수찬자의 믿음은 은혜로운 성만찬을 만드는 중요한 요소가 되며, 참다운 수찬자의 믿음 위에 성령이 역사하여 성찬은 은혜로운 복음의 잔치(gospel feast)가 된다고 설명하였다.

웨슬리는 성찬이 단순히 기념이나 상징, 표식만이 아니라 그리스도가 실제로 임재하는(real presence) 성례라는 점을 강조하였다. 그는 또한 초대교회는 매일 성만찬을 받았으며, 성만찬에서 십자가에 달리신 예수의 몸과 피를 실제로 먹고 마시는 신비한 은혜와 죽은 몸이 살아나는 부활의 능력을 경험하였다는 것을 상기시키면서 그리스도의 실제적 임재를 강조하였다. 이는 가톨릭교회의 화체설은 아니지만, 수찬자는 영적인 방식으로 믿음 안에서 예수의 성체를 받아먹는다는 웨슬리의 성례전 영성을 보여 주는 것이다. 그래서 수산나는 성찬에서 그리스도가 실제로 임재하는 것과 우리와 그리스도가 연합하는 것은 거룩한 신비로 가득하다고 고백하였다.

웨슬리는 동생 찰스와 함께 '성만찬 찬송집'을 만들었다. 이 책에는 성만찬의 의미를 해설하는 서문과 166개의 성만찬 찬송시가 들어 있어서 웨슬리의 성만찬 신학과 영성을 볼 수 있다. 그는 이 책의 서문에서 성찬에 대한 가장 아름답고 감동적인 의미를 그려 주었다. 성찬은 마치 모세에게 나타났던 떨기나무에 붙은 불, 모세의 손에 들린 지팡이, 광야에서 보았던 구름기둥과 불기둥, 40년 동안 광야에서 먹었던 만나와 같고 예수의 옷자락과 그림자와 같다고 표현하였다. 이러한 비유는 그의 깊고 섬세한 성례전적 영성을 보여 준다.

그는 성만찬이 희생의 제사(sacrifice)라고 가르쳤다. 이것은 가톨릭교회가 말하는 그리스도 수난의 재연이 아니고 희생 제사와 같은 것도 아니라고 하였다. 오히려 성만찬은 그리스도께서 우리를 위해서 희생하신 제사도 되지만 동시에 신자들이 자신의 삶에 대한 감사의 희생 제사로 올려드리는 거룩한 헌신의 제사가 된다고 하였다. 곧 우리의 몸과 영혼과 우리의 선행 그리고 거룩한 생활을 드리는 감사의 제사(Eucharist)가 된다는 의미이다.

웨슬리는 성례전적 목회를 하였다. 그는 교회를 성례전적 공동체로 보았으며, 설교와 성만찬의 완전한 결합과 조화를 실천하였다. 그는 실로 설교를 통한 복음전도운동(evangelical movement)과 동시에 성만찬 부흥운동(sacramental movement)을 일으킨 사도임에 틀림없다. 웨슬리는 복음적인 성례전주의자였다. 동시에 그는 성례전적 복음주의자였다. 영국의 신비주의 영성신학자 에벌린 언더힐은 "초기 메도디스트들은 가톨릭에 더 가까운지 아니면 개신교에 더 가까운지 분간하기 어려울 정도로 성례전적 영성을 강조하였다."라고 평가하면서 오늘날 메도디스트들은 그들의 창시자의 영성을 잘 이해하지 못하는 것이 분명하다고 말하였다.

하나님과
동행하는 순례

520 네가 어떤 처지에 있든지 너의 모든 일을 일정한 규칙에 따라서 하
는 것이 가장 좋다. 일정한 규칙을 사용하는 사람은 그렇지 않은 사
람보다 훨씬 더 시간을 가치 있게 사용하고 모든 일에 놀라운 효과
를 내어 더 좋은 인생을 살 수 있다. 하루하루를 알파와 오메가이신
그리스도와 함께 시작하고 마치라. (아담 클라크, 「웨슬리 가족에 대한 추
억」, 319)

521 지금 바로 좁은 문으로 들어가라. 많은 사람들이 제 맘대로 가는 길
을 여러분이 함께 걸어가고 있다면 분명히 여러분이나 그들이나 다
함께 지옥으로 가고 있는 것이다. 여러분이 지금 학식과 명예와 권
력과 부를 소유한 사람들과만 사귀고 그들과 같은 길을 걷고 있다면
그 길은 생명의 길이 아닐 수 있다. (설교, 산상설교 11번)

522 무슨 일을 하든지 여러분은 고독해야 한다. 지옥으로 가는 길에는 고독이 없다. 그러나 하늘로 가는 길에는 도처에 고독이 서려 있다. 여러분이 하나님을 향해 첫발을 딛는 순간부터 여러분은 다른 사람들과 같지 않다. 그러나 개의치 말라. 홀로 서 있는 것이 함께 구덩이에 떨어지는 것보다 낫다. 아주 적은 수의 사람들만이 여러분과 함께 있겠지만 수많은 천사들과 거룩한 교회의 의인들이 영원히 여러분과 함께 있을 것이다. (설교, 산상설교 11번)

523 만일 우리가 모든 일에서 하나님을 본다면 그리고 모든 일을 하나님을 위해서 한다면, 모든 일이 잘될 것이다. (편지, 1757. 5. 28)

524 만일 당신이 진정 사람을 기쁘게 하기를 원한다면 먼저 하나님을 기쁘시게 하라. (설교, 모든 사람을 기쁘게 하는 것에 관하여)

525 언제나 하나님께 당신의 순수하고 진실한 마음을 드리라. 그것이 모든 일에 가장 안전한 기초이며 가장 좋은 결과를 얻는 길이다. (편지, 1776. 12. 21)

526 나는 언제나 신속하다. 그러나 결코 성급하지는 않다. (편지, 1777. 12. 10)

527 나는 이 세상에서 진리와 사랑 이 두 가지를 추구한다. 이 일에서 나를 돕는 사람은 누구든지 나의 진정한 친구이다. 그 사람이 나와 어떤 관계이든지 그러하다. (편지, 1755. 6. 28)

528 나는 하나님의 뜻이라고 생각되는 것을 행하면서 평화롭고 겸손하게 나의 길을 걸어가리라. (편지, 1786. 2. 21)

529 만일 네가 다른 사람들과 좋은 삶을 나누기를 원한다면 온전히 너 자신이 되어야 한다 (편지. 1780. 12. 3)

530 이 세상에 너무 가까워지지 말고 항상 비판적 거리를 두어라. 당신의 마음과 보물이 땅에 있지 않고 위에 있게 하라. (편지. 1783. 11. 27)

531 열심히 하나님을 사랑하고 섬기라. 당신의 감정이 우울함에 빠지지 않도록! 우울한 감정은 당신의 인생을 어둡게 칠하고 온 세상을 불행하게 만드는 독소이다. (편지. 1777. 4. 26)

532 인간은 삶의 목적을 알아야 한다. 이에 대해 숙고해야만 한다. 인간의 생명은 무슨 목적으로 온 것일까? 인간은 왜 세상에 보냄을 받았는가? 영원을 준비하는 것, 바로 이 한 가지 목적 때문이다. 그분의 창조 목적은 다름 아닌 창조주를 알고, 사랑하고, 즐거워하고, 섬기는 것이다. (설교. 인간이란 무엇인가?)

___ 해설

웨슬리의 메도디스트 신앙에는 두 가지의 큰 뿌리가 있는데, 하나는 경건주의요 다른 하나는 복음주의이다. 웨슬리의 메도디스트 경건주의는 그가 동생 찰스와 함께 시작한 신성회(神聖會, Holy Club)를 통하여 형성되었다. 경건이란 'pietas'라는 라틴어에 뿌리를 둔 말인데, 이 말은 두려움, 경외 또는 존경의 뜻을 가지고 있다. 경건이란 하나님, 성인, 선조, 국가 또는 어떤 거룩하고 고상한 가치를 지닌 존재에 대한 경외심 내지는 존경심 그리고 그러한 태도와 행위를 의미한다. 하나님을 경외하고 그의 뜻에 순종하면서 하나님과 동행하는 삶을 경건이라고 하며, 그렇게 사는 사람을 경건한 사람이라고 부른다.

메도디스트 경건의 특징은 매일의 생활 시간표와 규칙을 만들어 정확하게 지키는 방법이다. 웨슬리의 경건은 세상에 대해서는 비판적 거리를 두고서 위를 바라보고 위에 있는 것을 추구하는 삶이다. 경건은 위를 바라보고 하나님을 생각함으로 신선한 은혜를 얻는 것이다. 그래서 웨슬리는 너무 많이 아래쪽을 내려다보지 말고 위를 바라보라고 했다. '아래'는 세상을 의미하고 '위'는 하나님의 나라를 의미한다. 위에 계신 하나님과 그의 나라를 묵상하고 아래 있는 세상나라를 내려다보는 것이 신자의 경건이며, 위에 있는 하나님의 나라에 속한 가치를 추구하는 것이 경건의 태도라고 웨슬리는 생각했다.

웨슬리의 경건은 지금 여기에서, 즉 오늘을 소중하게 여기는 생활이었다. 그의 금언 중에 오늘에 관한 것들이 많이 있는 것도 이러한 이유 때문이다. 과거에 집착하지 않고 미래에 대해 염려하지 않고 모든 것을 하나님께 맡기고 지금 여기에서 오늘 주어진 일을 행하면서 걸어가는 삶을 경건이라고 생각했다.

메도디스트 경건은 '거룩한 삶과 거룩한 죽음의 기술(art of holy living and holy dying)'이라고 할 수도 있다. 경건의 특징은 거룩한 임종을 맞이하고 거룩한 죽음을 죽는 것이다. 그런데 거룩한 죽음은 먼저 거룩한 삶에서 비롯되는 결과이다. 따라서 거룩한 임종을 맞이하는 것은 연습과 준비가 필요하다. 임종 전에 모든 소유를 하나님과 가난한 이웃을 위해서 나눠 주기도 하고 사는 동안 불화했던 사람들과 화해하고 갚지 못한 것을 갚고 용서 못한 것을 용서하여 모든 사람과 화평을 이루고 마지막으로 할 수 있는 선을 행하고 임종을 맞이하는 것이다. 그 다음은 거룩한 유언을 준비하는 것이다. 가족과 가까운 사람들에게 영원히 기억될 만한 아름답고 거룩한 말을 남기고 천국으로 옮겨 가는 것이 거룩한 임종이요 거룩한 죽음이다. 웨슬리는 갑자기 죽음을 맞이하는 경우가 있기 때문에 평소에 유언을 준비해 놓는 것이 좋다고 신자들게 일러 주었다. 초기 메도디스트들은 거룩한 유언을 남기기 위해서 많이 기도하고 연습하였다. 심지어 임종을 앞둔 가족이나 교인이 혹시라도 망언을 하거나 경건하지 못한 말을 할까 봐 임종하는 사람을 위해서 기도하고 도왔다.

경건 II

진실하게
살자

533 열심을 내는 것에다 예절을 갖추면 얼마나 아름다운 조화인가? (텔 포드, 「웨슬리의 어록」, 203)

534 당신은 명예롭게 되는 것을 좋아한다. 그렇지만 명예를 얻는 것보다 사랑받는 사람이 되는 것이 우선이지 않은가? (설교, 모든 사람을 기쁘게 하는 것에 관하여)

535 겉으로 아무리 좋아 보여도 속이 나쁜 것은 아무것도 취하지 않는 것이 나의 규칙이다. (편지, 1757. 9. 25)

536 어떤 세속적 이권이나 쾌락의 유혹이 닥치더라도 결코 세속주의자들과 내밀한 계약을 맺지 말라. (설교, 세상과 친구 삼는 것에 관하여)

537 너의 정성을 다하여 주의 날을 지키라. 주님이 매일 네 곁에 서서 너를 지키시리라. (편지, 1772. 3. 25)

538 하나님과 약속한 규칙을 지키라. 그러면 그 규칙들이 너를 지켜 줄 것이다. (편지, 1787. 11. 2)

539 만일 그대가 망망대해를 물 한 방울씩 퍼내어 비울 수 있다면, 우리가 당면하고 있는 모든 악을 말리어 세상을 개혁할 수 있을지도 모른다. (텔포드, 「웨슬리의 어록」, 40)

540 조용하라. 하나님은 온 세상 어디에나 계시다. (일기, 1790. 9. 19)

541 우리가 작은 하나님을 생각할 수 없는 것처럼, 작은 죄는 있을 수 없다. (설교, 목사에 대한 순종에 관하여)

542 우리가 이 땅에 머무는 동안 진실하게 살자. (편지, 1788. 4. 15)

543 너의 일상의 모든 대화가 진지하고 진실하고 유익하도록 힘쓰라. (편지, 1779. 8. 10)

544 우리가 하나님과 세상 사이에 양다리를 걸치게 되면 이 둘 모두에서 실망할 것이다. 이런 경우 어느 쪽에서도 안식을 얻지 못할 것이다. 신앙 때문에 세상을 즐기지 못하게 되고 세상에 다리를 걸치기 때문에 하나님을 기뻐하지도 못한다. 우물쭈물하다가 둘 다 잃어버린다. 이런 사람은 하나님 안에서도 세상에서도 평안을 얻지 못한다. (설교, 산상설교 9번)

545 우리를 둘러싼 성인들과 경건한 신자들의 모범을 따르는 것은 위험한 세상에서 우리를 지키는 방어책이 된다. (편지, 1781. 9. 8)

546 모든 일을 온전하게 이루시는 하나님의 뜻을 감당하고 행하는 동안 우리는 안전하다. (편지, 1782. 10. 30)

547 나는 음식이 나쁘고 침대가 딱딱하고 방이 초라하고 눈비가 내리고 길이 험하더라도 결코 유머(humor)를 잃어버리지 않는다. (텔포드, 「존 웨슬리의 생애」, 356)

548 이 세상을 다 지나기까지 하나님과 함께 거룩하고 바른 길을 기쁘게 걸어가라. (찰스 월러스, 「수산나 웨슬리의 묵상집」, 265)

549 하나님이여, 결코 저를 쓸모없는 존재가 되지 말게 하소서. (O! God, grant I may never live to be useless.) (일기, 1783. 6. 28)

_____ 해설

웨슬리는 순례자의 영성을 지속적으로 강조하였다. 그는 이 세상에 지나치게 집착하지 말고 이 땅에서 나그네의 심정과 태도를 가지고 살아가라고 가르쳤다. 그는 이 땅의 흙과 먼지에 애착을 갖지 말라고 하면서 다만 오늘 하나님이 맡기신 일을 하며 하나님을 즐거워하면서 살아가라고 가르쳤다. 웨슬리는 쉬지 않고 규칙적으로 기도하고 늘 찬송을 많이 부르기 때문에 근심 걱정이 찾아오더라도 곧 바람에 날려 보냈다. 그에게는 괴로움이나 슬픔이 오래 머물 틈이 없었다. 하나님 안에서 평안하고 항상 기뻐하며 살았다. 웨슬리의 경건은 모든 어두운 것과 부정적인 감정을 버리고 밝고 긍정적인 마음으로 생활하고 평화와 기쁨으로 가득한 삶을 살아가는 것이다. 웨슬리는 근엄하고 진지하기만 한 것이 아니라 항상 명랑하고 유머

(humor)를 자주 사용하는 유쾌한 사람이었다. 그는 감당하기 어려운 일을 당했을 때나 당황스러운 일을 맞이했을 때도 유머를 잊지 않았다. 그리고 그는 어려운 일을 당하여도 언제나 하나님의 도우시는 은혜를 믿었기에 안달하거나 불평하지 않았다.

웨슬리의 경건은 좁은 문으로 들어가는 것이다. 그는 세상 모든 사람들이 가고 있는 넓은 길로 간다면 그것은 지옥 길을 가는 것이므로 속히 그 길에서 떠나야 한다고 경고하였다. 그는 세상에서 그리스도인은 고독을 경험할 수밖에 없다고 가르쳤다. 그는 지옥으로 가는 길에는 고독이 없다고 하였다. 반면에 천국으로 가는 길에는 언제나 도처에 고독이 서려 있다고 하였다. 그러나 많은 사람들과 함께 멸망하는 것보다 천사들과 적은 수의 의인들과 함께 영원한 나라에 들어가는 것이 비교할 필요도 없이 잘하는 일이라고 말했다.

웨슬리의 경건은 하나님과 세상 사이에서 확고하게 하나님 편을 선택하는 삶의 태도와 방식이다. 그는 둘 사이에서 양다리를 걸치지 말라고 경고하였다. 하나님도 즐기고 세상도 맘대로 즐기겠다는 태도를 가지거나 둘 사이에서 우물쭈물하다가는 둘 다 잃고 양쪽으로부터 무서운 버림을 당할 것이라고 경고하였다. 웨슬리는 순간을 위해서 사는 어리석은 자가 되지 말고 영원을 위해서 사는 참으로 지혜로운 자가 되라고 가르쳤다. 웨슬리는 경건이란 세상에서 시간 속에 사라지는 것들에 집착하지 않으며, 항상 영원한 것에 소망을 두고 사는 삶이라고 믿었다. 웨슬리는 영원한 나라를 생각하고 영원한 가치를 위해서 모든 것을 행하는 경건주의자였다.

메도디스트

신실한
사람들

550 1729년에 옥스퍼드대학 학생이었던 두 형제가 성경을 읽다가 성
결 없이는 구원 얻을 수 없음을 깨닫고 자신들이 성결하게 되기를
힘쓰는 동시에 다른 사람들에게도 성결한 삶을 살도록 권면하였
다. 1737년에는 사람이 성결하게 되기 전에 먼저 믿음으로 의롭다
함(칭의)을 얻어야 한다는 진리를 깨달았다. 그렇지만 여전히 그들
의 목표는 성결이었다. 그때에 하나님께서 그들을 격려하사 세상으
로 나가서 거룩한 백성을 일으키게 하셨다. (But still holiness was
their point. God then thrust them out, utterly against their will,
to raise a holy people.) 사탄이 이 운동을 방해하려고 하였을 때에
그들은 성결(기독교)의 뿌리를 파괴하려는 칼빈주의와 반율법주의를
배격하였다. (총회 회의록)

551 메도디스트는 호화스런 식사를 멀리하며, 금이나 값비싼 옷이나 장
신구를 갖지 않으며, 땅 위에 보물을 쌓지 않으며, 무익한 오락을 피

하며, 헛된 말을 하지 않으며, 이웃에게 거짓말을 하지 않으며 남을 비방하지 않는다. 그는 누구에게나 선을 행하여 덕을 세우며, 항상 은혜로운 생각과 말과 행동으로 생활한다. (에세이, 메도디스트의 성격)

552 메도디스트는 모든 기회에 모든 사람에게 선을 행한다. 이웃과 친구들과 나그네들 그리고 원수들에게도 선을 행한다. 모든 가능한 방법을 사용하여 선을 행한다. (에세이, 메도디스트의 원리)

553 메도디스트는 원수를 사랑하며, 자기를 미워하는 자에게 선을 행하며, 자기를 모욕하는 자를 위해 쉬지 않고 기도한다. 메도디스트는 오로지 하나님의 빛을 바라본다. 그의 마음이 하나님의 빛으로 가득하기 때문이다. (에세이, 메도디스트의 성격)

554 메도디스트들은 어디서나 가난하고 약한 사람들을 돌보는 사람들이다. 메도디스트들은 먹이면서 입히면서 치료하면서 가르치면서 복음을 전한다. (총회 회의록; Frank Baker, 「A Charge To Keep I Have」, 47)

555 나는 메도디스트라는 사람들이 유럽에서나 아메리카에서 사라지는 것을 두려워하지 않는다. 그러나 나는 그들이 오로지 능력 없는 종교, 즉 종교의 형식만 남은 일종의 죽은 종파가 될까 봐 두려워한다. 이런 일은 그들이 처음에 출발할 때에 가졌던 교리(doctrines)와 영(spirit; 정신)과 훈련(discipline)을 모두 견고하게 붙들지 않으면 반드시 발생할 것이다. (에세이, 메도디즘에 관한 생각)

556 메도디스트는 자기에게 주어진 교리와 훈련 그리고 경험과 실천에 충실해야 한다. (텔포드, 「웨슬리의 어록」, 73)

557 전 세계에 흩어져 있는 모든 메도디스트들이 애정 어린 기도로 하나가 되어 가능한 한 함께 연합하는 것이 주의 일을 잘하기 위한 방책이다. (편지, 1790. 2. 4)

558 메도디스트라고 불리는 사람들은 성령을 받아서 그 마음에 하나님의 사랑이 가득 부어져 몸과 마음과 힘을 다하여 하나님과 이웃을 사랑하는 사람들이다. (에세이, 메도디스트의 성격)

559 메도디스트란 항상 기뻐하고 쉬지 않고 기도하며 범사에 감사하는 사람이다. 동시에 마음과 힘을 다하여 하나님을 사랑하고 이웃을 내 몸같이 사랑하며 모든 선을 행하는 사람이다. (에세이, 메도디스트의 원리)

560 하나님께서 메도디스트들을 일으켜 세우신 목적은 어떤 새로운 교파를 설립하는 것이 아니요, 교회를 갱신하고 민족을 성화하여 성서적 성결을 온 세상에 전파하려는 것이다. (God's design in raising up the methodists is not to form any new sect; but to reform the nation, particularly the church; and to spread scriptural holiness over the land.) (1744년 총회 회의록)

_____ 해설

무슨 일이든지 분명한 목적이나 섬세한 계획과 정확한 규칙 없이 아무렇게나 한다면 좋은 결과를 얻지 못할 것이다. 아무렇게나 살면 인생은 아무렇게나 되고 결코 행복하게 살 수 없다. 농사를 짓든, 사업을 하든, 공부를 하든, 가정 살림을 하든, 아이를 키우든, 예술을 하든, 운동을 하든, 건강을 지키든, 먹고 자는 일까지도 분명한 목적과 합리적인 계획, 효과적인 방법과 정확한 규칙이 있어야 좋은 결과를 낼 수 있다. 신앙생활도 마찬가지이다. 좋은 방법과 규칙을 따라서 하는 것이 최선이다. 위대한 사람들, 성인들, 행복한 사람들을 보면 모두 다 합리적인 계획과 효과적인 방법과 일정한 규칙에 따라 생활하였다.

웨슬리는 일찍이 이것을 잘 알았고 몸소 실천하면서 살았다. 그는 어머니 수산나에게 일정한 규칙에 따라 생활하는 방법을 배웠다. 그것이 생활습관이 되고 생활방식(a way of life)이 되었다. 수산나는 매일의 시간표를 만들고 일정한 규칙을 사용하여 자녀들을 양육하였고 정확하고 엄격하게 지키는 생활을 훈련시켰다. 수산나의 시간표는 런던의 기차 시간표만큼 정확하고 엄격하였다고 한다.

웨슬리는 옥스퍼드대학의 교수로 있을 때에 동료들을 모아 신성회(Holy Club)라는 모임을 만들고, 경건과 학문과 실천의 방법과 규칙을 정하여 그 규칙에 따라서 훈련하는 생활을 하였다. 사람들은 신성회의 회원들을 '새로운 메도디스트들'이라고 불렀다. 메도디스트(methodist)라는 이름은 'method'라는 단어에서 유래하였다. 이 말은 방식 또는 방법이라는 뜻이다. 'method'는 요리나 건축이나 예술이나 정원 가꾸기나 의술 같은 것에 사용하는 일정한 방식을 의미한다. 또 고대나 중세에 병을 고치던 방식이나 건강을 지키던 방식을 'method'라고 하였다. 고대 로마시대에는 규칙적인 운동이나 일정한 식이요법(diet)의 'method'를 사용하여 병을 고치고 건강을 증진시켜 주는 의사들을 'methodist'라고 불렀다. 역사적으로 '메도디스트'라는 이름은 훌륭한 의사(명의)에게 붙여졌다. 이 용어가 근세 영국에서 교회적인 이름으로 사용되었다. 당시에 영국사회에서 경건의 규칙과 건강의 규칙과 선행의 규칙을 정확하고 엄격하게 지켜 생활하는 사람들을 메도디스트라고 불렀다. 메도디스트는 규칙에 따라서 훈련하며 생활하는(disciplined life according to rules) 사람들에게 붙여진 이름이었다.

메도디스트라는 말은 '방법주의자' 또는 '규칙주의자'라고 번역할 수 있다. 메도디스트는 모든 일에 있어서 규칙을 지키는 방법에 따라서 행하였다. 기도, 성경 읽기, 금식, 성례전, 독서, 교제, 전도, 선행 등을 할 때에, 일정한 규칙을 따르는 방법(method)으로 하였다. 그들은 시간, 약속, 규칙, 그리고 법을 정확하고 엄격하게 지키는 사람들이었다. 처음 메도디스트들은 사회에서 시간과 약속을 잘 지키는 사람들, 믿을 만한 사람들, 진실한 사람들, 성실한 사람들, 신용이 좋은 사람들이었다. 가장 적절한 한 마디 말로 표현하자면 '신실(信實)한 사람들'이라고 해야 할 것 같다. 메도디스트는 하나님 앞에서도 신실한 사람이며, 사람들에게도 신실한 사람이었다.

메도디스트는 모든 힘을 다하여 하나님과 이웃을 사랑하는 사람들이었다. 그들은 하나님의 사랑이 자기늘 마음속에 가득히 부어지기를 기도하였고, 뜨거운 마음으로 하나님을 사랑하고, 언제 어디서나 모든 사람을 따뜻한 마음으로 대하고 사랑하는 사람들이었다. 그들은 사회적으로 약하고 가난한 사람들이었지만 자신들처럼 약하고 가난한 사람들을 예수의 사랑으로 대하는 '마음 뜨거운 사람들(warm-hearted people)'이었다. 처음 메도디스트들은 '마음 뜨거운 사랑'을 가지고 모든 사람, 심지어는 자기를 핍박하는 사람들에게도 찾아가서 선을 행하는 사람들이었다. 그래서 당시 사람들은 그들을 선행자들(good doers)이라고 불렀다.

메도디스트는 정직한 사람(honest methodist)으로 인식되었다. 그들은 사회에서 가장 도덕성이 높은 사람들로 인정받았다. 당시 영국 사회에서는 "메도디스트는 거짓말을 하지 않는다. 메도디스트는 정직하다."라는 말이 널리 퍼졌다. 사회 모든 분야에서 사람들은 메도디스트를 신용하였다. 그들은 거짓말을 하지 않고 나라의 세금을 정확하게 내고 물건 값을 속이지 않고 밀수를 하지 않고 이웃에게 빌린 돈을 정확하게 갚고 약속을 가장 잘 지키는 사람들이었다. 웨슬리는 매년 총회에서 메도디스트의 목적은 새로운 종파나 교단을 설립하려는 것이 아니요, "교회를 갱신하고 사회를 성화하고 성서적 성결을 온 세상에 전파하는 것"이라고 선언하였다.

18세기 메도디스트들은 경건한 사람들, 진실한 사람들, 신실한 사람들, 선을 행하는 사람들, 약속을 잘 지키는 사람들, 법을 잘 지키는 사람들, 아름다운 사람들, 모든 사람에게 평화와 사랑과 행복을 주는 사람들로 알려졌다. 요리를 맛있게 하기 위해서, 농사를 잘 짓기 위해서, 그리고 좋은 집을 짓기 위해서 훌륭하고 효과적인 규칙과 방법이 필요한 것처럼 가치 있고 행복한 인생을 살기 위해선 효과적인 'method(방법)'과 'rule(규칙)'이 필요하다.

진정한 기독교

거룩함과
행복을 낳는 기독교

561 우리가 살아서나 죽어서나 구원을 얻기 위해서는 오로지 그리스도
의 공로밖에는 의지할 것이 없다. 그리고 시간과 기회가 있을 때에
도 선을 행하지 않는 사람은 진정한 그리스도인이 아니다. (총회 회
의록)

562 우리가 진정으로 이 세상에서 이루어보기를 원하는 종교는 의와 사
랑과 기쁨과 평화의 종교이다. 이러한 종교는 마음속에 깊이 뿌리
내려 온갖 자선의 열매를 맺으며, 온 세상에 덕과 행복을 퍼뜨린다.
(논문, 이성적이고 종교적인 사람들에게 보내는 진지한 호소)

563 우리가 전하는 종교는 모든 면에서 인간의 이성과 양심에 합치한다.
왜냐하면 그것은 자신의 참 모습, 즉 자신이 어리석고 악하고 비참
한 존재라는 것을 아는 데서 시작하기 때문이며, 또한 인간의 고통
에 대한 치유책과 모든 사람이 동경하는 지혜롭고 덕 있고 진정한

행복에 이르는 길을 분명하게 제시하기 때문이다. (논문, 이성적이고
종교적인 사람들에게 보내는 진지한 호소)

564 진정한 기독교 신앙이란 성서와 초대교회의 신조가 참되다고 믿는
것이다. 그중에서 핵심은 그리스도의 공로를 믿음으로 죄의 용서
를 받고 하나님과 관계가 회복되어 마음과 삶 속에 하나님의 사랑
으로 충만해져서 참된 행복을 누리는 것이다. 하나님의 나라에서
영광스런 생명을 확보하는 것이다. (논문, 이성적이고 종교적인 사람들
에게 보내는 진지한 호소)

565 '그리스도께서 우리를 위해서 죽으심'과 '그리스도께서 우리 안에서
다스리심', 이 두 가지 요점을 조화롭게 꾸준히 강조한다면 우리는
무서운 지옥의 문들을 파괴할 수 있다. (편지, 1774. 12. 28)

566 구원받아야 할 사람이 있다면 반드시 필요한 이 한 가지를 지켜야 한
다. 믿음과 지식과 경험과 고난이 있다 하더라도 믿음에 굳게 서서
온유와 겸손과 오래 참는 사랑으로 끝까지 견디는 것이다. 이러한
사람만이 그리스도의 공로로 준비된 나라에 들어갈 것이다. (설교, 사
랑에 관하여)

567 우리는 온 세상에 성서적 종교를 전파하기 위하여 부름을 받았다.
성서적 종교란 사랑으로 일하는 믿음이요, 거룩한 성품과 거룩한 삶
이다. (편지, 1777. 12. 8)

568 나는 크건 작건 모든 면에서 성서적이면서 동시에 이성적인 그리스
도인이 되고 싶다. (편지, 1789. 1. 24)

569 참된 종교에는 무정하고 불친절하고 우울하고 가혹한 요소가 전혀 없으며, 이와 반대로 온정과 기쁨 그리고 친절과 관대함으로 가득하다. (편지, 1737. 3. 29)

570 종교의 본질은 마음의 성결과 생활의 성결이다. 모든 부수적인 것들은 본질적인 것을 위해서 필요하다. 부수적인 것들이란 경건의 훈련을 위한 규칙들과 사회적 사랑의 실천사항이다. 그러나 그 부수적인 것들을 무시하고 바르게 지키지 않는다면 본질은 곧 사라지고 말 것이다. 또한 만일 본질적인 것을 잃어버린다면 남는 것은 다만 쓸모없는 배설물일 것이다. (에세이, 메도디즘에 관한 생각)

571 결론적으로 말하자면 진정한 종교의 본질은 거룩한 마음과 거룩한 삶이다. 이것은 아무리 강조해도 지나치지 않을 것이다. 기독교만 아니라 유대교나 이슬람교나 다른 모든 종교도 그렇고, 또는 가톨릭교든지 개신교든지 루터교든지 장로교든지 어떤 교파도 이와 같은 거룩함이 없다면 입김보다 더 가벼운 것이 된다. (설교, 사랑에 관하여)

572 참된 종교는 하나님과 인간의 관계를 회복하는 것이며, 하나님과 모든 인류를 사랑하는 것을 목표로 삼는다. 그리고 모든 인간의 세상에 덕과 선을 세우며 인류의 행복을 증진시키기 위하여 모든 선한 노력을 하는 것이다. 참된 종교란 질병으로 고생하는 사람을 치료할 수 있는 명약을 우리가 발견했다면 우리가 당연히 그 명약을 주어야 하는 것과 같으며, 미움과 헛된 욕망과 악의와 분노로 타는 불 속에서 괴로워하며 삶의 불안과 죽음의 공포에 시달리는 사람들을 건져 내는 것이다. 그리고 이러한 종교는 인간의 이성과 양심에도 맞는 것이다. (논문, 이성적이고 종교적인 사람들에게 보내는 진지한 호소)

　세상에는 무엇이는 신짜가 있으면 가짜도 있다. '짝퉁'이라는 말이 있다. 이 말은 똑같은 것처럼 보이는데 실제로는 모조품이고 가짜라는 뜻이다. 우리가 사는 세상을 보면 어떤 때에는 진실보다 거짓이 더 강하게 기세를 떨치곤 한다. 거짓은 세상에 피해와 상처, 불행을 주고 만다. 기독교 역사에도 '가짜 기독교'와 '짝퉁 그리스도인'이 많았다. 소위 이단이나 사이비 기독교는 과거에도 흥하였고 지금도 많다. 교회는 부흥이나 발전을 해야 하지만 그보다 먼저 거룩함과 순수성과 진실성을 지키는 것이 더 중요하다. 웨슬리 시대도 가짜 교리와 거짓 기독교가 많이 일어나 오히려 진실한 기독교가 위협받던 시대였다. 웨슬리는 이러한 거짓과 가짜에 맞서 싸우면서 진정한 기독교를 지키고 살려 내는 부흥운동을 일으켰다.

　웨슬리는 어떤 특정한 신학사상이나 교파에 매이지 않았으며, 때마다 일마다 진정한 기독교(true–genuine Christianity)를 추구하였다. 그는 진실한 기독교, 순수한 기독교 그리고 완전한 기독교를 찾아가는 순례자였다. 웨슬리에게 진정한 기독교란 성서에 뿌리를 둔 신앙이며, 초대교회의 신조들을 따르는 신앙이며, 이성과 경험에 비추어 보아 그것의 진정성이 증명된 신앙이다. 웨슬리에게 진정한 기독교란 '정통의 교리(orthodoxy)'와 '정통의 경험(orthopathy)'과 '정통의 실천(orthopraxy)', 이 세 가지를 다 갖춘 것이라야 한다. 이 세 가지 중에 어느 하나가 결여되거나 어느 하나 혹은 둘만 주장하는 것은 정통이 될 수 없다. 그리고 진정한 기독교란 삼위일체 하나님으로부터 흘러나오는 것이며, 의와 사랑과 평화와 기쁨과 온갖 거룩함과 선행의 열매를 맺고 인간에게 참된 행복을 주는 것이다. 웨슬리는 마음과 삶의 거룩함이 진정한 종교의 본질인 동시에 표지라는 신념을 분명하게 기술하였다. 어떤 종파나 교회가 아무리 정통의 교리를 주장하고 훌륭한 신학을 자랑하고 물량적 크기를 내세운다 할지라도 종교의 본질인 의와 사랑과 거룩함과 행복을 상실한다면 그 종파와 그 교회는 거짓될 뿐 아니라 인류에게 행복은커녕 불행을 끼치고 말 것이다.

　웨슬리는 무엇보다도 '사랑으로 역사하는 믿음(faith working by love)'이 천국에 들어가는 믿음이며, 진정한 기독교로 가는 길이라고 강조하였다. 기독교는 사랑과 선행과 거룩함을 얼마든지 생산하는 신앙인데, 만약에 그런 것을 생산하지 못하면 진정한 기독교가 아니고 거짓된 종교일 수밖에 없다. 그리고 진정한 기독교는 마치 불치병을 치료하는 명약과 같이 인간의 온갖 불행을 치료하고 사람에게 진정한 행복을 준다. 이것은 인간의 이성과 양심에도 맞는 것이며, 모든 사람이 바라는 것이라고 웨슬리는 주장하였다. 오늘날도 세상 사람들은 웨슬리가 추구하고 전파하였던 성서적이고 이성적이고 경험적이고 실천적인 기독교를 찾으며, 의와 사랑과 평화와 선행과 거룩함을 생산하여 인류에게 진정한 행복을 주는 진정한 기독교(true-genuine Christianity)를 보고 싶다.

1. Thomas Jackson, ed., The Works of John Wesley, 14vols., 1831.

2. Albert C. Outler, ed., The Works of John Wesley, The Bicentennial Edition, 24 vols., 1984.

3. Edward Sugden, ed., The Standard Sermons of John Wesley, 2 vols., 1921.

4. John Telford, ed., The Letters of John Wesley, 8 vols., 1931.

5. Nehemiah Curnock, ed., The Journal of John Wesley, 8 vols., 1916.

6. John Wesley, Primitive Physics, 1747.

7. John Telford, ed., Sayings and Portraits of John Wesley, 1924.

8. John Telford, Life of John Wesley, 1899.

9. John Reynolds, ed., Anecdotes of John Wesley, 1828.

10. Adam Clarke, Memoirs of the Wesley Family, 2 vols., 1831.

11. Charles Wallace, ed., Susanna Wesley; The Complete Writings, 1997.

12. Henry Moore, The Life of John Wesley, 1824.

13. Frank Baker, A Charge To Keep I Have, 1963.

14. William Fitchett, Wesley and His Century, 1906.

15. Minutes of the Methodist Conference, 1744~1789.

웨슬리의 행복론

웨슬리의 금언과 해설

발행일 | 2020년 5월 27일 초판 1쇄
           2021년 10월 1일   2쇄

김진두 역저

발행인 | 이   철
편집인 | 한만철
발행처 | 도서출판kmc

서울특별시 종로구 세종대로 149 감리회관 16층
(재)기독교대한감리회 도서출판kmc
전화 | 02-399-2008 팩스 | 02-399-2085
www.kmcpress.co.kr

디자인·인쇄 | 디자인통

ISBN 978-89-8430-845-9 03230